富家益

富家益股市精讲系列

筹码分布精讲

从入门到精通

（第2版）

富家益◎编著

中国财富出版社有限公司

图书在版编目（CIP）数据

筹码分布精讲：从入门到精通 / 富家益编著 . — 2版 . — 北京：中国财富出版
社有限公司, 2024.6
（富家益股市精讲系列）
ISBN 978-7-5047-8072-0

Ⅰ.①筹…　Ⅱ.①富…　Ⅲ.①股票投资—基本知识　Ⅳ.①F830.91

中国国家版本馆CIP数据核字（2024）第025383号

策划编辑	杜　亮	**责任编辑**	敬　东　张思怡	**版权编辑**	李　洋
责任印制	尚立业	**责任校对**	卓闪闪	**责任发行**	董　倩

出版发行	中国财富出版社有限公司			
社　　址	北京市丰台区南四环西路188号5区20楼		**邮政编码**	100070
电　　话	010-52227588 转 2098（发行部）		010-52227588 转 321（总编室）	
	010-52227566（24小时读者服务）		010-52227588 转 305（质检部）	
网　　址	http://www.cfpress.com.cn	**排　　版**	宝蕾元	
经　　销	新华书店	**印　　刷**	宝蕾元仁浩（天津）印刷有限公司	
书　　号	ISBN 978-7-5047-8072-0/F·3671			
开　　本	710mm×1000mm　1/16	**版　　次**	2024年6月第2版	
印　　张	15.5	**印　　次**	2024年6月第1次印刷	
字　　数	229千字	**定　　价**	43.80元	

第 2 版说明

　　《筹码分布精讲：从入门到精通》是富家益出品的"富家益股市精讲系列"图书中的一本，自2019年8月出版以来，深受广大读者欢迎，连续加印。广大读者在对本书给予高度评价的同时，也对本书中存在的问题提出了客观的意见和建议。在这里，我们衷心地感谢大家多年来对富家益系列图书的支持！

　　4年来，中国股票市场发生了巨大的变化。上证指数从罕见的2900点左右一度下探2646.8点，然后又在一年内涨到了3700点之上，2023年4月又重新回到3200点上方。

　　本来，股市每天起起伏伏，犹如太阳每天东升西落一般，实属平常，但对每一个参与交易的股民来说，股市的每一点跳动都代表着财富的变化，想要以平常心对待并不是一件容易的事情，这需要投资者熟练使用工具和持续参与投资训练，并在此基础上靠着自身的悟性和不断的实践形成专属于个人的强大信心。在这轮大循环中，很多新入市的投资者对此都有感悟，深刻认识到缺乏熟练使用投资工具的严重后果，越来越多的投资者开始主动学习专业炒股工具方面的知识。而筹码分布作为判断市场涨跌动能和运行趋势的重要工具，受到的关注可想而知。为了给投资者提供一本更加全面、实用、易读的筹码分布实战应用型参考书，我们结合最近几年的市场行情，对本书第1

版内容进行了修订，从而形成第2版。

在修订过程中，我们特别注意以下两点。

1. 保持实用、易读的特点

内容实用、简单易读是富家益系列图书的一贯特色，也深受广大读者的欢迎。本书在改版过程中，充分保留了第1版图书的这个特色。投资者阅读本书，可以明确地知道应该在什么时候买入股票，在什么时候卖出股票，并且很容易就能将学到的知识应用到实战中。

2. 案例更具及时性

鉴于本书第1版完成后市场行情的转变，很多经典形态的出现位置、出现频率等都有了一定改变。在改版过程中，笔者特意结合最近几年的A股市场走势，几乎更换了原书中的全部案例（只保留了极个别的经典案例）。通过这些案例，投资者可以更加清楚地了解当前市场特点，更好地将所学知识用于实战。

富家益投资理财研究中心

2024年2月

前　言

炒股有很多"招数"，每个招数都有它独到的地方。如果能够将这些招数融会贯通、综合运用，自然是最好的。但是，对于大多数普通投资者而言，试图将所有招数都学全学会，往往会出现"贪多嚼不烂"的问题。

人的精力毕竟有限。很多投资者看似把每个招数都学会了，但其实只学到了皮毛。凭借这些一知半解的"大杂烩"炒股，在实战操作中，很容易手忙脚乱、顾此失彼。就好像古代的一个士兵，背着五花八门的刀枪棍棒上了战场，仗一开打，还没等想明白该用哪个武器、该怎么用，敌人的刀已经架在脖子上了。

俗话说，"一招鲜，吃遍天"。那些在某个领域"专精"的人，往往会胜过所谓的"全才"。哪个都会用，往往就意味着哪个都用不太好。在股市中，综合研判固然能够提高胜率，但这里有个前提，就是对这些招数要分清主次。就好比打仗，各兵种需要协同作战，但是也要分清哪些是主力部队，哪些是掩护部队，哪些是后勤部队。如果不分兵种，全都一股脑地推上前线，仗还没怎么打，自己阵脚就先乱了。

因此，进入股市的投资者，首先需要做的事情，就是选择一到三个好用的，同时也适合自己的招数，好好地学精学通。这种"专精"的招数，不宜过多，最多三个就行，以免出现"贪多嚼不烂"的问题。其他招数，只要泛泛地了解即可，可以把它们作为辅助招数来使用。

为此，我们特推出"富家益股市精讲系列"图书，选择股市中比较好用、常用的招数，针对每一个招数，从入门到精通、从基础到实战进行全方位的精讲，以帮助投资者深入理解这些招数的内涵，真正掌握这些招数的实战技法，最终实现"任你千变万化，我只一招应对"的目的。

《筹码分布精讲》，是"富家益股市精讲系列"中的一本。

相信很多投资者都有这种经验：自己持有的股票，只要在走势上稍有震荡，信心就开始动摇。震荡幅度一大，就想着赶紧卖出。结果卖出后该股股价却开始一路上涨，就此踏空。出现这种错误，一个主要原因就是投资者对主力动向和市场趋势缺乏相应的了解，弄不清楚震荡中主力是否已经"跑路"，市场是否已经转势，自然也就缺乏信心，无法做出正确的分析和判断。

筹码分布，正是投资者了解主力动向和市场趋势非常重要的一个途径和窗口。

为了让投资者尽快地掌握这一指标，本书的编写突出如下 4 个特征。

特征 1：简洁

本书在介绍筹码分布指标用法的时候，力争简洁、易懂，不故弄玄虚。对每一个应用技巧，都争取用几句话讲解清楚，并以实战案例加以说明；对每一个实战案例的说明，绝不拖泥带水，争取以较短的篇幅传输足够多的信息，以回馈读者。

特征 2：全面

本书详细介绍了几乎所有筹码分布指标的应用技巧，并且针对实战中经常出现的问题加以说明。几乎每一个技巧的解说都配上了经典案例，有利于投资者轻松、迅速、深刻地掌握相应技巧。

除此之外，本书介绍了筹码分布指标与趋势理论、MACD 指标、波浪理论相结合的用法，使投资者在进行中长线趋势交易时，能够利用筹码分布指标来进行判断。

特征 3 : 实战

本书立足于实战，处处紧扣着"实战技巧""实战买卖点"来展开。在案例的介绍中，一旦涉及实际的操作问题，总是不惜笔墨，将问题放大，给出解决策略。投资者完全可以将书中案例当作实战案例进行反复推演，能大大提高操作水平。

特征 4 : 深入

本书将作者多年来应用筹码分布指标、MACD指标以及趋势理论的经验总结为"精讲提高"部分。投资者在掌握了基本用法之后，通过这部分内容的学习，可以对基本用法有更深入的理解，真正实现从新手到高手的转变。

目　录

第 1 章

筹码分布入门

1.1　什么是筹码分布

1.1.1　筹码分布和筹码分布图

筹码分布是近年来出现和逐渐完善的一种技术分析工具，又称"流通股票持仓成本分布"，在炒股软件中简称为"CYQ"，它反映的是在不同价位上投资者的持仓数量。

筹码分布图则是对筹码分布的一个直观展示，是投资者进行技术分析的媒介和依据。它主要表现为一条条自左到右的等间距柱状线，其中柱状线的位置代表成本所处的价位，长度代表筹码相对比例，柱状线堆积在一起形成各种形态。在大智慧炒股软件中，筹码分布图如图1-1所示。

如图1-1所示，在大智慧炒股软件中，筹码分布图位于截取页面的右边，它与左边的股价K线一一对应。投资者鼠标指向哪一天的K线，相应地，在右边就显示出当日的筹码分布图。

筹码分布图中还有许多重要看点，如筹码的密集与发散、筹码的颜色、筹码的成本、筹码的标注、筹码的集中度以及活跃筹码等。这些将在本章第二节详细介绍。投资者可以通过这些看点来研判当前股市的性质和行情趋势，借以找出买卖机会。

在理解筹码分布时，投资者要注意以下4个关键点。

关键点1：筹码必须与成本联系在一起。

筹码一词，来源于博彩业，是一种计算赌资的工具。在股票市场，它是

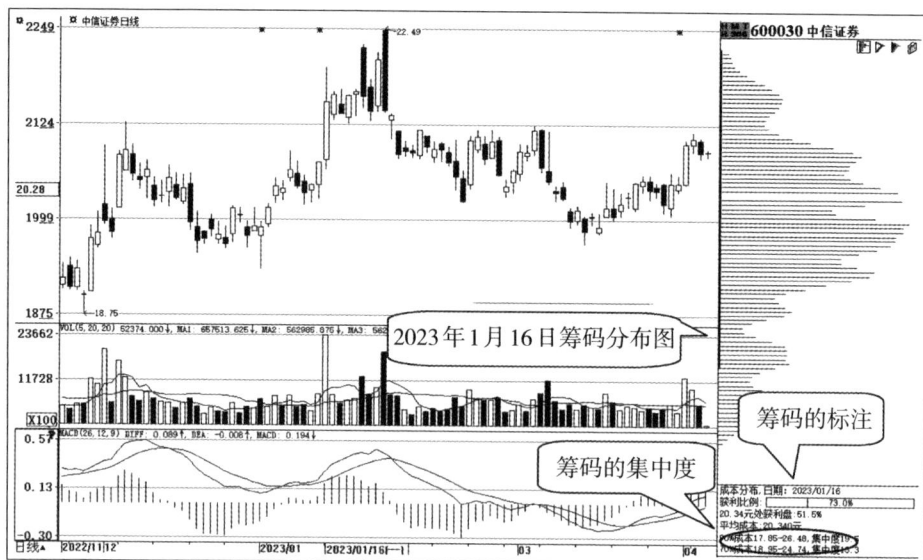

图 1-1　筹码分布图

指投资者手中持有的一定数量的股票。而股票的获得必然有一定的成本，反之，只要有成交的价位，必然有一定的筹码掌握在某些投资者手中，即筹码必须与成本联系在一起，这是与博彩业不同的地方。

如图 1-2 所示，2022 年 10 月 11 日至 10 月 13 日，剑桥科技（603083）出现 3 个连续无量涨停，一直到涨停被打开后的两个交易日，成交量创下相对的天量。

对此，投资者可以这样理解：在这段时间内，从 9.6 元到 12.9 元的价格范围内，市场筹码几乎为零；而在 14 元附近，分布着大量新近转移过来的筹码。

关键点 2：筹码总数是一定的。

筹码总数实际上是上市公司流通股数量，因此筹码总数在一段时间内是一定的，除非非流通股大量解禁。

关键点 3：筹码的"性格特征"。

筹码分布作为一种技术分析工具，一个重要的分析切入点就是筹码的"性格特征"。

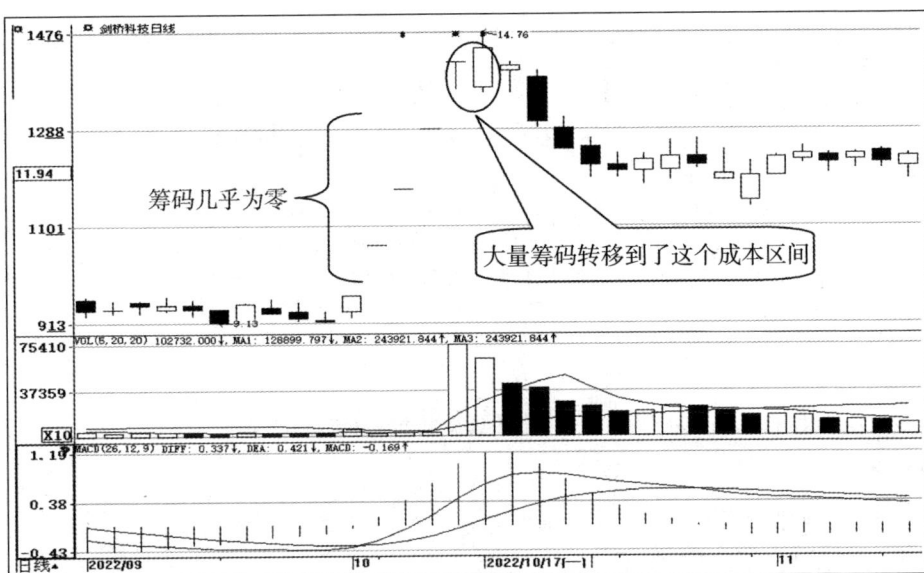

图 1-2　筹码与成本

市场中，筹码按照资金来源主要分为两大类：主力和散户。这两类筹码面对走势的变动，有不同的反应特征，也可以称为不同的"性格特征"，而它们各自不同的"性格特征"也最终决定了它们不同的"命运"。这部分内容将在第 6 章中详细进行介绍。

如图 1-3 所示，2022 年 5 月下旬到 6 月下旬，金刚光伏（300093）不断地震荡盘整，造成筹码大量地聚集。在 6 月 1 日这一天，大部分筹码都集中在 32 元附近。它表明主力洗盘已经基本到位，散户大多已经抛掉了手中的筹码。

如图 1-4 所示，从 6 月下旬开始，该股股价开始持续上涨，6 月 24 日，从筹码分布图中可以看出，面对较大的涨势，许多低位筹码已经卖出，但仍有相当一部分筹码坚守在底部。它表明许多低位入场的散户面临诱惑已经获利了结，而主力筹码仍然在持股待涨。

如图 1-5 所示，到 2022 年 9 月 19 日，市场已经处于高位的震荡中。这一天股价继续缓缓震荡，而大部分筹码都已经集中在 52 元附近的高位。它表明主力已经出货完毕，现在手握筹码的基本都是散户。

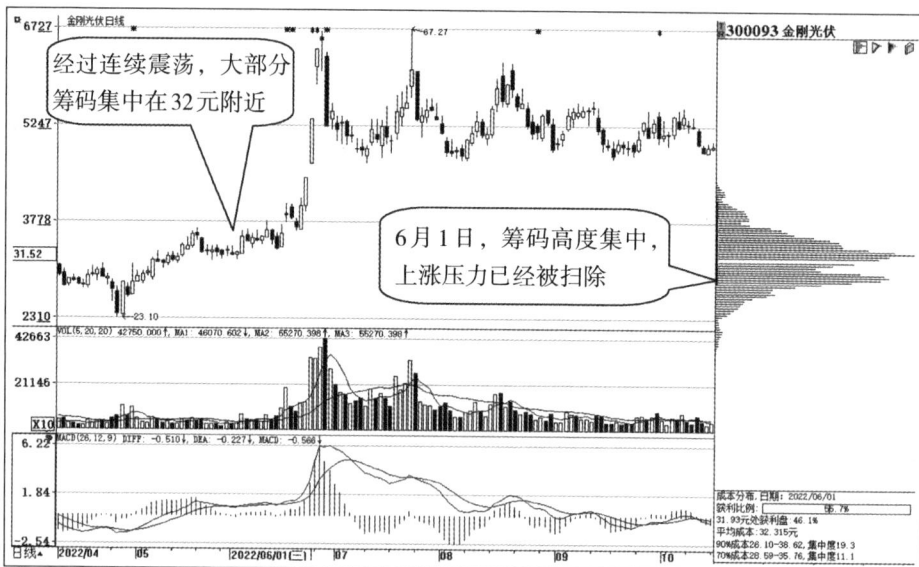

图1-3　金刚光伏日K线1

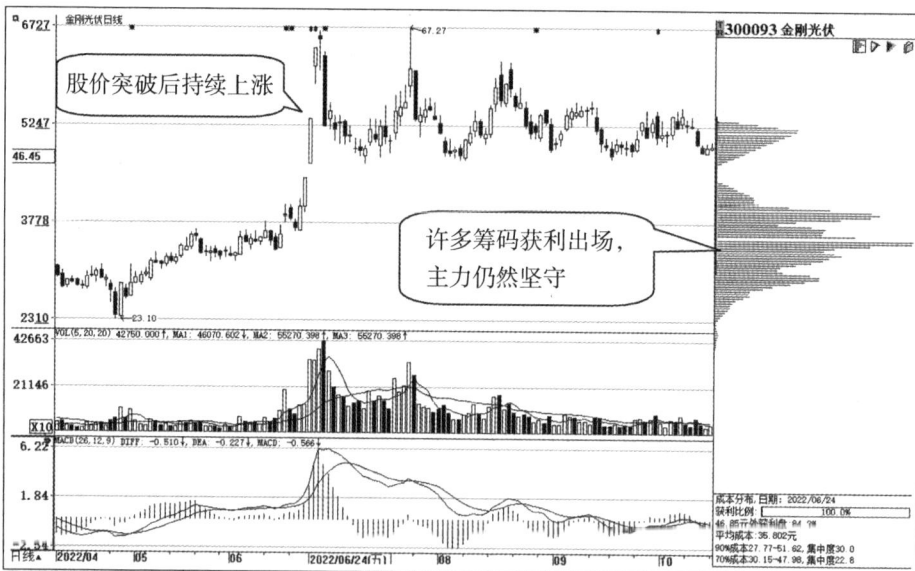

图1-4　金刚光伏日K线2

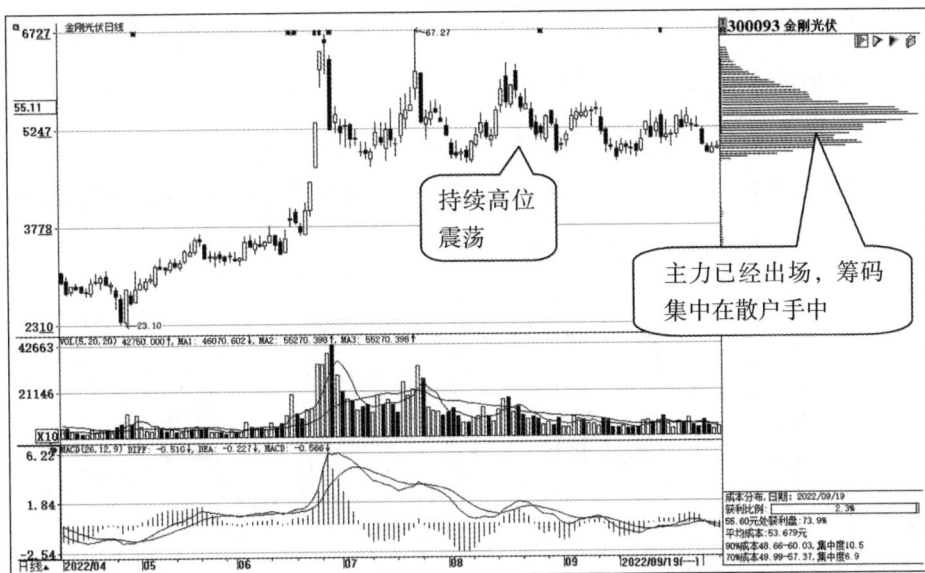

图 1-5　金刚光伏日 K 线 3

关键点 4：人们都将受到最近价格的影响。

在筹码分布指标刚推出来的时候，有人说该指标在实战中的有效时间不会超过 2 年，2 年后由于太多的投资者都来用它，会导致其在实战中的"失灵"。这种荒谬的看法流传很广，因为人们不明白筹码分布乃至技术分析背后所暗含的一个心理基础：人们都将受到最近价格的影响。

投资者面对走势的变化，不可能绝对理性地执行交易系统的策略，绝大部分人都会受近期价格刺激而产生一连串情绪，并根据情绪来交易。只要投资者交易时的这种心理模式没有改变，股价运行模式就不会改变，而技术分析工具的有效性也就不会消失。这点已经被数百年来的证券市场所证实。

例如，散户的行为特征中最明显的一点，就是"只在高位追涨，从来不敢在低位买入"。特别是当股价经过了大幅上涨之后，一旦在盘整中再次上涨，这些投资者往往不顾一切地买入。

如图 1-6 所示，2021 年 9 月底到 12 月下旬，浙江新能（600032）在经过前期的大幅拉升之后，开始在高位盘整。

11月18日，股价在盘整中出现一根中阳线。此时，大部分筹码集中在15~17元的狭窄区间内，而这些筹码都是谁的？自然都是散户的。金刚光伏2022年7月至9月的走势与此非常类似。

只要投资者这种"只在高位追涨，从来不敢在低位买入"的心理模式不改变，筹码分布指标就不会有失效一说。

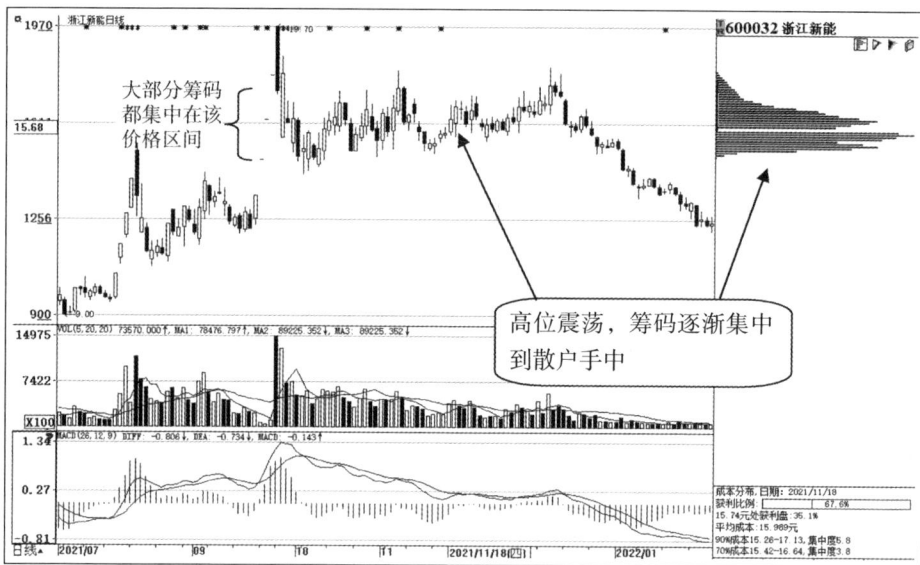

图1-6　浙江新能日K线

延伸阅读

投资者在理解筹码分布指标时，还可以从以下两个方面来着手。

1.与MACD、KDJ、RSI等指标不同，该指标是中国人自己发明的。

2.该指标最初的用途是找主力，其潜台词是：主力是万能的，跟随主力炒股才能获利。

1.1.2　从计算方法看筹码分布的本质

为更好地理解筹码分布的市场含义，投资者还要了解它的计算原理。我们先做一个假设：

假设某公司有17股股票，这15股被4位投资者（甲、乙、丙、丁）所持有。如图1-7所示，其中甲在10元价位买入3股；乙在10元价位买入1股，在12元买入2股；丙在12元买入1股，在15元买入4股；丁在16元买入3股，又在10元买入2股，在12元买入1股。

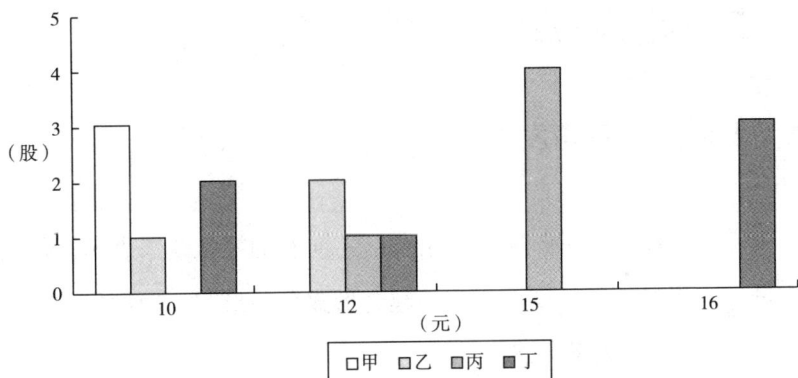

图 1-7　各个价位投资者买入股票的分布

如果将投资者的界限模糊，就可以得到与筹码分布类似的结果。

从图1-8可以清晰地看出，10元价位上分布6股，12元价位上分布4股，15元价位上也分布4股，16元价位上股票数量最少，只有3股。这就是该公司股票在各价位上的筹码分布。

事实上，筹码分布并不关心筹码是属于甲还是乙的，而是以持仓成本为标准进行分类。在实战中，投资者只需要了解指标的计算原理，能够理解炒股软件中筹码分布图所代表的市场意义即可。

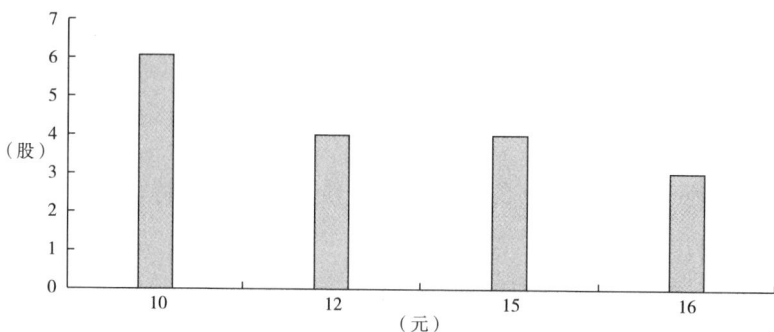

图1-8 各价位上的筹码分布

1.2 5个重要看点

1.2.1 筹码的密集与发散

前面说过，筹码分布图通过一条条自左向右的柱状线来表示某价位的筹码分布量，这诸多的柱状线堆积在一起会形成各种形态。而这些形态主要分为两类：密集形态与发散形态。

1.密集形态

当一只股票在某个价位上下停留较长时间，形成较大的成交量时，在筹码分布图上，投资者就可以清晰地看到一个高高鼓起的"山峰"。在这个狭窄的价格区间，几乎聚集了该股所有的筹码，而且该"山峰"的上下空间几乎没有筹码分布，我们把这种形态称为筹码分布密集形态，"山峰"则称为密集峰。

如图1-9所示，2023年2月3日，宁波联合（600051）缓缓震荡，当日该股绝大多数的筹码集中在7.7元附近，筹码分布形成一个鼓起的"山峰"。

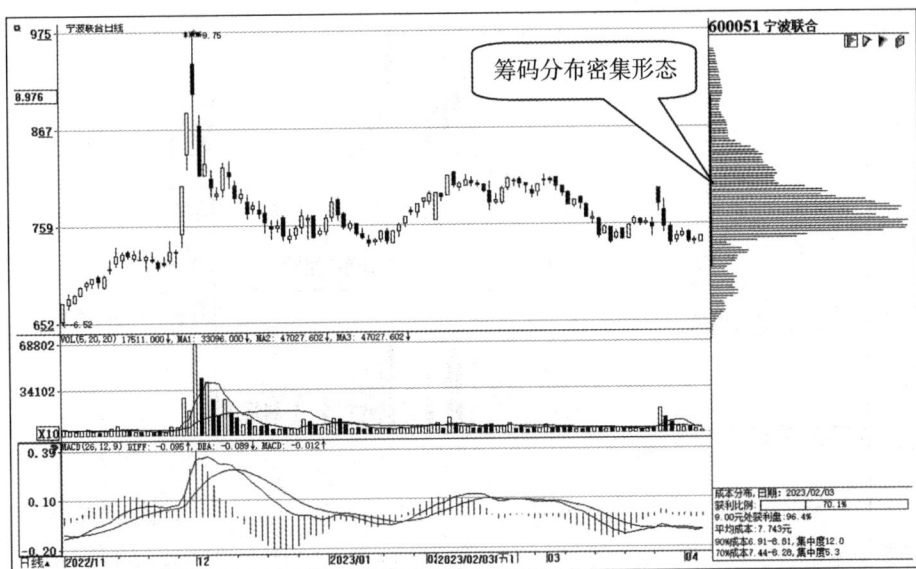

图 1-9 宁波联合日 K 线

2.发散形态

与筹码分布的密集形态相反,当一只股票的筹码没有分布在相对集中的价格区间内,而是相对比较平均地分布在各个价格区间,我们称其为筹码分布的发散形态。它往往是在股价的上涨走势或下跌走势中,价格波动速度过快,使得投资者买入筹码迅速在每一个价位分布造成的。

如图 1-10 所示,2022 年 3 月 21 日,处于急速上涨走势中的中国医药(600056),其筹码相对比较平均地分布在 11~34 元的区间范围内,形成筹码分布的发散形态。

当筹码处于密集状态的时候,就像大战爆发前集结尽可能多的兵力在一起的情景,往往预示着新一轮多空会战的开始;而筹码处于分散状态的时候,像大部兵力正在陆续从集结地出发的情景,暗示着多空绞杀还在进行状态中。

其实,筹码的密集与发散远不止这些,在本书第 2 章中将会有更为详细的介绍。

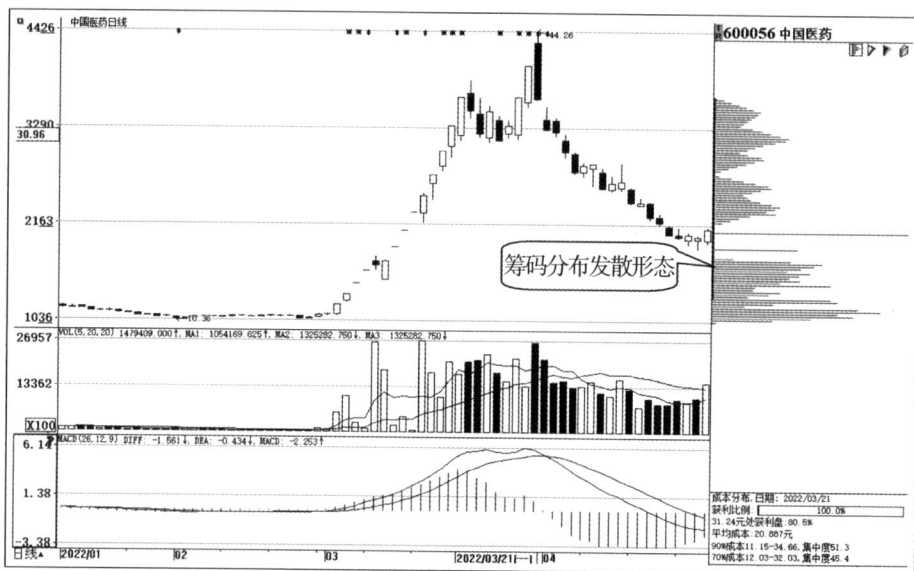

图 1-10　中国医药日 K 线

1.2.2　筹码的颜色

在筹码分布图中，其颜色一般由绿、蓝、红三色绘制（颜色还可以自己调整）。

绿色筹码是在当前价位下处于亏损状态的筹码，即投资者的买入价高于光标锁定日的收盘价。

蓝色筹码是当日市场所有筹码的平均成本。

红色筹码是当前价位下处于盈利状态的筹码，即投资者的买入价低于光标锁定日的收盘价。

亏损筹码和盈利筹码的具体比例，在筹码分布图的下方有标注，其中的获利比例则表示光标所指的当天收盘价的位置上，盈利筹码所占的具体比例。

如图 1-11 所示，2023 年 1 月 30 日，中国长城（000066）处于明显上升走势中，其平均成本为 11.092 元，大部分筹码为红色。当日，该股获利比例达到 73.8%，即 73.8% 的筹码处于盈利的状态。

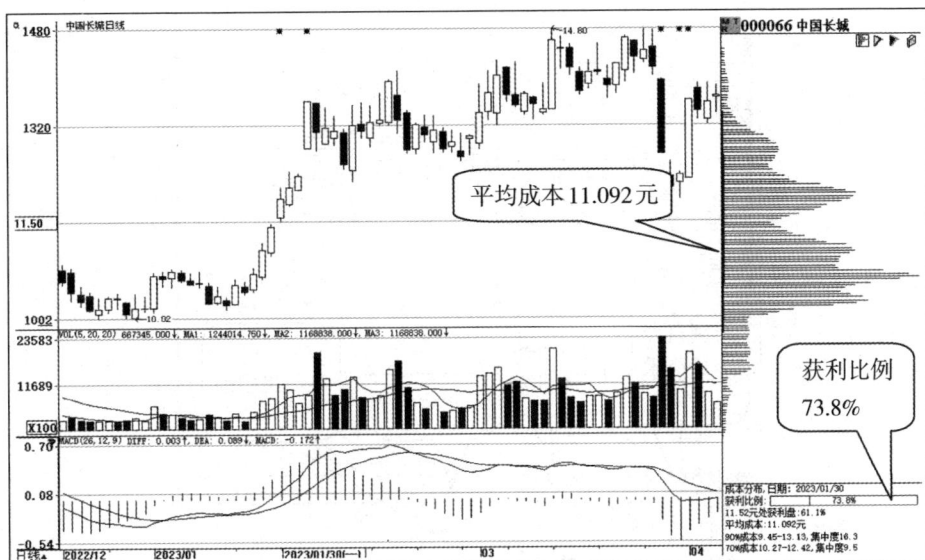

图 1-11　中国长城日 K 线

1.2.3　筹码的标注

筹码的标注位于筹码分布图的下方，它包括筹码分布图的日期、获利比例、获利盘、平均成本、筹码集中度等要素，如图 1-12 所示。

下面分别对这些要素进行说明。

1.日期

大智慧软件中，筹码分布图随着光标在 K 线图上的移动而不断变动，日期即光标所指 K 线的日期。

2.获利比例

获利比例已经在筹码的颜色中略有所述，它以一个百分比的形式来表示光标所指日期收盘价的位置上，所有处于浮盈状态的筹码的占比。在实战中，

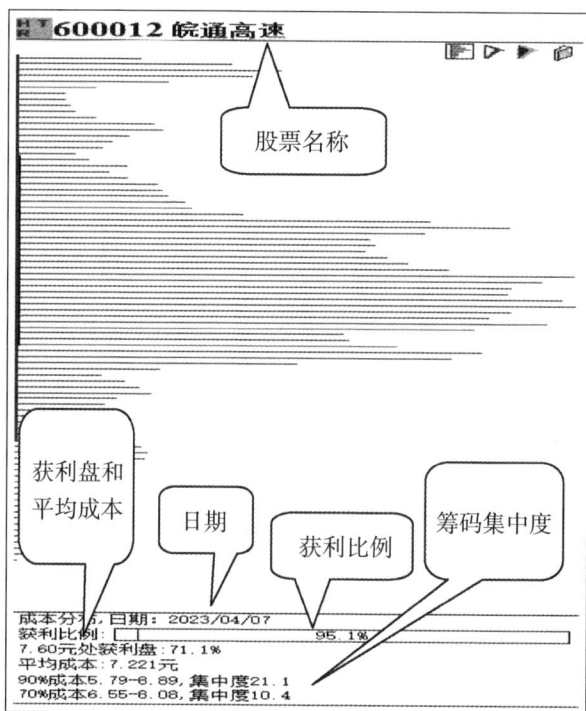

图1-12 筹码的标注

该比例对判断市场心理具有重要的参考价值。

当获利比例较高时，表明大部分筹码都处于浮盈状态，此时散户投资者获利了结的冲动比较强。这种市场情绪积聚到一定程度之后，一旦股价遇到重要阻力位，市场出现下跌趋势的概率将大大增加。

如图1-13所示，2022年11月下旬到12月下旬，金花股份（600080）在经过一波较大的下跌走势后反弹向上。伴随着股价的上涨，该股筹码的获利比例也逐渐上升。

12月12日，投资者从筹码分布图上可以看出，当日该股筹码的获利比例达到83.6%的高位，投资者获利了结的冲动很强。同时该股也达到前期跌幅的重要阻力位（触及黄金分割线）。12月13日，该股K线形成锤子线形态。这3个看跌信号叠加在一起，表明市场下跌动能强劲，投资者要及时出场。

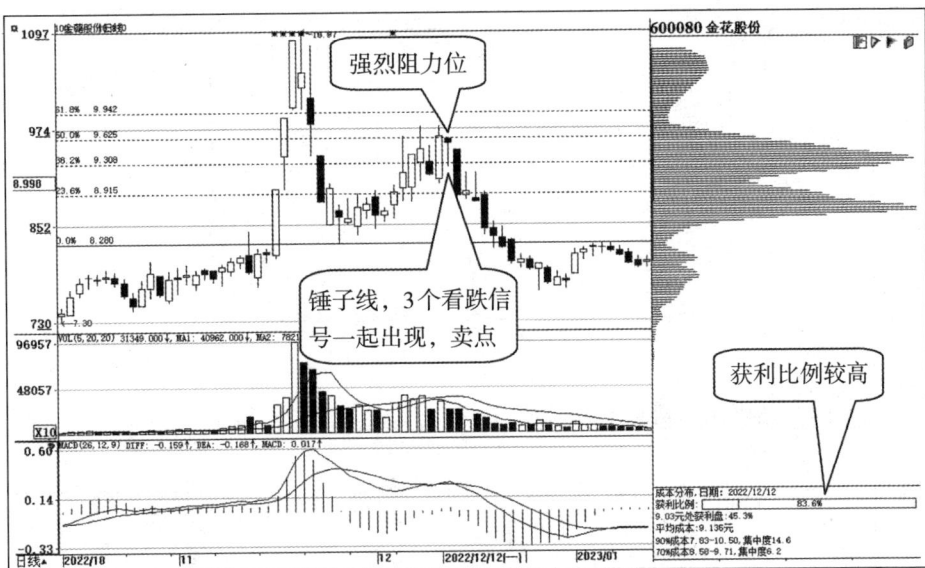

图 1-13　金花股份日 K 线

实战经验

在实战中，投资者要注意的是，前期重要阻力位还包括前期高点、百分比线、下跌趋势线、60 日均线等。一旦股价逼近这些重要阻力位，而获利筹码又很高，投资者就要做好出场的准备。

特别是在下跌趋势已经确定之后，一旦股价反弹向上，到达一些明显的阻力位（如 60 日均线、下跌趋势线）处受阻，此时筹码分布图中如果显示获利比例非常高，就表明这次上涨大多是短线、超短线投资者的抢反弹走势，股价还没有到彻底转势的时候。

如图 1-14 所示，2022 年 6 月底至 12 月底，龙蟠科技（603906）一直处于下跌趋势中，下跌趋势线显示出较强的阻力作用。

2022 年 8 月 9 日，股价再次逼近下跌趋势线，此时 69% 的筹码处于盈利状态，表明这波上涨主要是短线、超短线抢反弹所致，下跌动能仍然很强。之

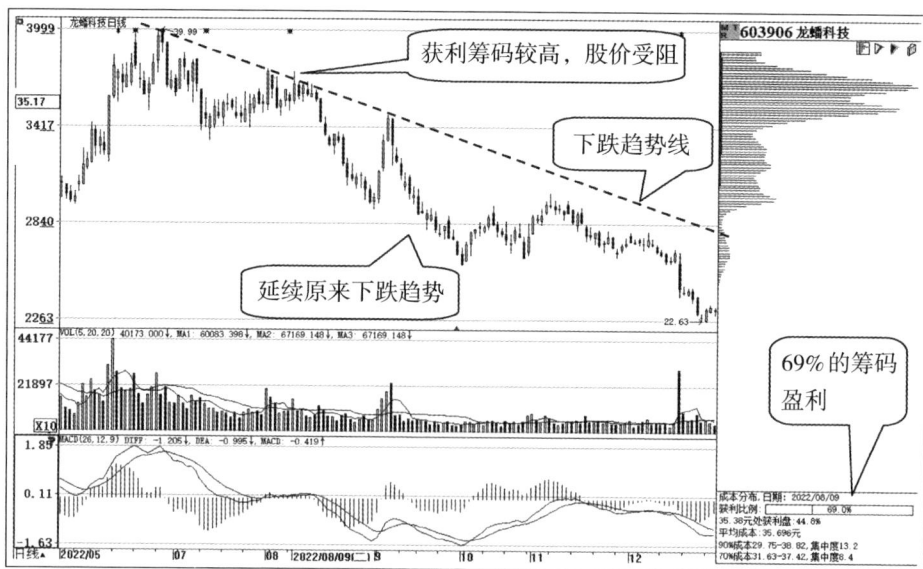

图1-14 龙蟠科技日K线

后股价再次下跌，延续原来的下跌趋势。

另一个投资者需要着重留意的点是，当获利比例较高时，趋势性技术指标发出看跌信号，就表明市场有较大可能出现下跌趋势。投资者要注意积极防范这种风险。

如图1-15所示，2022年5月至8月，牧高笛（603908）持续上涨。8月11日，91.3%的筹码都处于盈利状态，它们获利了结的冲动较强。与此同时，MACD指标中DIFF线与股价形成经典的顶背离形态，预示着下跌动能正在不断积聚，且K线出现乌云盖顶的看跌形态。这几个看跌信号叠加在一起，市场出现下跌趋势的概率大大增加，仍然持有筹码的投资者要注意果断出场。

实战经验

在牧高笛的例子中，8月11日的卖点实际上是趋势性技术指标MACD、K线形态与筹码分布指标的结合使用。这方面内容在后面的章节中有更为详细的介绍。

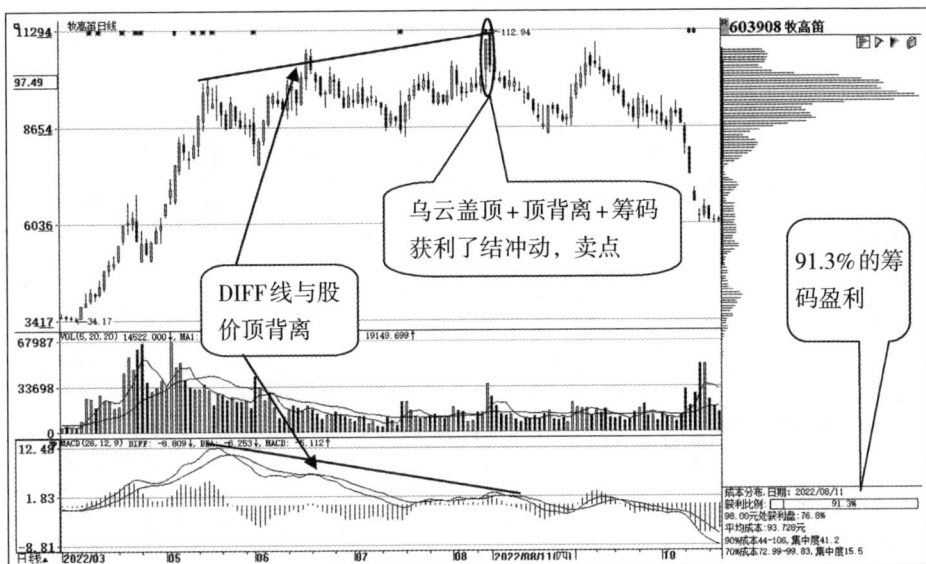

图 1-15 牧高笛日 K 线

相反，当获利比例较低时，表明大部分筹码都处于浮亏状态，此时许多投资者正在苦苦忍受煎熬，当这种煎熬达到一定程度之后，他们就要"割肉"出场，伴随而来的还有市场的彻底转势。因此，投资者一旦发现这种获利比例非常低的状态，要留意股价遇到支撑位或趋势性技术指标发出看涨信号的情况，这往往是市场由下跌趋势转为上涨趋势的开始。

如图 1-16 所示，2022 年 11 月下旬至 12 月下旬，中科软（603927）在经过一波上涨走势后不断地回调。

2022 年 12 月 21 日，股价再创阶段新低后开始企稳，大部分筹码都处于被套状态，表明空方动能已经彻底释放。此时，股价的回调已经到达前期涨幅 50% 的支撑位置。在这两个看涨信号的作用下，股价出现了一波较大的涨势。投资者可以在股价受到支撑而再次上涨时积极买入。

如图 1-17 所示，2022 年 4 月 26 日，福田汽车（600166）在经过一波持续下跌走势之后再次下跌，当天收盘时超过 99% 的筹码都处于亏损状态，表明下跌动能已经得到了相当的释放。

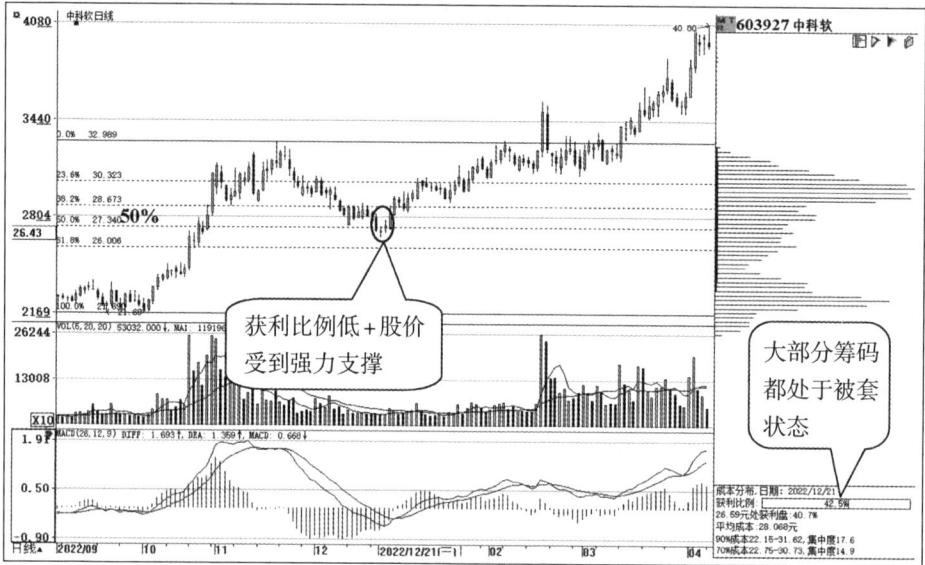

图1-16　中科软日K线

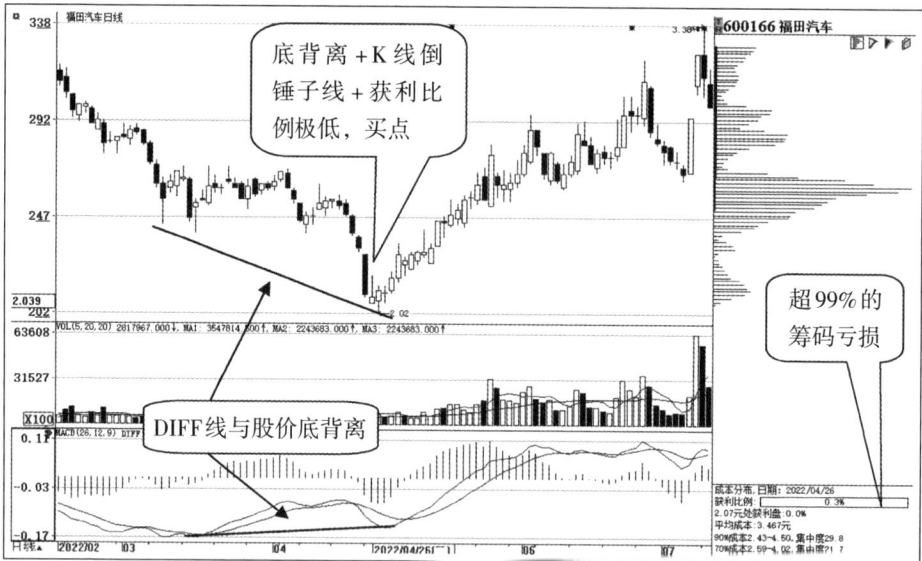

图1-17　福田汽车日K线

　　4月底，该股MACD指标出现"DIFF线与股价底背离"的看涨形态，它与4月26日极低的获利比例和K线低位倒锤子线形态结合在一起，使市场上涨意义大大增加。投资者可以在4月26日这一天积极买入。

3.获利盘

获利盘是指在某个固定的交易日，光标上下移动改变价位后，在该价位下获利筹码的比例。

4.平均成本

平均成本是指在某个交易日所有筹码价位的加权平均数。它表明了整个筹码分布的重心所在，如果股价在此之下，说明大部分筹码都是亏损的。

5.筹码集中度

筹码集中度包括两个方面内容：大部分筹码所在的价格区间以及筹码在相应区间的集中度。集中度是表明筹码密集程度的指标，其数值越高，表明筹码越分散，反之则越集中。

在大智慧软件中，有90%的筹码所在的价格区间以及这些筹码的集中度，还有70%的筹码所在的价格区间以及这些筹码的集中度，如图1-18所示。

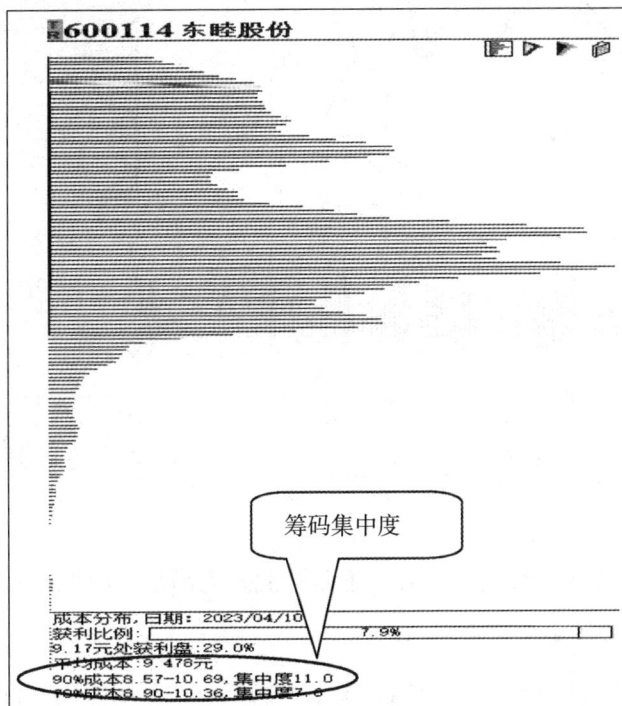

图1-18　筹码集中度

在实战中，通过筹码集中度可以知道筹码是否已经集中，集中到何种程度。如果股价在高位，而筹码集中度很高，就表明市场下跌动能较强；如果股价在低位，且筹码集中度很低，就表明下跌动能已经释放得较为彻底，股价接下来出现上涨走势的概率较大。

在利用筹码集中度时，投资者要注意与其他技术分析工具的配合。

如图1-19所示，2021年12月到2022年1月，华阳集团（002906）在经过一波上涨走势后在高位不断震荡。2022年1月17日，该股股价创出阶段性新高，形成三重顶看跌形态。同时根据1月17日筹码分布图可以看出，该股筹码分布集中度较高，市场下跌动能较强。这两个看跌信号叠加在一起，市场出现跌势的概率大大增加，投资者要注意防范风险。

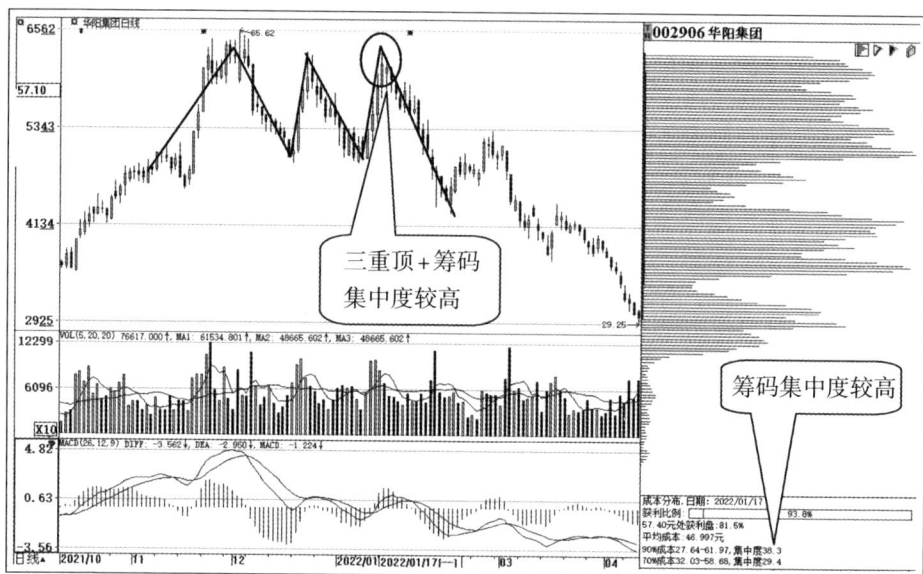

图1-19　华阳集团日K线

投资者在应用筹码集中度时，还必须注意以下两个重要看点。

看点1：筹码集中度之间的比较。

不同板块、不同种类的股票，由于筹码的属性有很大的不同，筹码集中度也有很大的差异。因此，比较不同板块、不同种类股票的筹码集中度，意义并不是很大。

如图 1-20 和图 1-21 所示，2008 年 11 月到 2009 年 8 月，伴随着大盘由熊转牛，同处汽车板块的中国重汽（000951）和宇通客车（600066）也随之出

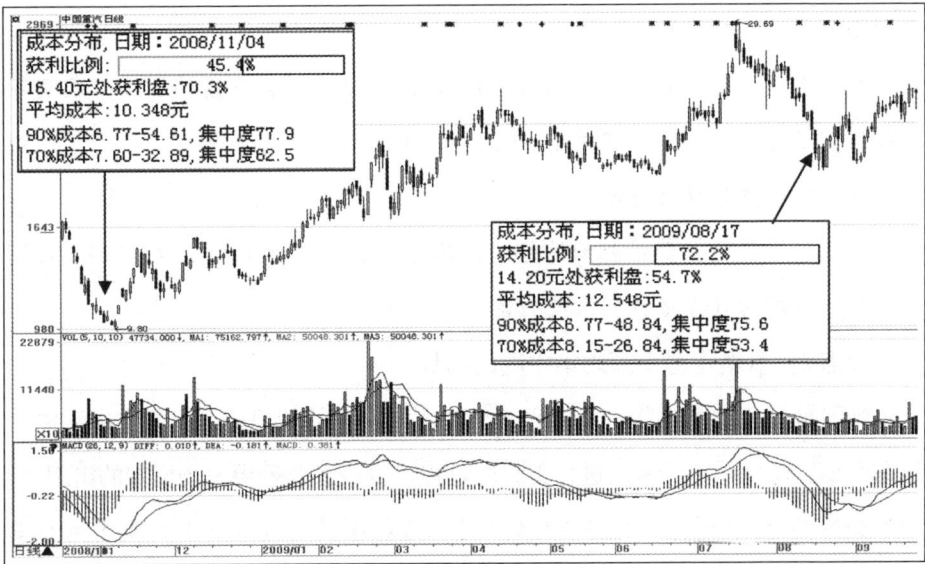

图 1-20　中国重汽日 K 线

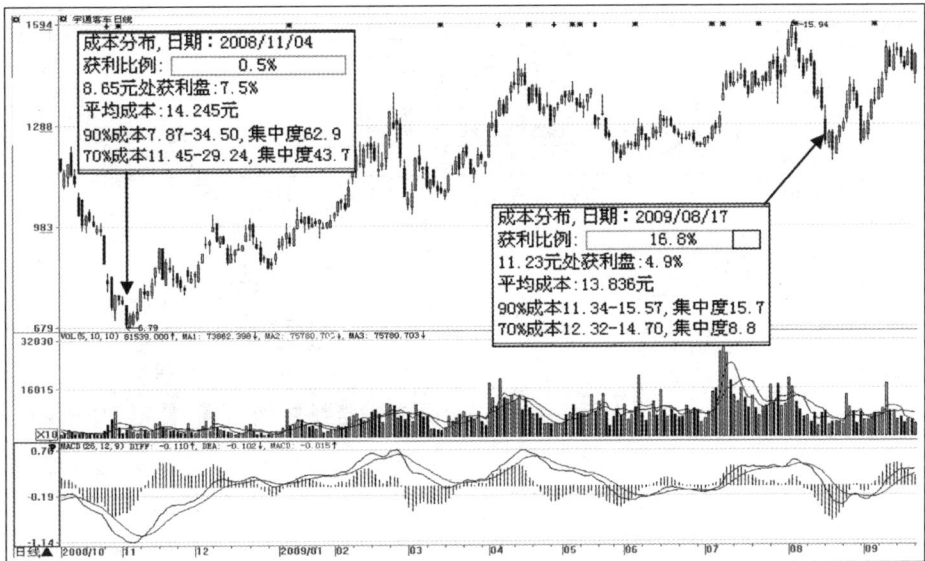

图 1-21　宇通客车日 K 线

现一波较大的上涨趋势。

2008年11月4日是这波上涨趋势的起点，当天中国重汽的筹码集中度为77.9，表明该股筹码分布较为分散。2009年8月17日，股价经过大幅上涨之后，其筹码集中度为75.6。比较后，投资者会发现，该股经过大涨后，筹码集中度并没有多少变化。

宇通客车则恰相反，2008年11月4日，该股筹码集中度为62.9，表明筹码分布较为分散。2009年8月17日，经过大涨后，筹码集中度为15.7，表明筹码分布的密集程度大大增加。

同属汽车板块，面对相似的行情，两者的筹码集中度变化却有很大不同，这与两家公司的股东结构有很大关系。

看点2：盘整走势中筹码集中度的趋势。

当股价处于盘整走势中，筹码会出现逐渐集中的趋势，筹码集中度数值会逐渐变小。这也是市场重新进行蓄势的过程，投资者要警惕市场反转的出现。

如图1-22所示，2022年5月到7月，人福医药（600079）出现了两个多月的盘整走势。这个过程中，股价在一个狭窄的区间范围内不断震荡。投资

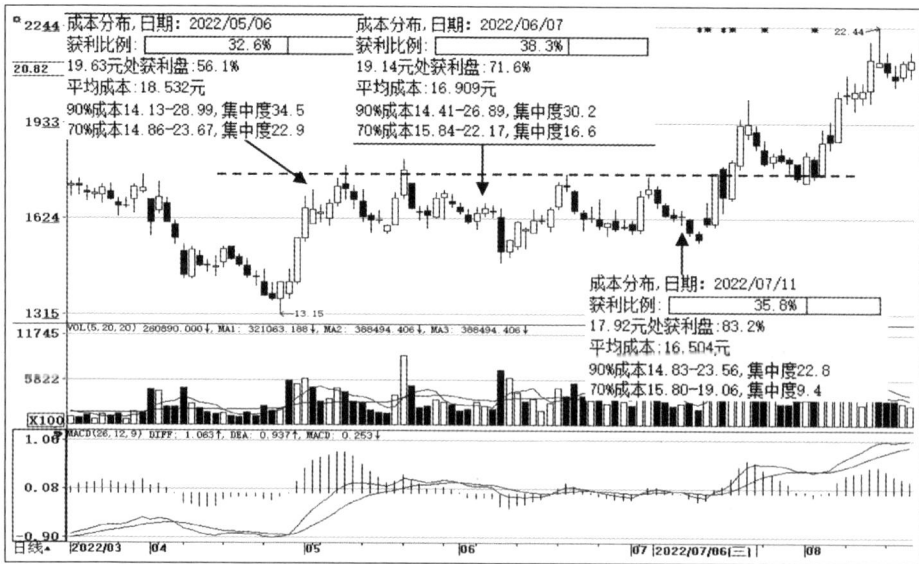

图1-22　人福医药日K线

者随便选取三个时间点，可以清晰地看到筹码逐渐集中的趋势。它表明市场
在不断地蓄势。

2022年7月19日，股价在经过长期蓄势后，突破震荡走势的高点连线，
买点出现。

1.2.4　近期活动筹码

在大智慧软件的筹码分布图中，右上角还有两个标签，投资者点击进入
之后，将会看到近期活动筹码的变动情况，如图1-23所示。

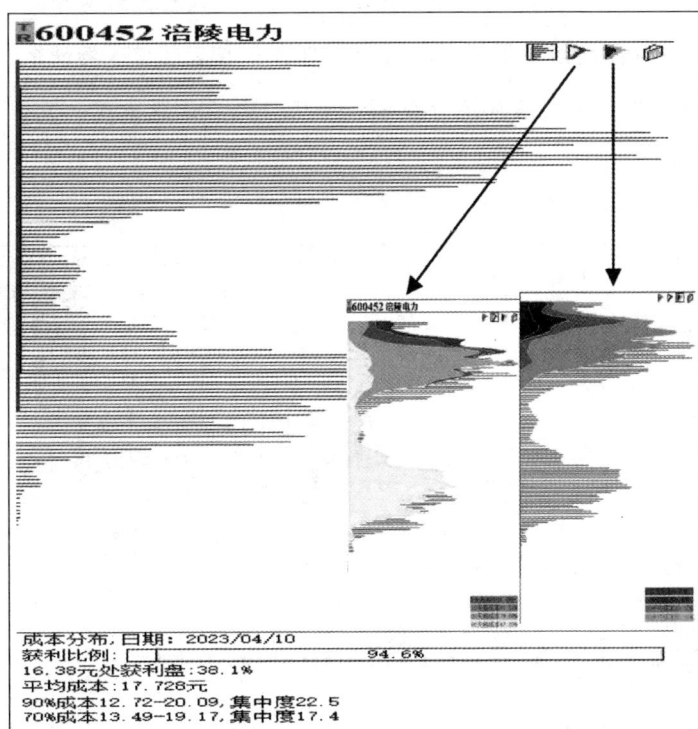

图1-23　近期活动筹码

其中一幅近期活动筹码图由4种颜色来表示，分别代表60天前、20天前、
10天前和5天前的价位所代表的筹码在当前总筹码中所占的比例。

在实战中，如果60天前成本所占筹码比例较高（一般超过30%），就表明该股长期筹码较多。如果市场正处于上涨趋势中，这些长期筹码属于主力的可能性较大，投资者要注意持股待涨；如果市场正处于盘整趋势中，这些长期筹码属于被套散户的可能性较大，投资者要密切注意市场风险。

如图1-24所示，2022年8月18日，泰禾智能（603656）放量大涨。此时在筹码分布图中，60天前成本所占筹码比例为3.97%，20天前成本所占筹码比例为28.60%，10天前成本所占筹码比例为64.83%，5天前成本所占筹码比例为81.96%。在该分布图中，短期筹码占比较高，但这些短期筹码是谁的呢？

如图1-25所示，2022年7月到8月，该股处于大震荡走势中。可以判断，8月18日占比较高的短期筹码的持有者大部分是在震荡中入场的散户。因此，为防范风险，投资者要注意及时减仓或出场。之后该股出现一波较大的下跌趋势。

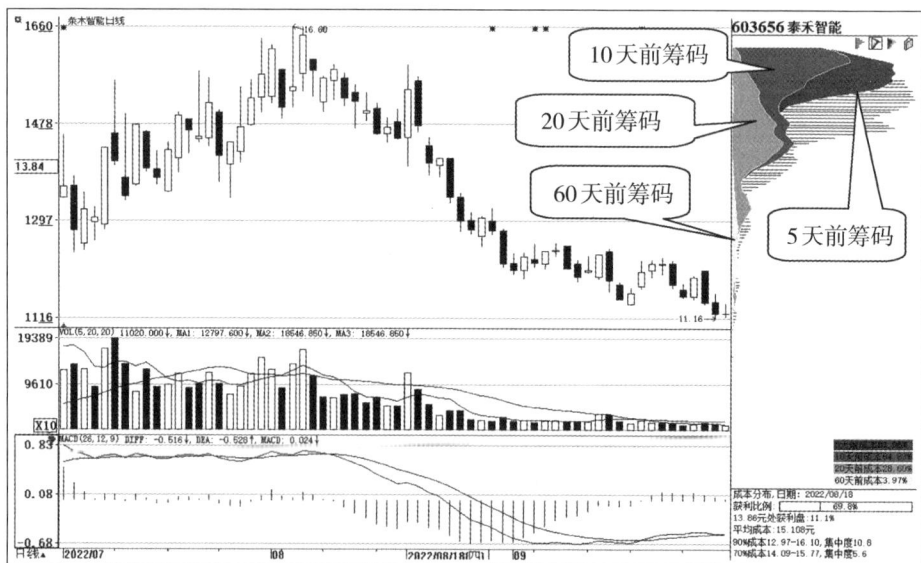

图1-24　泰禾智能日K线1

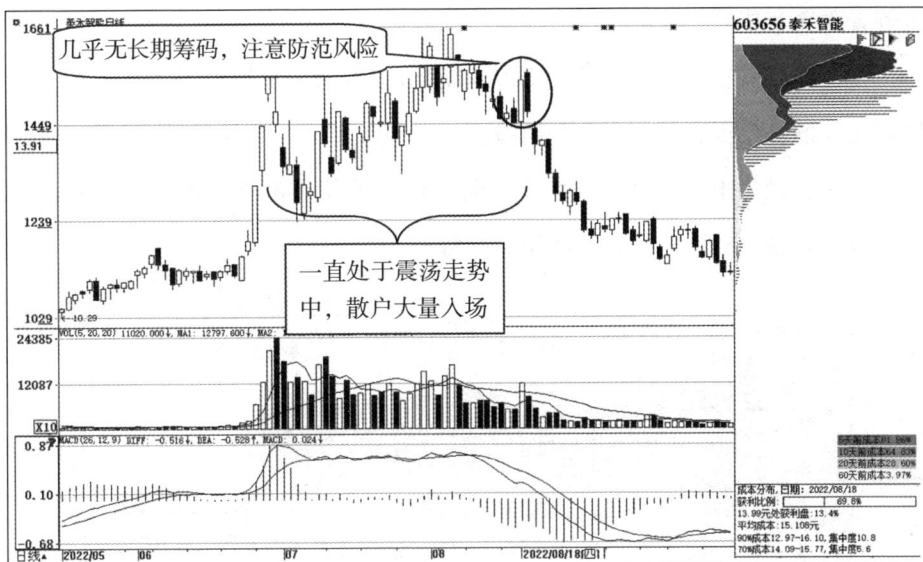

图 1-25　泰禾智能日 K 线 2

另一幅近期活动筹码图也由 4 种颜色来表示不同时间周期筹码分布的变化情况，只不过这 4 个时间周期变为 60 天内筹码、20 天内筹码、10 天内筹码和 5 天内筹码。投资者通过观察这 4 个时间周期筹码分布的变化，就可以方便地知道筹码的具体结构。在实战中，投资者要注意以下 4 个关键点。

关键点 1：4 个时间周期筹码的变化规律。

从图 1-26 中可以清晰地看出，60 天内筹码、20 天内筹码、10 天内筹码和 5 天内筹码所占比例逐次减少。这是因为上一个时间周期总是包含下一个时间周期。

关键点 2：短期筹码的意义。

短期筹码，特别是 5 天内筹码、10 天内筹码，又可以称为活动筹码，它们是近期内刚转移到附近价位的筹码，其入场价和止损价与当前市场价位相差不是很多。因此，一旦股价出现重大变化，投资者要密切关注这类筹码的动向。

在上涨趋势中，一旦短期筹码大量涌现，表明主力正在大力拉升股价，投资者要注意持股待涨。

在盘整趋势中，如果短期筹码大量涌出，多为中长期筹码正在出场，散户正在入场，投资者要注意防范风险。

在下跌趋势中，一旦出现许多短期筹码，很有可能是股价正在大力反弹，投资者要观察上涨动能是否足以扭转趋势。

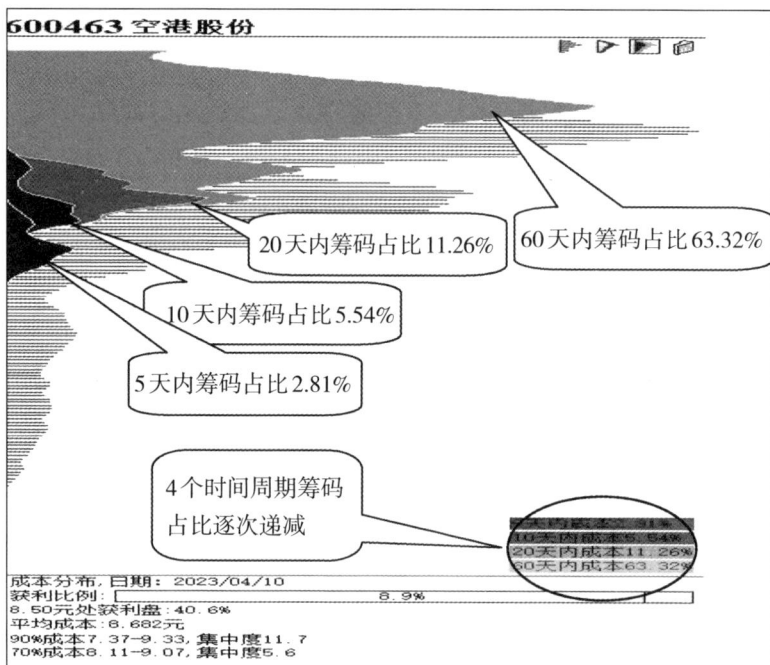

图1-26　4个时间周期筹码的变化规律

如图1-27所示，2021年5月6日，栖霞建设（600533）向上突破前期高点，表明上涨趋势已经初步形成。之后股价持续上涨。

5月6日，该股5天内筹码占比达到8.75%，10天内筹码占比达到10.55%的高位，与之前相比有明显的提升。在短期内有大量筹码的堆积，表明有主力资金正在不断向上拉升。投资者要注意及时入场，已经入场的要注意持股待涨。

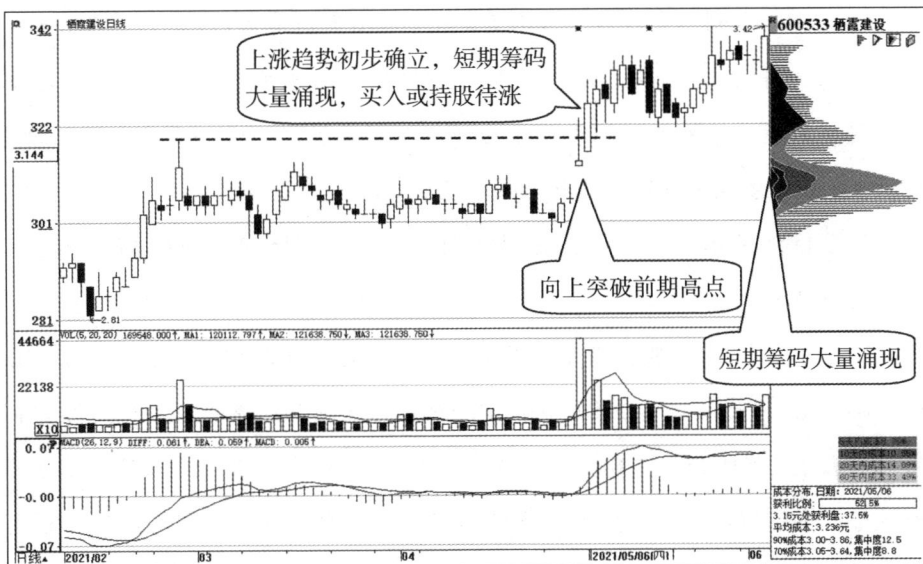

图 1-27　栖霞建设日 K 线

如图 1-28 所示，2022 年 1 月到 3 月，天士力（600535）经过一波上涨走势后在高位持续震荡盘整。

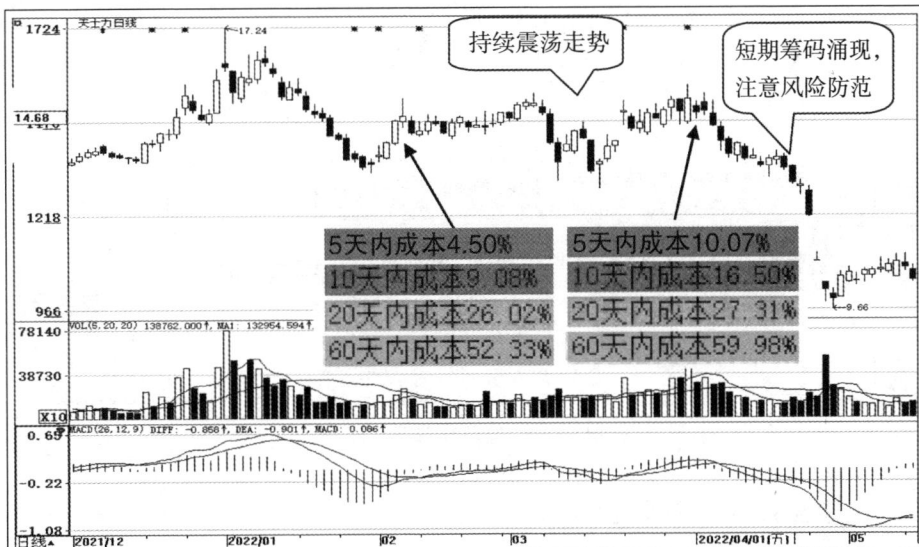

图 1-28　天士力日 K 线

2月9日，该股5天内筹码占比为4.50%，10天内筹码占比为9.08%。4月1日，5天内筹码占比达到10.07%，10天内筹码占比达到16.50%。在盘整走势中出现越来越多短期筹码，表明主力正在不断离场，而散户正在入场接盘。投资者要注意密切关注风险，及时减仓或出场。

如图1-29所示，2021年12月到2022年4月，厦门钨业（600549）一直处于下跌趋势中。

2022年3月1日，股价在下跌趋势中向上反弹，此时该股5天内筹码占比达到6.40%，10天内筹码占比则达到12.02%，与之前相比有明显上升，表明市场短期上涨动能较强。在MACD指标中，DIFF线虽靠近零轴，但有受阻向下的趋势，表明市场整体仍然处于下跌趋势中且可能很快就要再次向下。抢反弹的短线投资者要注意及时出场。

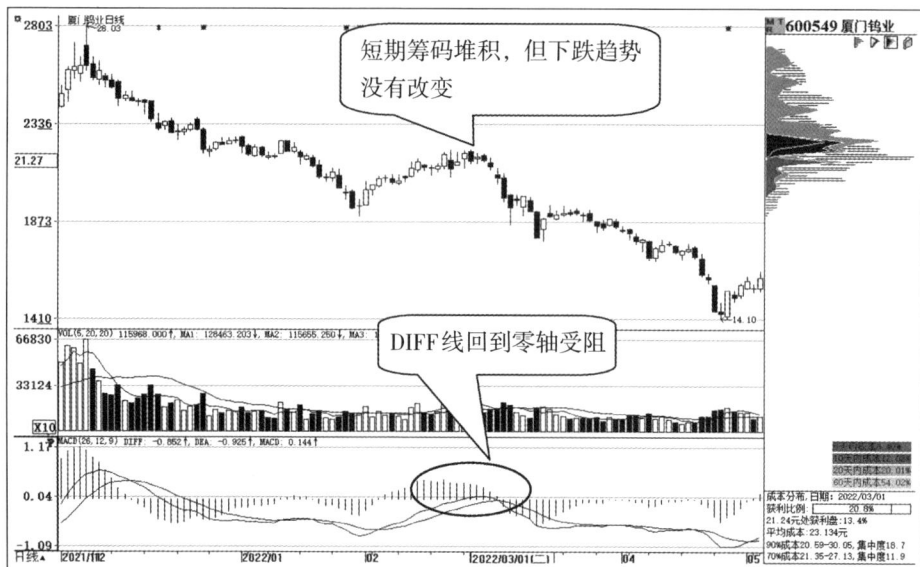

图1-29　厦门钨业日K线1

关键点3：中长期筹码的意义。

在实战中，可以将60天内筹码比例作为一个分水岭，用"1~60天内筹码比例"来表示中长期筹码的比例。当60天内成本在当期筹码结构中占比较小

（一般要小于50%）时，就表明中长期筹码较多，许多投资者正在进行中长线操作。

在上涨趋势中，如果中长期筹码较多，且这些筹码都是在前期底部建仓时入场的，投资者要注意持股待涨；否则投资者要密切关注风险。

在盘整趋势中，如果中长期筹码大幅减少，表明主力正在不断出货，而散户正在不断接盘，此时风险剧增；如果中长期筹码并无大的变化，抛盘主要来自短期筹码，投资者可以适当买入。

在下跌趋势中，如果中长期筹码减少，表明它们开始"割肉"；如果迟迟不见减少，投资者要始终注意这一价位的压力。此时，投资者应持币观望。

如图1-30所示，2021年9月13日，厦门钨业（600549）在经过一波涨势后已经处于高位，此时该股超过99%的筹码都处于盈利状态，但这些筹码中，60天内的筹码高达95.09%，表明绝大部分筹码都是短线筹码，在这波涨势中，基本没有主力的拉抬，上涨动能较弱。投资者要注意控制风险。

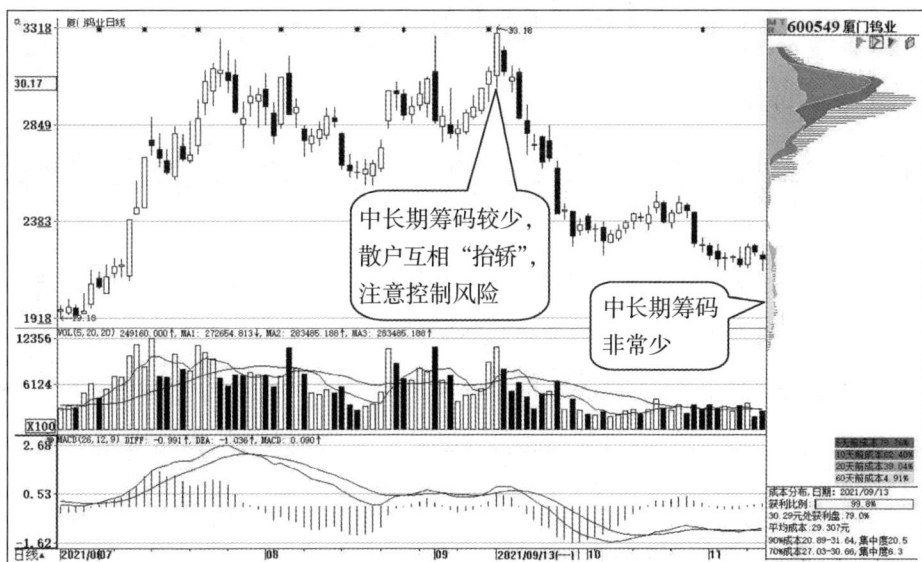

图1-30　厦门钨业日K线2

这波盘整后的涨势由于没有主力参与，只是散户之间互相"抬轿"和"拆台"，所以上涨动能远不如2021年7月的。投资者在操作时最好避开这类走势。

如图1-31所示，2021年11月到12月，天下秀（600556）在经过一波上涨走势后，在高位不断震荡。12月24日，该股60天内筹码高达86.04%，20天内筹码则达51.01%，与前期相比大幅上升。它表明在大幅震荡的过程中，许多中长期筹码出场，投资者要注意及时减仓或彻底出场。

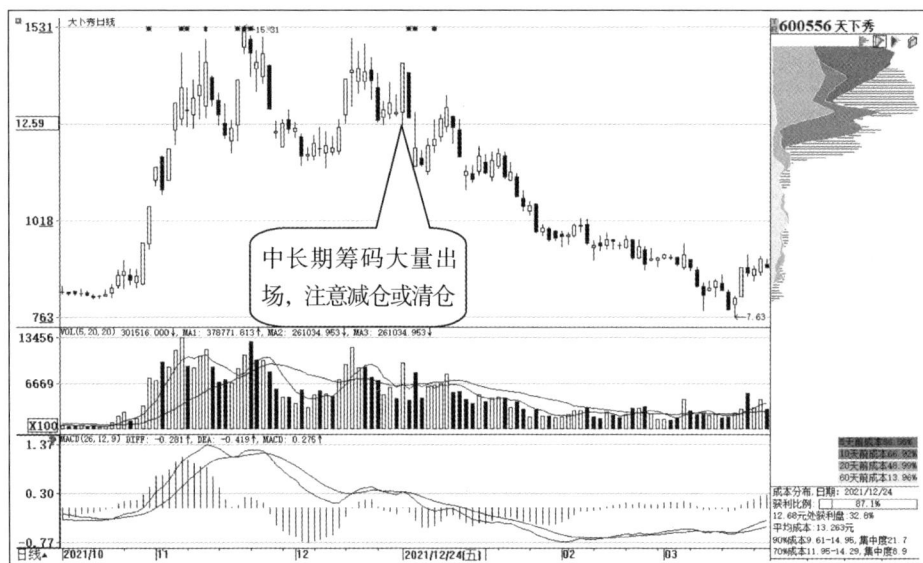

中长期筹码大量出场，注意减仓或清仓

图1-31 天下秀日K线

如图1-32所示，2022年4月27日，法拉电子（600563）的股价再创新低。此时，筹码分布图中60天内成本所占筹码为43.97%，20天内成本所占筹码为19.72%，10天内成本所占筹码为11.39%，5天内成本所占筹码为6.18%。它表明该股有许多中长期筹码仍处于被套的状态。投资者要注意持币观望。

关键点4：两张图的不同之处。

描述近期活动筹码的两张图，其差别只在于分类标准不同。第一张图的分类

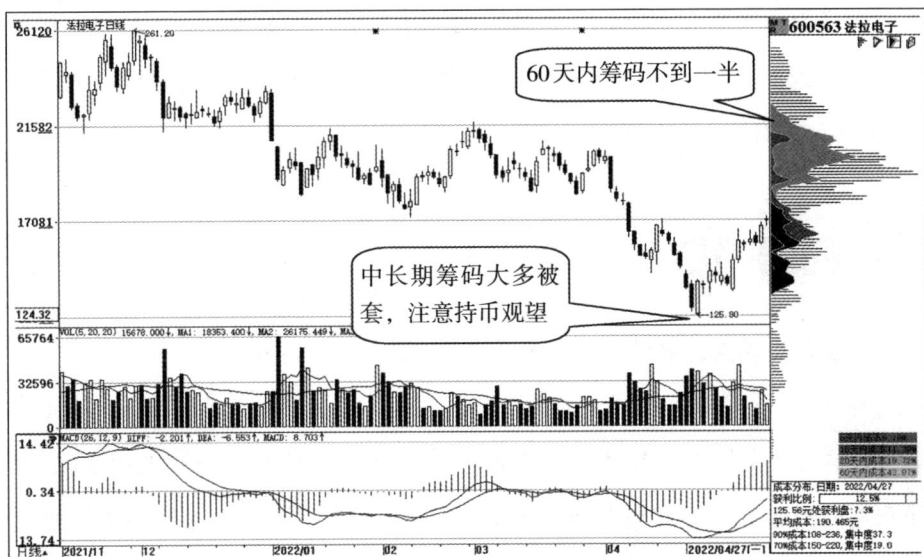

图 1-32　法拉电子日 K 线

标准是"某天前"筹码，主要用来看前期筹码特别是中长期筹码的变动；第二张图的分类标准是"某天内"筹码，主要用来看近期筹码特别是短期筹码的变动。

1.3　3 个使用法则

1.3.1　"与大部分人相反"法则

股票市场中有"7 亏 2 平 1 胜"的规律，即大部分人都是亏钱的。因此，投资者在交易时，要遵循"与大部分人相反"的法则。

"与大部分人相反"是指，投资者面对市场波动时，能够摆脱市场情绪给自己的困扰，坚持自己的判断，严格控制风险的一种心理状态。

在理解该法则时，有 4 个关键点投资者必须要注意。

关键点 1："与大部分人相反"不是"与大部分人对着干"。

市场为什么会有"7亏2平1胜"的规律？那是因为大部分人是自己情绪的奴隶。因此，"与大部分人相反"首先是要面对自己、改变自己，而不是"与大部分人对着干"。

精讲提高

下面两组观点，有助于投资者分清两者的差异。

观点1：大部分人买，我卖；大部分人卖，我买。

观点2：我知道何种情况下大部分人必然买，针对这种"必然买"，我采取有针对性的策略；我知道何种情况下大部分人必然卖，针对这种"必然卖"，我采取有针对性的策略。

关键点2："少部分人"到底指的是谁？

许多投资者认为，要遵循"与大部分人相反"的法则，就是要成为那获利的"少部分人"。但这"少部分人"到底是谁呢？

前面说过，"与大部分人相反"实际上只是一种心理状态，只要具备这种心理状态的机构和散户，都是市场上的"少部分人"，只不过机构更多一点；不具备这种心理状态的人都是"大部分人"，这其中有机构，更有散户，并且大部分是散户。

如图1-33所示，2021年1月至3月，安阳钢铁（600569）出现两次"上涨+遇阻回落"的走势。在这个过程中，前期成交密集区、前期高点形成重要阻力位。

2021年4月7日，股价放量突破前期高点、前期成交密集区，发出买入信号。此时，能够迅速入场的人就是投资者中的"少部分人"。大多数人在股价刚突破的时候，会因害怕而给自己找诸多借口（例如"这是一次假突破"，或者"等突破之后的回调再买入"），选择不买入。

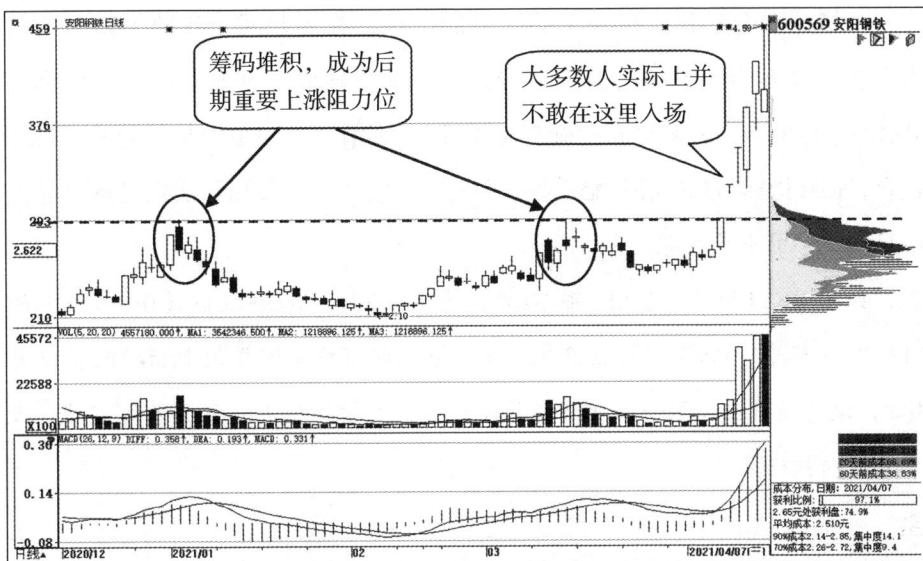

图 1-33 安阳钢铁日 K 线

关键点 3：自然而然。

"与大部分人相反"是一个自然而然的过程，只要投资者严格按照自己的交易系统来行事，将风险控制好，克服情绪带来的困扰，就必然会"与大部分人相反"。如果非得主动地去遵循"与大部分人相反"的法则，反而是头上安头、多此一举了。

关键点 4：筹码分布指标。

指标只能提供一种股价运行过程中的必然性，这种必然性在构造交易系统时非常重要。在实战中，这种交易系统中的必然性是投资者稳定盈利、成为"少部分人"的必要因素之一，这也是本书的价值所在。

1.3.2 多指标配合法则

在实战中，买卖点的可靠性非常重要。而增加买卖点的可靠性，除了与大部分人相反，多指标的配合也很重要。

多指标配合是指，每一个买卖点的出现，都需要两个或两个以上的技术分析工具发出同方向的买卖信号，才能最终确认。例如筹码分布指标与MACD指标配合，筹码分布指标与K线组合理论配合，MACD指标与KDJ指标配合，KDJ指标与RSI指标配合等。单独一个技术指标发出买卖信号的可靠性不是很高，可不予考虑。

如图1-34所示，2022年10月底至11月初，渤海股份（000605）的MACD指标中，DIFF线与股价底背离。它表明市场有较强的上涨动能。11月1日，该股股价K线组合出现看涨吞没形态，更增加了上涨意义的可靠性，投资者可以积极买入。

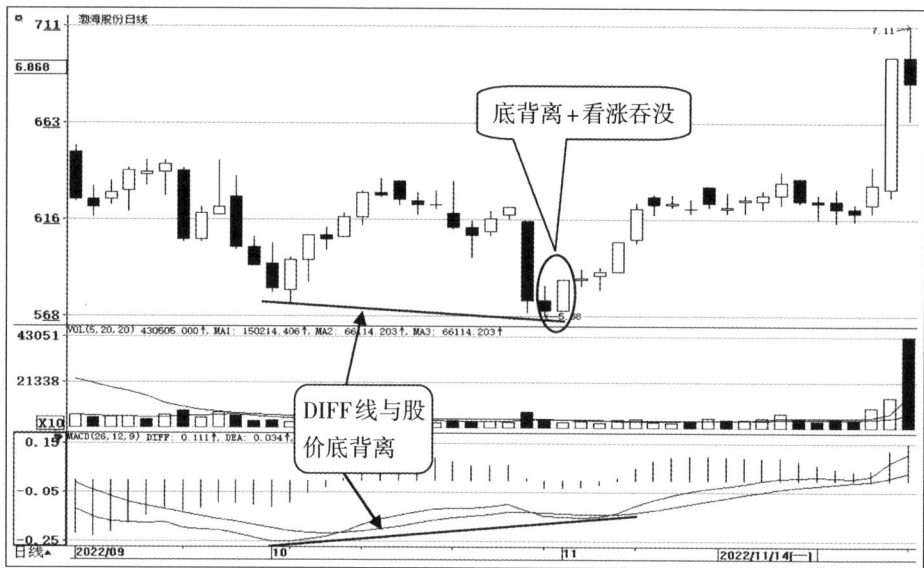

图1-34　渤海股份日K线

1.3.3　多周期共振法则

在实战中，投资者在分析股票走势时，一般要用到多个周期的走势图。常用的有月、周、日、60分钟、30分钟、15分钟、5分钟这七个周期。其中，月、周可划分为一个周期，60分钟、30分钟可划分为一个周期。

多周期共振是指，任何一个买点或卖点都必须有两个或两个以上的周期发出买入信号或卖出信号（越多越可靠），投资者才能最终考虑买入或卖出。单独一个周期发出的买入或卖出信号不能作为交易的依据，可不予考虑。

当月线图或周线图发出买卖信号时，日线图或60分钟图也要发出相同方向的买卖信号，操作中长线的投资者才能考虑买入或卖出。如果日线图或60分钟图中没有出现买卖点，即使月线图或周线图中出现明显的买卖点，投资者也不能入场操作。

如果做短线，当60分钟图或30分钟图中发出买卖信号时，15分钟图或5分钟图中也要发出相同方向的买卖信号，比如60分钟图中出现DIFF线与股价顶背离，在15分钟图中出现DIFF线和DEA线的死叉等，才能最终考虑入场操作。如果15分钟图或5分钟图中没有出现买卖点，即使60分钟图或30分钟图中有明显的买卖点，投资者也不能随意入场操作。

如图1-35所示，在恒为科技（603496）的周线图中，2022年9月，DIFF线在零轴附近回落并得到DEA线的支撑。它表明市场上涨动能即将启动，股

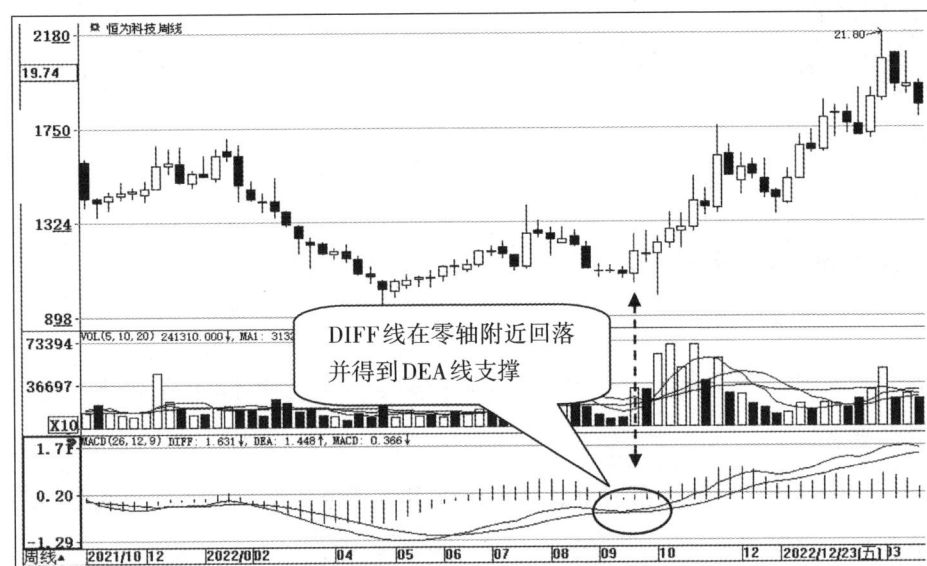

图 1-35　恒为科技周 K 线

价在得到DEA线的支撑后，有较大可能再次上涨。此时投资者可以在低级别中寻找更有利的买点。

如图1-36所示，在10月13日，该股的日线图中，MACD指标出现"DIFF线与股价底背离+DIFF线与DEA线金叉+放量"的看涨信号。这两个周期的看涨信号叠加在一起，表明市场上涨动能非常强烈，投资者可以积极买入。

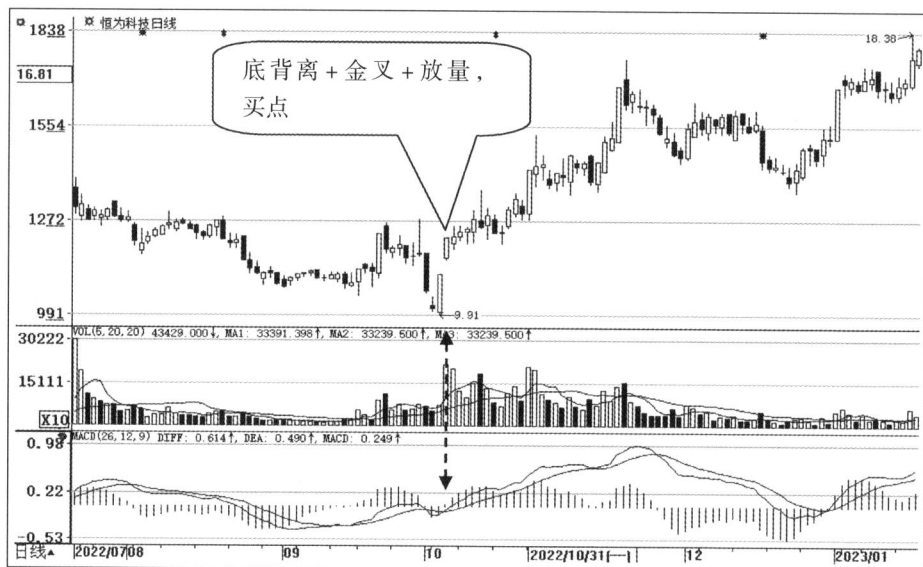

图1-36　恒为科技日K线

实战经验

在实战中，投资者要注意以下两点。

1.不但MACD指标可以这样用，其他指标也可以这样用，使买卖信号的可靠性更高。

2.一般来说，月线图、周线图、日线图、60分钟图相配合，日线图、60分钟图、15分钟图相配合，60分钟图、15分钟图、5分钟图相配合。

第 2 章

———

筹码分布实战用法

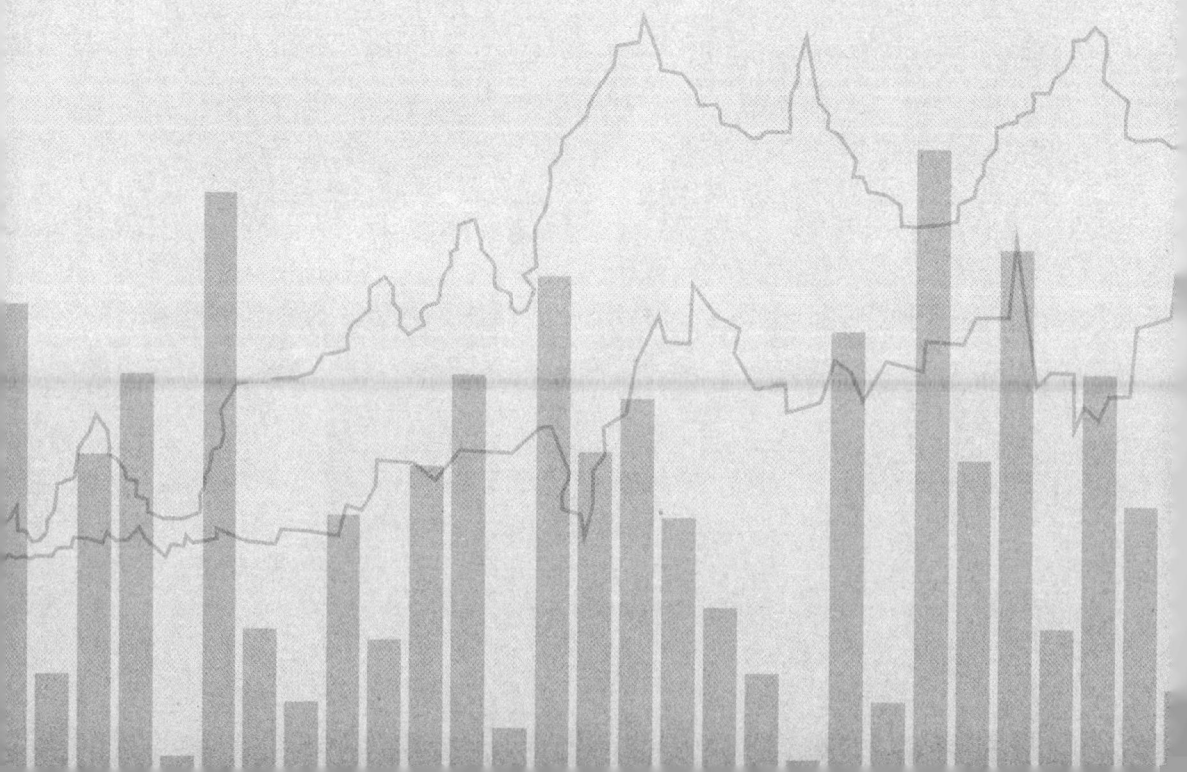

2.1　4个基本形态

在实战中，投资者主要通过分析筹码分布的密集与发散形态来判断市场的动能和股价的运行趋势。这种形态主要分为低位密集、高位密集、低位锁定和双峰形态4种，下面分别加以说明。

2.1.1　形态1：低位密集

筹码的低位密集是指，在下跌趋势中，股价经过前期的大幅下跌之后，在低位逐渐企稳，同时伴随着成交量的逐渐放大，筹码在低位区域逐渐大量聚集的过程。在筹码分布图中，低位密集往往以一个低位密集峰的形态呈现，如图2-1所示。

它表明伴随着股价的持续下跌，前期高位被套的筹码终于无法忍受，开始在下跌趋势中的反弹或低位"割肉"出局，使筹码从高位向低位大规模转移，形成了筹码的低位密集状态。当大部分被套牢筹码从高位转移到低位后，上方阻力大大减弱，同时底部多方动能逐渐增强，股价接下来有较大可能出现一波上涨趋势。

投资者在实际操作过程中，一旦见到筹码的低位密集，就要注意，因为这往往是一波上涨趋势即将启动的预兆。但仅仅由此就买入，理由不够充分。投资者可以结合其他技术分析工具，如均线、MACD指标等来综合研判趋势的形成与否，以提高买入信号的精准性。

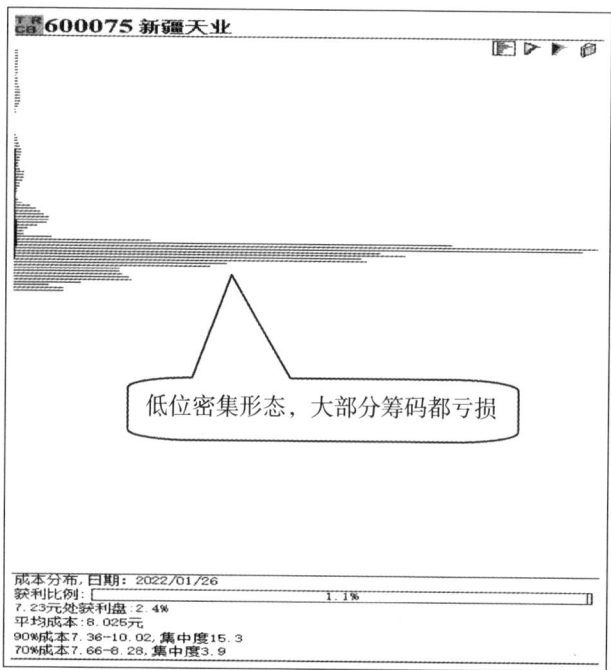

图 2-1　低位密集形态

如图2-2、图2-3、图2-4所示，2022年1月到4月，伴随着大盘的熊市，中体产业（600158）的股价持续下跌，成交量也逐渐萎缩。到4月底，该股逐

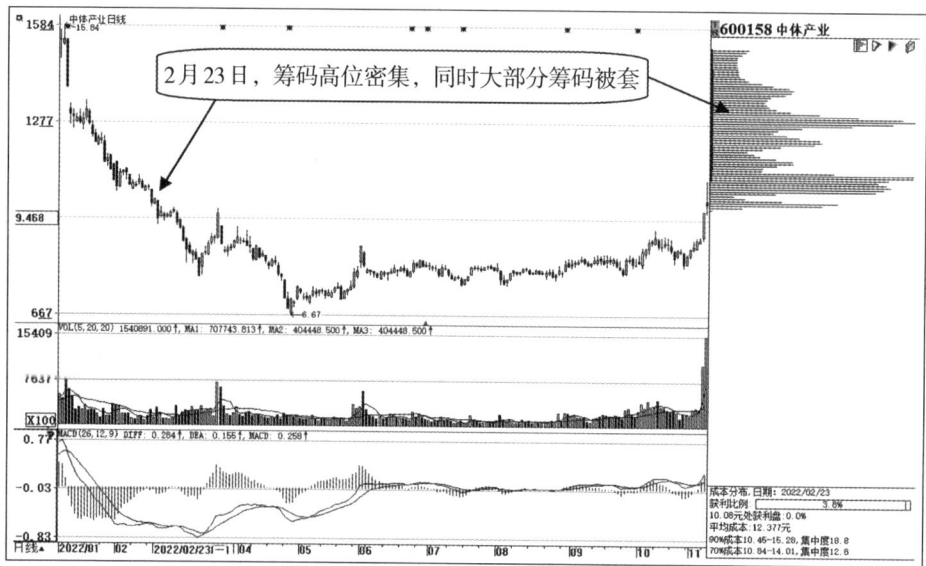

图 2-2　中体产业日 K 线 1

渐企稳，并出现一波上涨走势。在这个过程中，该股筹码分布也呈现出明显转移态势。

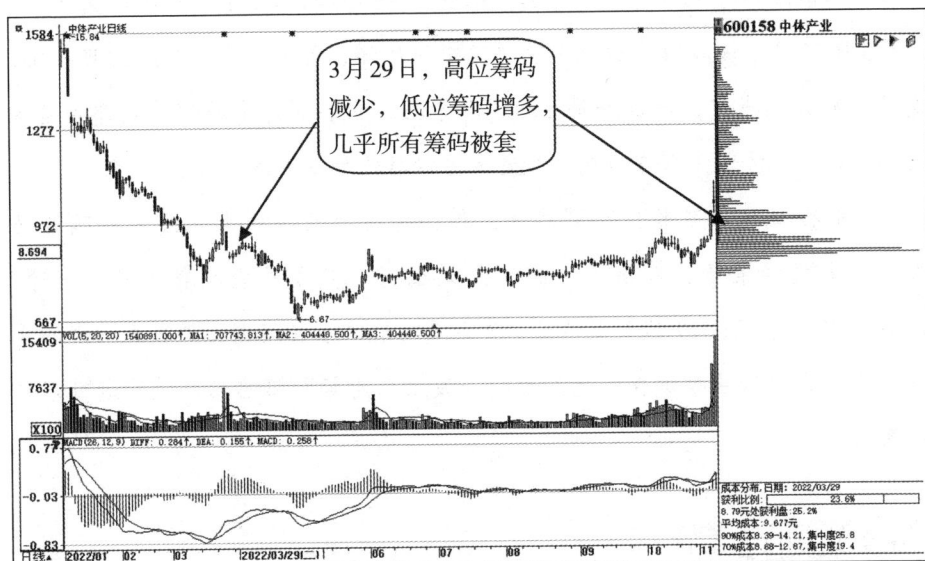

图 2-3　中体产业日 K 线 2

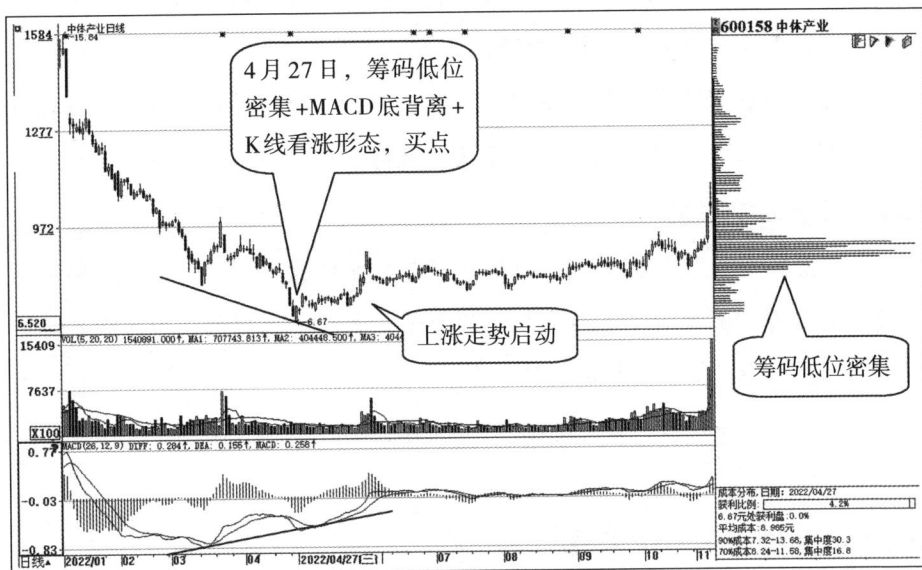

图 2-4　中体产业日 K 线 3

2月23日，该股股价正处于连续大幅下跌走势中，筹码分布在高位形成密集峰，同时收盘价获利比例低至3.8%。它表明随着股价的大幅下跌，大部分筹码只能眼睁睁地看着利润缩水，几乎所有的筹码都处于被套牢的境地。

3月29日，该股股价出现下跌趋势中的反弹，筹码分布和2月23日相比，高位筹码大大减少，低位筹码开始逐渐聚集。它表明许多高位筹码都在趁着反弹卖出，上方阻力正在减弱。投资者可以对此加以关注。

4月27日，该股股价再创新低，但高位筹码已经所剩无几，筹码开始在低位大规模聚集，股价上方阻力大大减弱，多方动能逐渐增强。同时，MACD指标出现DIFF线与股价底背离的看涨信号，K线也出现曙光初现的看涨形态。这些信号叠加在一起，说明一波上涨走势即将启动，投资者可以果断买入。

精讲提高

筹码从高位流向低位的过程，对应着一部分投资者的"割肉"出场。这些"割肉"筹码一般具有以下3个特征。

1.这部分投资者往往属于散户。一般来说，基金、券商自营盘、社保基金等大型投资机构很难承担巨额亏损认赔离场，在低位出场的投资者往往是无法忍受下跌之苦的散户。

2.这些筹码往往是在股价下跌趋势中的反弹过程中"割肉"离场的。这些投资者抱着"等反弹了我再出场"的心理，虽然如愿以偿，但市场已经处于下跌趋势的中后期，其损失已经巨大。

3.进场吸筹的往往是主力机构。

2.1.2 形态2：高位密集

筹码的高位密集是指，股价经过前期较大幅度的上涨之后，在高位逐渐放量滞涨，同时筹码在高位逐渐大量聚集的过程。在筹码分布图中，高位密集往往以一个高位密集峰的形态呈现，如图2-5所示。

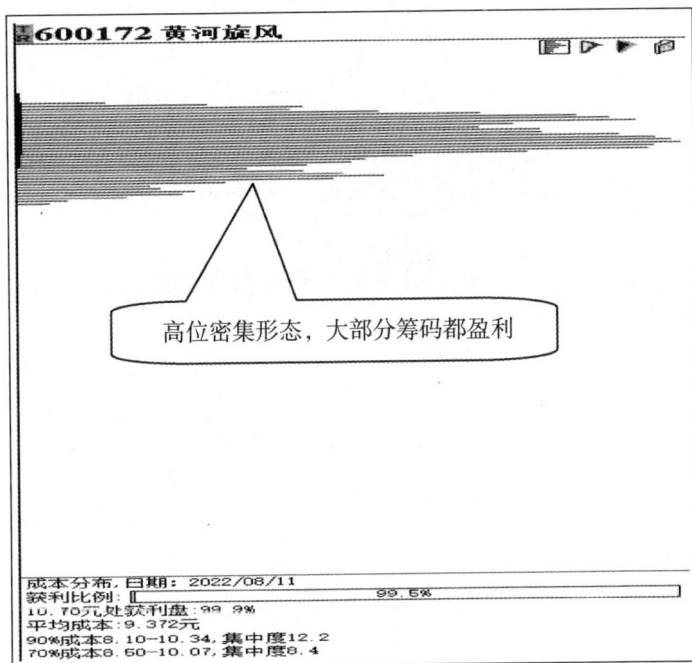

图 2-5 高位密集形态

高位密集形态表明经过前期的大幅上涨之后，低位筹码获利巨大，已经逐渐在高位获利出场。当大部分低位获利筹码转移到高位形成筹码分布的高位密集形态时，市场空方动能逐步增强，股价接下来有较大可能出现一波下跌趋势。

因此，投资者一旦看到筹码的高位密集，就要高度警惕。已经入场的投资者可以适当减仓，一旦有确切的卖出信号出现，就要果断出场；还没有入场的投资者最好持币观望。

如图2-6、图2-7所示，2021年9月到12月，恒信东方（300081）的股价在经历了一波上涨趋势之后，在高位不断震荡。在这个过程中，筹码分布出现了明显的自下而上的转移。

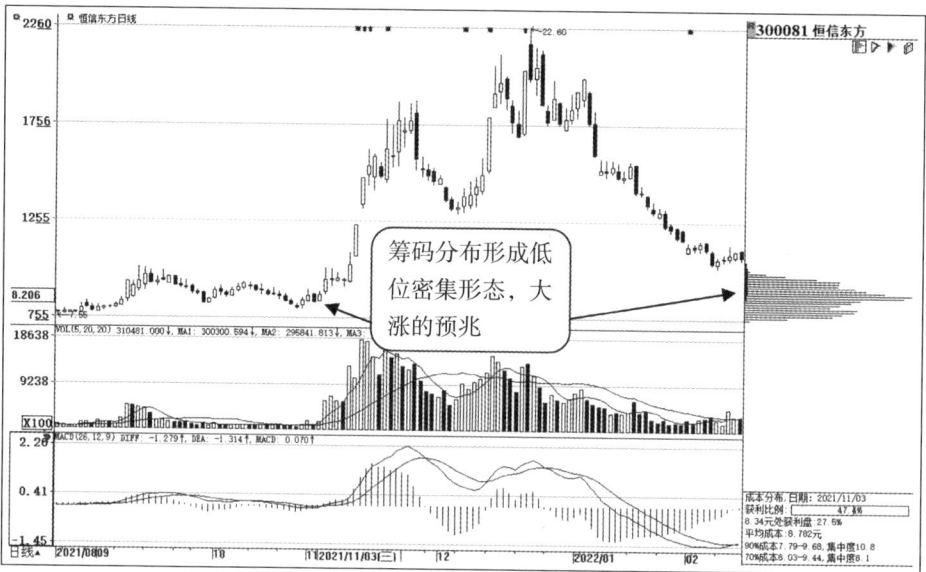

图 2-6 恒信东方日 K 线 1

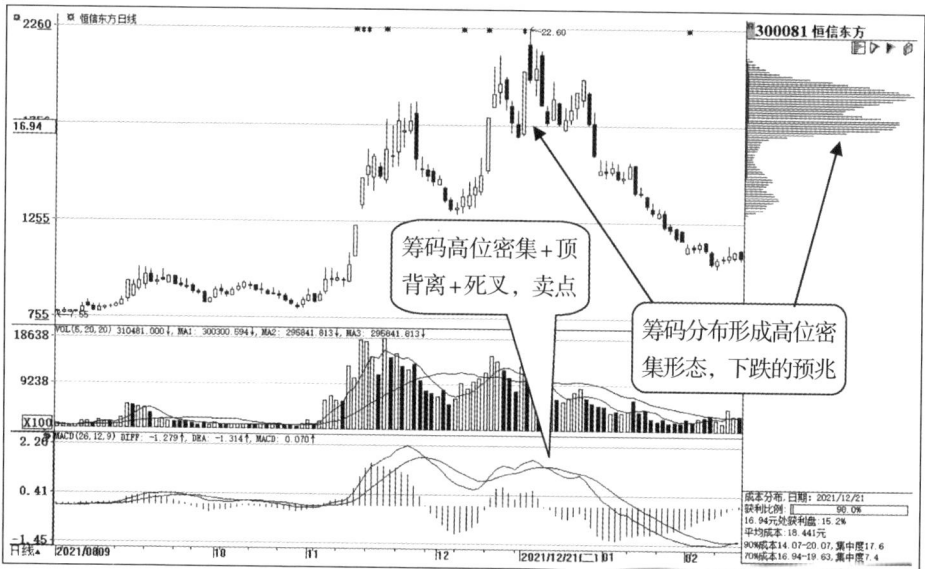

图 2-7 恒信东方日 K 线 2

2021年11月3日，股价正处于上涨趋势的发动初期，筹码分布形成低位密集形态，90%的筹码集中在7.79~9.68元的狭窄区间。

2021年12月21日，该股股价经历一波较大的上涨走势之后，在高位不断震荡，与 2021 年 11 月 3 日相比，筹码分布逐渐形成高位密集形态。它表明股价经过一波大幅上涨走势之后，几乎所有的低位筹码都已经获利了结，现在的持股者几乎都是高位接盘者，市场下跌动能正在不断积聚中，投资者要高度警惕，可以在震荡走势中逐步卖出。

12 月 27 日，MACD 指标出现"DIFF 线与股价顶背离＋死叉"的看跌信号，表明高位积聚的下跌动能开始释放。仍然持股的投资者要注意果断清仓。

2.1.3　形态 3：低位锁定

筹码的低位锁定是指，伴随着个股价格的持续上涨，筹码仍然在低位堆积，继续保持低位密集形态的现象。它是主力已经入驻该股的重要标志。

一般来说，随着股价的持续上涨，前期低位筹码将有获利了结的巨大冲动。对散户投资者来说，这种获利了结的冲动很难克服，他们往往随着股价的上涨迅速卖掉获利筹码；能够克服这种冲动的，只能是持有众多筹码的主力机构。因此，筹码的低位锁定，往往是主力机构已经入场的标志，并且这些主力机构往往选择的是中长线操作方式。

投资者在操作过程中，一旦判定有主力机构在低位锁定筹码，一定要注意持股待涨，不要快进快出，防止踏空走势。

如图 2-8、图 2-9 所示，2022 年 2 月到 7 月，比亚迪（002594）的股价先是在低位震荡，然后出现一波上涨走势。在这波走势中，股价从 230 元附近涨到 350 元附近，涨幅达到 50%，但筹码分布却呈现明显的低位锁定形态。

2022 年 3 月 30 日，该股股价仍处于低位震荡阶段，此时在 230 元附近分布着大量的筹码。6 月 6 日，股价经过一波大幅上涨走势，此时低位的筹码没有显著的变化。面对涨势毫不动摇，有这种定力的应该是主力机构的筹码。因此，仍然持有该股的投资者不必为后市的暂时回调担心，要注意持股不动。

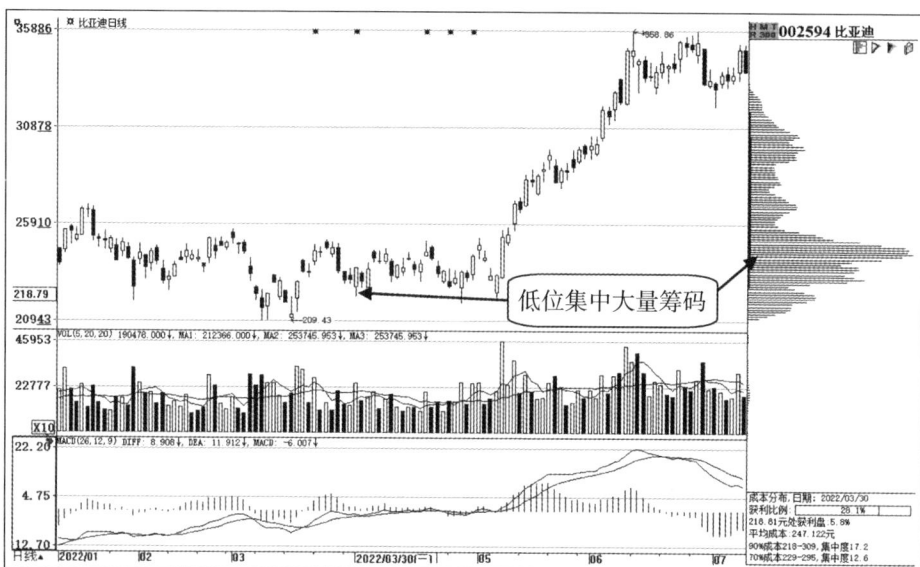

图2-8　比亚迪日K线1

图2-9　比亚迪日K线2

✏️ **延伸阅读**

投资者在操作过程中，要注意"下峰锁定，行情未尽"（本章第2节将详述）

这句话。一旦确定某只股票中确实有众多的低位锁定筹码，就要保持关注，持股的投资者注意不要轻易卖出筹码，除非下峰已尽，顶部出现卖出信号。

2.1.4　形态4：双峰形态

双峰形态是指，在筹码分布图中，柱状线形成两个密集峰的形态。其中，筹码成本处于高位的称为高位峰，处于低位的称为低位峰，如图2-10所示。

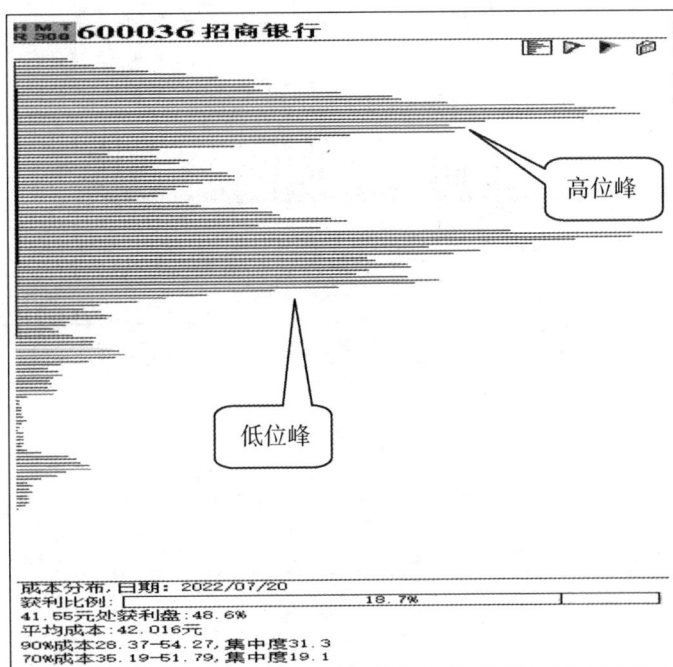

图 2-10　双峰形态

双峰形态表明当前市场筹码主要分为低位筹码和高位筹码两大类。而这两类筹码面对相同的市场走势，由于成本不同，对市场的看法也有差异。

在上涨趋势初期，一旦出现双峰形态，就表明虽然股价上涨动能很强，但上方阻力仍然较强，投资者在选股时务必注意这一点。这是因为高位峰所代表的巨量筹码此时仍处于被套牢的境地，一旦股价快速上涨，它们将有很强的解套卖出冲动。

在实战中，投资者最好结合其他技术分析工具综合研判。

如图2-11和图2-12所示，2022年4月到9月，伴随着大盘的转势，浙江

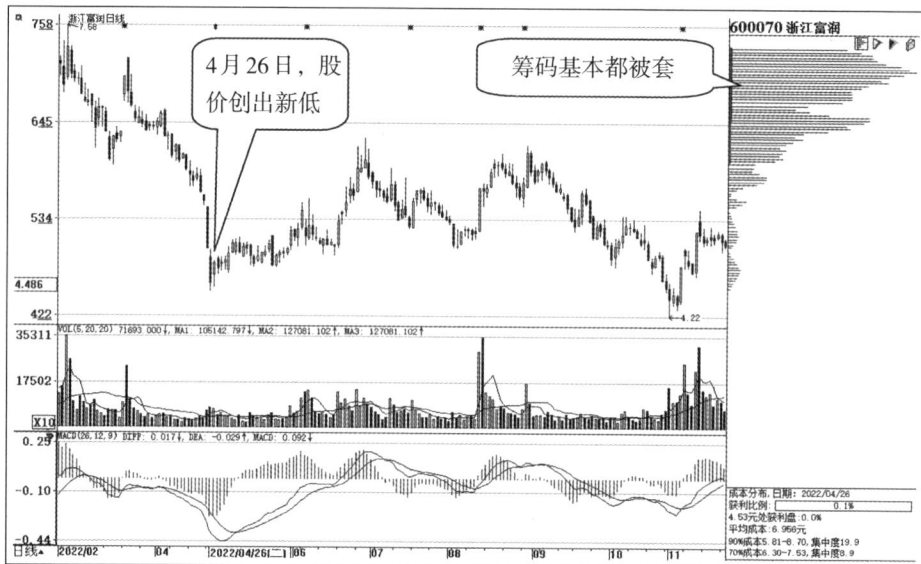

图2-11　浙江富润（更名为*ST富润）日K线1

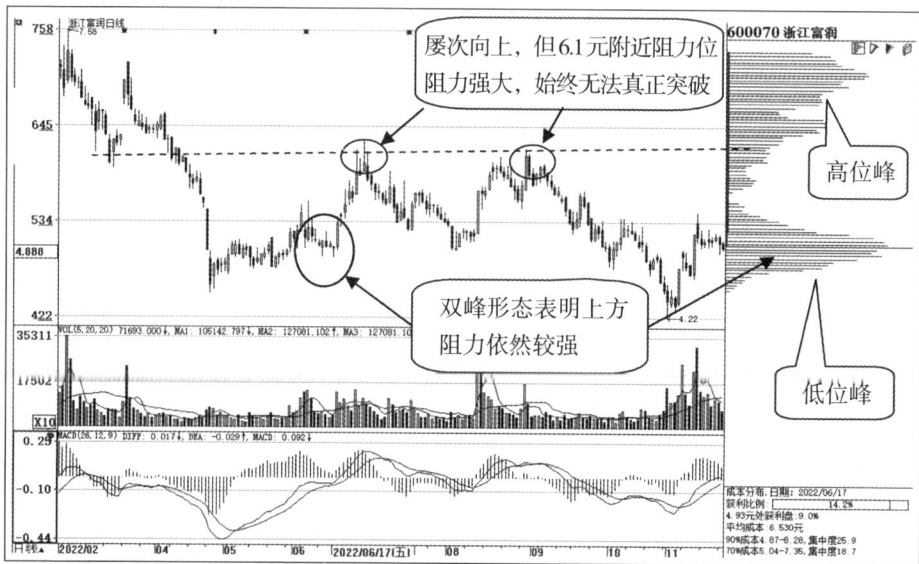

图2-12　浙江富润（更名为*ST富润）日K线2

富润（更名为*ST富润，600070）的下跌趋势逐步停止。

2022年4月26日，该股股价创出新低，此时市场筹码基本都处于亏损状态，表明在高位该股拥有较多的套牢盘，上方压力巨大。

6月17日，股价缓缓上涨后回落，但没有创新低，表明股价已经企稳，下跌趋势已经初步结束。此时，筹码形成明显的双峰形态。它表明该股虽然有一定的上涨动能，但上方依然有不小的阻力。之后，股价虽然上涨但始终无法突破6.1元附近的阻力位。

当上涨趋势已经形成一段时间之后，一旦出现双峰形态，投资者要警惕盘整甚至下跌趋势的形成。这是因为，股价涨幅较大，此时上方被套牢筹码（高位峰）将会有很强的解套卖出冲动，下方已经获利丰厚的低位筹码将会有很强的获利了结冲动，在二者共同作用下，市场下跌动能将会大大增加，股价有较大可能出现盘整走势。

如图2-13、图2-14所示，2022年6月到9月，金刚光伏（300093）在连续上涨之后进入盘整趋势中。

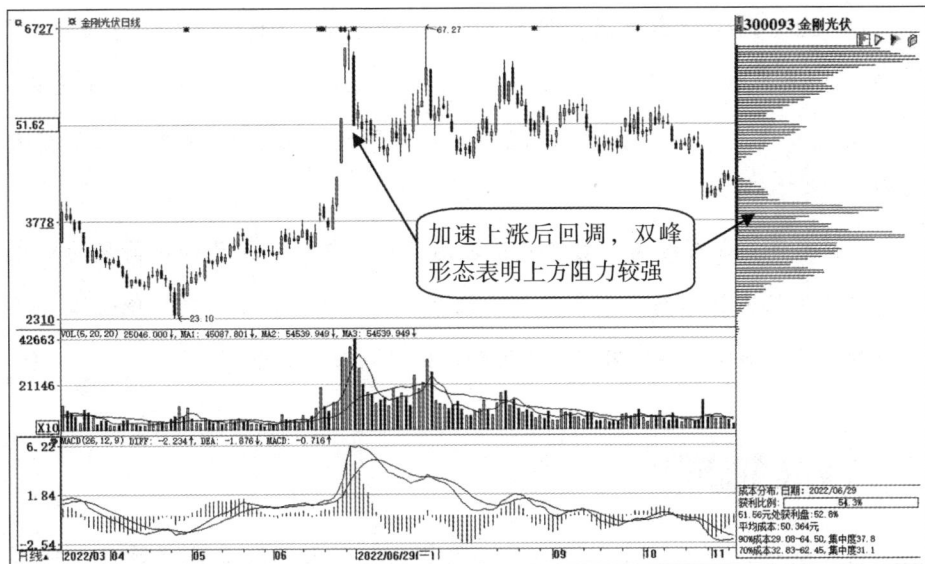

图2-13　金刚光伏日K线1

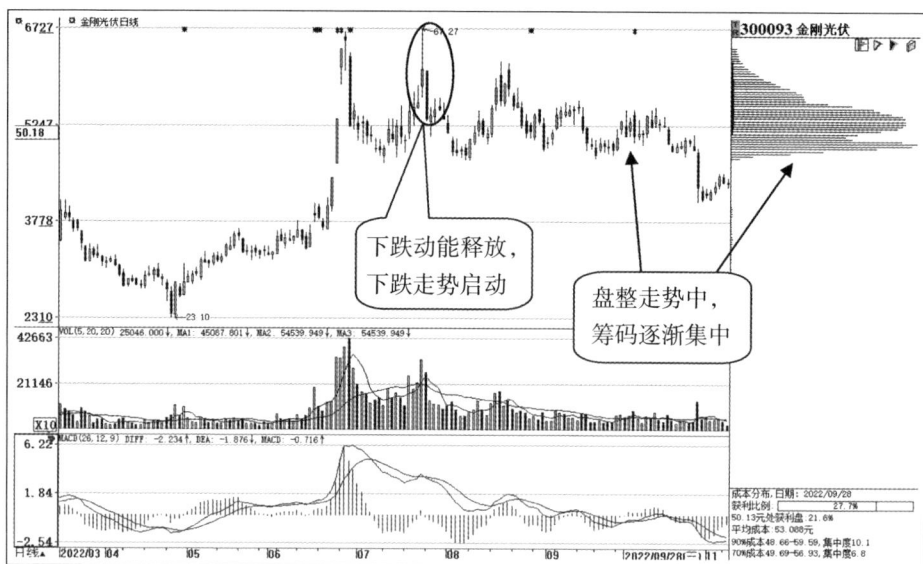

图2-14　金刚光伏日K线2

2022年6月29日，股价在加速上涨后大幅回落。此时该股筹码分布形成双峰形态，它表明当前上涨动能虽然占据优势，但上方阻力已经客观存在。

7月22日股价创出新高，但MACD指标形成"DIFF线与股价顶背离"形态，表明下跌动能已经积聚到一定程度。7月25日，MACD形成死叉，下跌动能开始发动，之后DIFF线回到零轴附近，股价回调进入长期震荡走势。

9月28日，在经过两个月的震荡之后，该股筹码分布已经由前期的双峰形态转为高位密集形态。它表明在高位峰筹码的解套卖出冲动和低位峰筹码的获利了结冲动的综合作用下，股价顺利地进入长期盘整状态。

📖✒ 实战经验

在实战中，由于双峰形态与趋势密切相关，投资者要注意趋势型技术指标的研判作用。在金刚光伏的案例中，7月25日，双峰形态形成后不久，

MACD指标形成 "DIFF线与股价顶背离＋死叉" 的3浪结束信号（见第5章波浪理论内容），表明市场即将进入4浪调整中，而4浪调整时间有可能非常长。此时，投资者就要注意及时转换交易策略。

2.2　4个实战技巧

2.2.1　技巧1：上峰不移，下跌不止

在下跌趋势中，如果筹码分布图的上方有一个密集峰，就表明该股在相对高位有大量筹码被套，它们将成为后市上涨的巨大阻力。在这种阻力的作用下，股价将持续下跌，直至上方密集峰消失，这就是 "上峰不移，下跌不止"。

"上峰不移，下跌不止" 与双峰形态的高位峰原理是一样的。因此，投资者在实战中抄底，除非上方密集峰已经下移，否则不应轻举妄动。除此之外，投资者还要尤其注意以下4个重要看点。

看点1：上方密集峰的位置。

在下跌趋势中，上方密集峰的成本越高，就表明该股被套的程度越深，对之后股价的上涨阻力就越大；相反，上方密集峰的成本较低，就表明前期没有卖出的投资者只是稍微被套，之后股价上涨的阻力相应就小得多。

看点2：上方密集峰可以有多个。

有时候，在下跌趋势中，如果股价多次出现反弹的话，由于许多顶部筹码的涌出，可能有2个、3个乃至更多上方密集峰。这是比较典型的散户互砸走势，表明下跌动能仍然很强。

如图2-15所示，2021年12月，双林股份（300100）在经过一波上涨之后显得极为疲软，逐渐进入熊市中。

从1月底开始，在经过一波下跌走势后股价开始震荡。3月2日，股价仍处于震荡走势中，此时在筹码分布图中，该股有两个上方密集峰，表明下跌动能仍然很强。之后，股价再次向下，延续原来的下跌趋势。

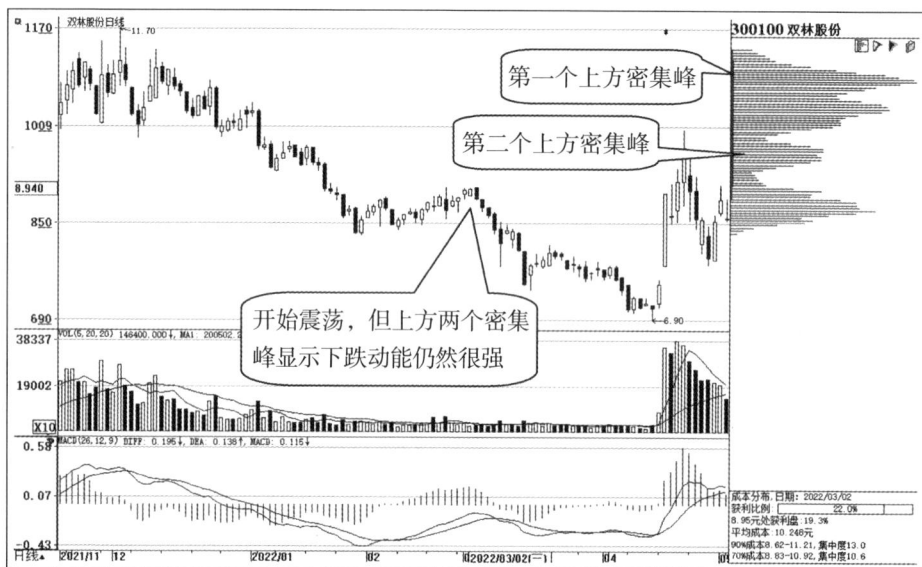

图2-15　双林股份日K线

看点3：上方筹码大部分转移到底部一般都在上涨趋势的初期。

下跌趋势持续的过程，也是上方筹码不断往下转移的过程。但上方筹码大部分转移到底部的时机，并不在下跌趋势的最低点，而往往出现在下跌趋势反转向上的第一波涨势回调中，即上涨趋势的初期。

如图2-16、图2-17所示，2021年9月到2023年2月，福田汽车（600166）先是出现一波完整的下跌趋势，之后股价反转形成一波上涨趋势。

2022年4月25日，该股创出下跌趋势的新低，但从其筹码分布图中可以看出，当天该股在上方仍有几个密集峰，表明上方被套筹码仍然较多。

2022年9月30日，股价在出现一波上涨走势后回调，但没有再创新低，表明上涨趋势初步形成。此时，从筹码分布图中可以看出，高位的筹码已经转移到了下方。

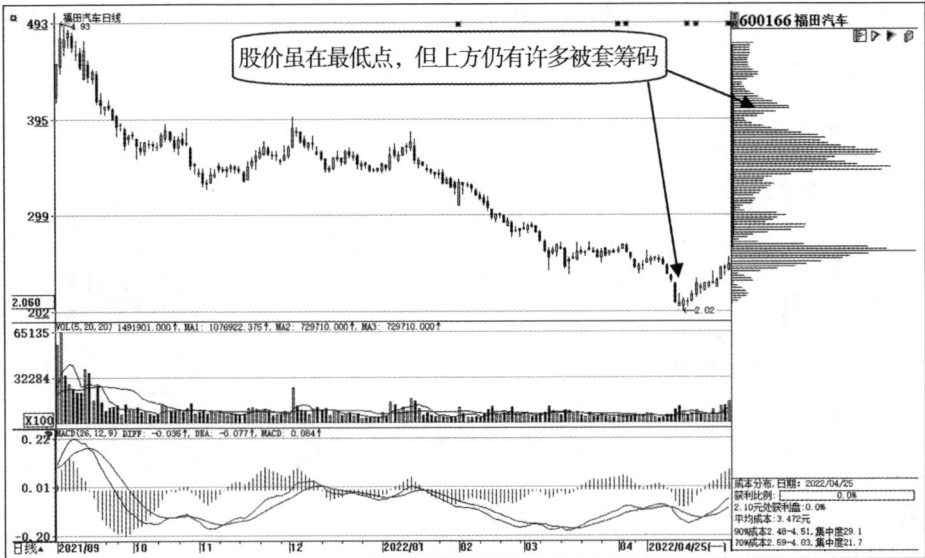

图 2-16　福田汽车日 K 线 1

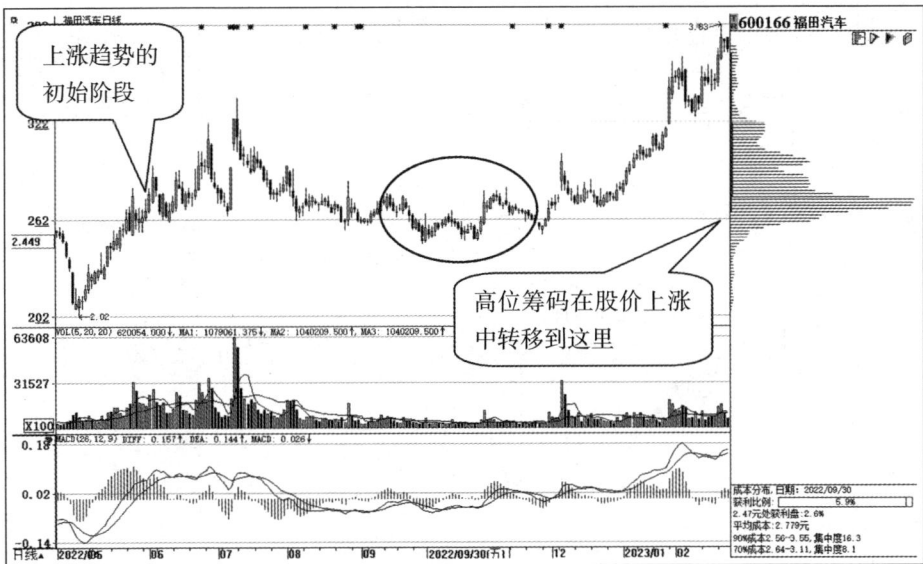

图 2-17　福田汽车日 K 线 2

看点 4：股价是否突破重要阻力位。

上方密集峰逐渐消失，一般对应着股价的一波上涨走势。但该走势能否彻底将下跌趋势反转，还有待观察。这个过程中，如果股价能够顺利向上突破重要阻力位（如下跌趋势线、60日均线、前期高点等），上涨趋势形成的概率将大大增加。

如图2-18、图2-19所示，2022年10月底至11月初，三峡新材（600293）

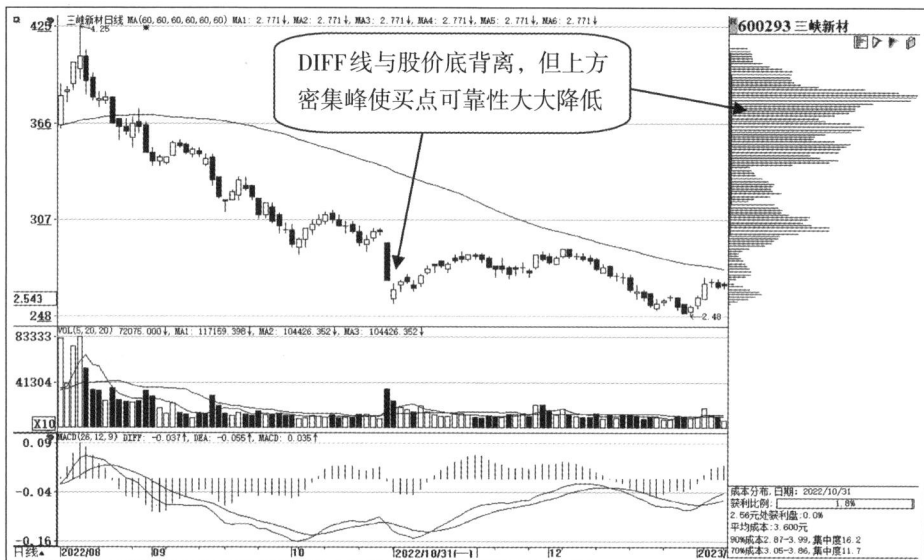

图2-18　三峡新材日K线1

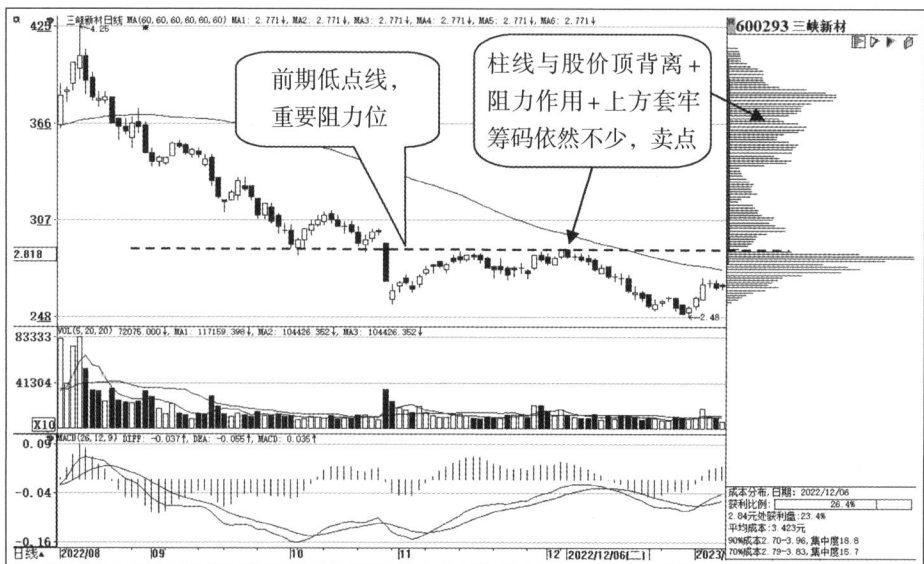

图2-19　三峡新材日K线2

在下跌趋势中出现MACD指标"DIFF线与股价底背离"的看涨形态。在正常情况下，投资者应该寻找具体时机买入该股。

但观察10月31日筹码分布图发现，该股上方高位还有两个筹码密集峰，表明上方阻力非常强。因此，MACD底背离看涨信号的强度大打折扣。根据"上峰不移，下跌不止"的规律，投资者最好不要买入，即使要买入，也要密切注意上方阻力风险。

之后，股价虽有一波涨势，但幅度非常有限。12月6日，股价在前期低点线位置受到明显阻力作用，同时MACD指标出现柱线与股价顶背离的看跌信号，此时的筹码分布则显示上方的套牢筹码依然不少，表明上方阻力仍然很强。这三个看跌信号叠加在一起，股价延续原来下跌趋势的概率大大增加。仍然持有股票的投资者要注意果断出场。

2.2.2　技巧2：筹码密集，强弱有别

一段时间内筹码在某个区域大量堆积，大多是因为股价在该区域长期盘整。如果筹码堆积的位置偏高，称为筹码的相对高位密集；如果筹码堆积的位置偏低，则称为筹码的相对低位密集。

筹码密集形成时，股价虽然仍处于盘整状态，但已经开始不断蓄势，之后走势必属于以下4种走势里面的一种。

1.相对高位密集，股价向上突破

在上涨趋势中，一旦股价出现较大幅度的回调震荡，大量筹码都将在震荡中集中，形成相对高位密集形态。之后，上涨动能再次占据优势，股价向上突破震荡区间重要阻力位，表明市场仍将延续原来的上涨趋势，投资者要注意及时买入。

如图2-20、图2-21所示，2021年7月中旬至下旬，盛剑环境（603324）经过一波大幅上涨走势后在高位不断震荡。

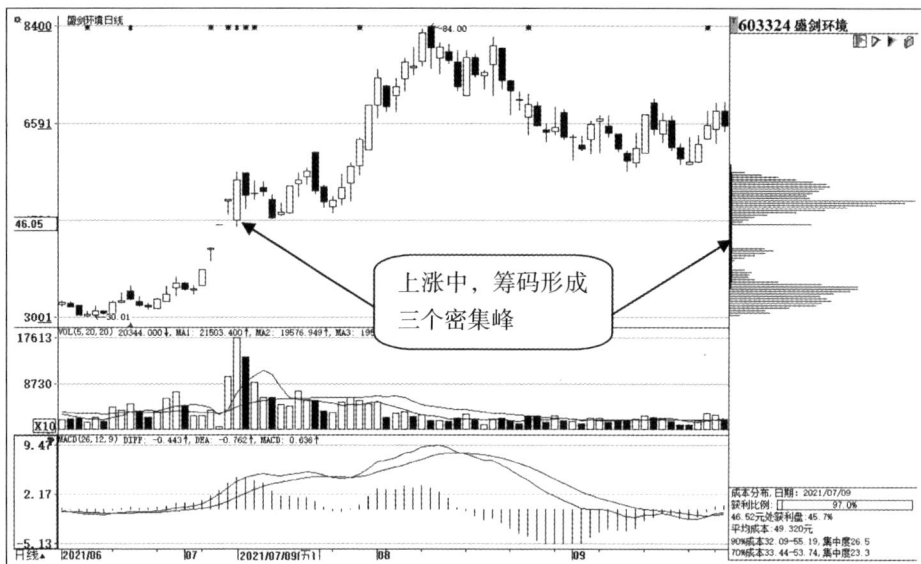

图 2-20　盛剑环境日 K 线 1

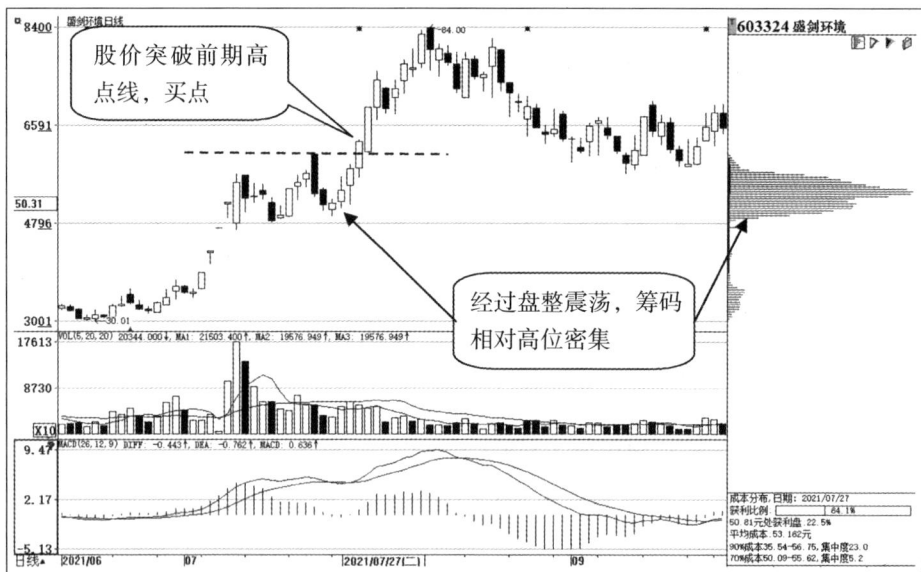

图 2-21　盛剑环境日 K 线 2

　　7月9日，股价正处于大幅上涨走势中，此时筹码分布形成三个密集峰。7月27日，股价已经过一段时间震荡，此时筹码分布形成一个相对高位密集峰。它表明多空双方经历激烈搏杀后形成新的价格共识，此时正蓄势待发。

7月29日，股价向上突破前期高点线，表明上涨动能占据优势，股价将延续原来的上涨趋势。投资者要注意及时买入。

在这个过程中，投资者还要注意以下两个关键看点。

看点1：震荡走势的形态。

震荡走势大多以三角形、楔形、矩形等形态呈现，因此，其第一个重要阻力位就是这些形态的上边线。相应地，其第一个买点就出现在股价突破形态的上边线时。有时候，股价突破之后还会回抽确认，也是买点，投资者要注意把握。

如图2-22、图2-23所示，2022年12月中旬到2023年2月中旬，顺鑫农业（000860）冲高回落，形成楔形形态。从2022年12月6日和2023年2月10日的筹码分布图可以看出，该股的筹码在震荡中逐渐由分散到集中，形成相对高位密集峰，表明市场正在不断蓄势。

2023年2月20日，股价向上放量突破楔形上边线，买点1出现。3月21日，股价回抽确认，买点2出现。

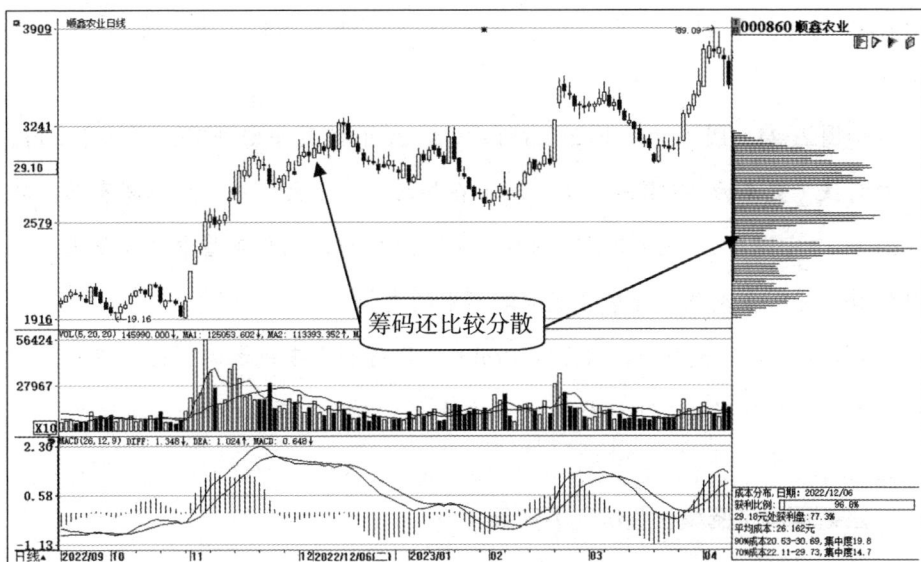

图2-22 顺鑫农业日K线1

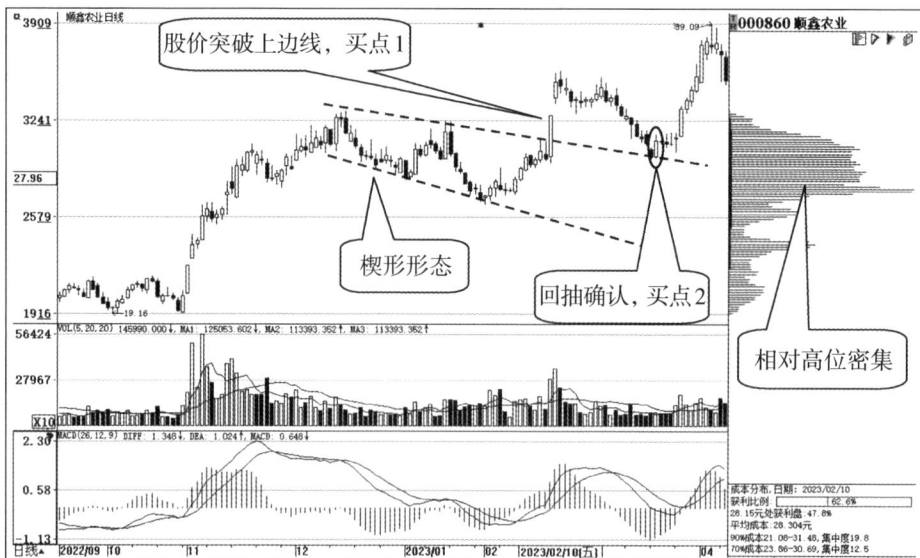

图 2-23　顺鑫农业日 K 线 2

看点 2：震荡型技术指标的配合使用。

震荡型技术指标主要有 KDJ 指标、RSI 指标、BOLL 线等。在震荡走势中，这些指标往往能够发出更为精准的买卖信号。当震荡走势形成，筹码逐渐密集之后，投资者可以配合这些指标来高抛低吸，以降低持股成本。

如图 2-24、图 2-25、图 2-26 所示，2021 年 12 月中旬到 2022 年 4 月中旬，数源科技（更名为 *ST 数源，000909）在经历一波较大的涨势后不断震荡。从 2021 年 12 月 13 日、2022 年 1 月 28 日和 4 月 14 日的筹码分布图中可以看出，该股的筹码分布在盘整走势中呈现逐渐集中的态势。

在 4 个多月的盘整中，股价在 BOLL 线指标的上下轨之间运行，投资者可以根据"下轨处买入，上轨处卖出"的策略，不断地高抛低吸。

2.筹码高位密集，股价向下突破

当股价经过一段上涨走势进入震荡走势后，筹码将会呈现出在高位逐渐密集的态势。在震荡中，多空双方激烈鏖战，最终空方动能占据优势，股价向下突破前期重要支撑位，下跌趋势出现，投资者要注意及时卖出以规避风险。

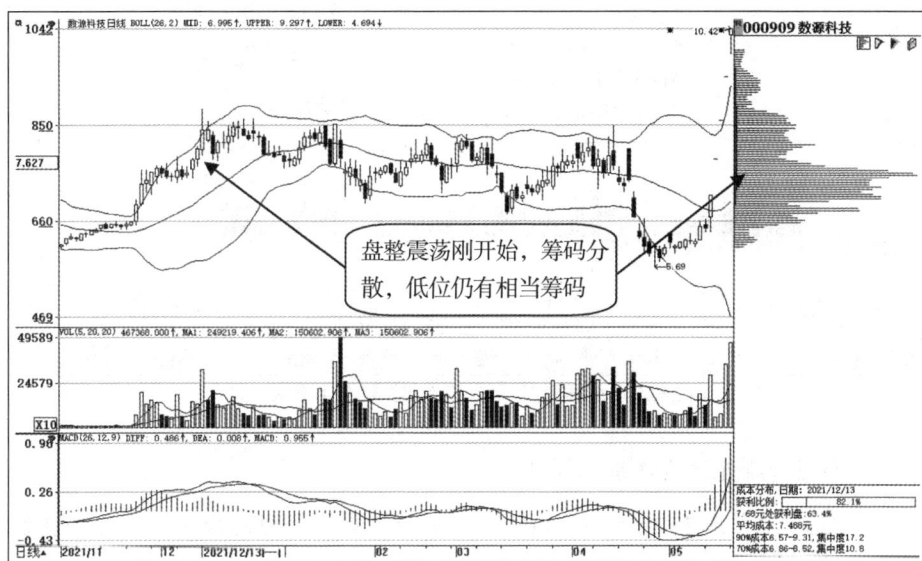

图 2-24　数源科技（更名为*ST数源）日 K 线 1

图 2-25　数源科技（更名为*ST数源）日 K 线 2

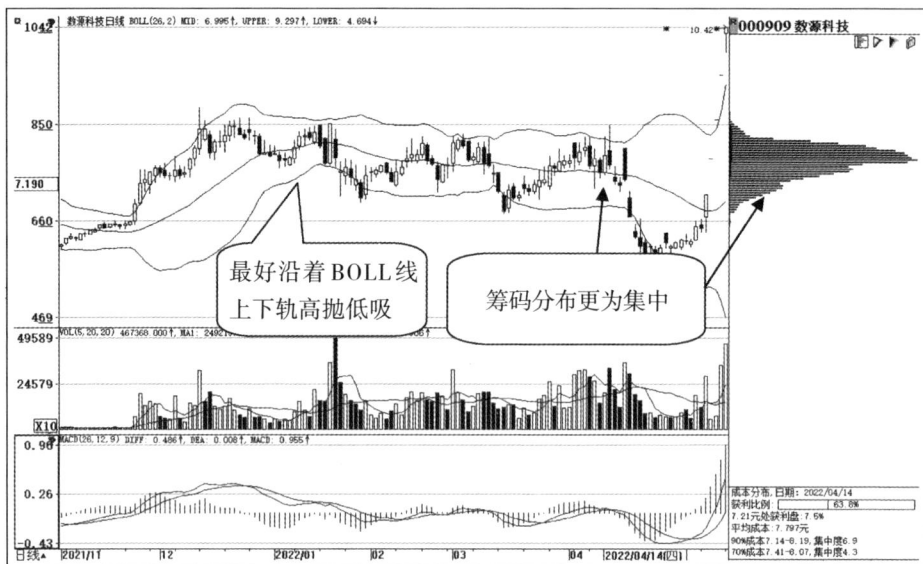

图2-26　数源科技（更名为*ST数源）日K线3

下面以金刚光伏为例加以说明。

如图2-27、图2-28所示，2022年6月至9月，金刚光伏（300093）在经过一波较大上涨后进入震荡走势。从2022年6月28日和10月19日的筹码分布

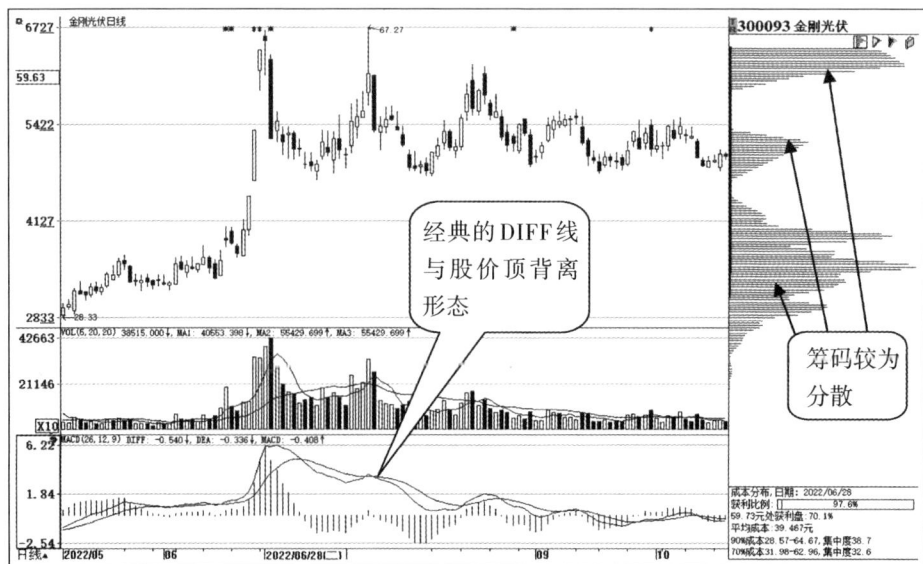

图2-27　金刚光伏日K线1

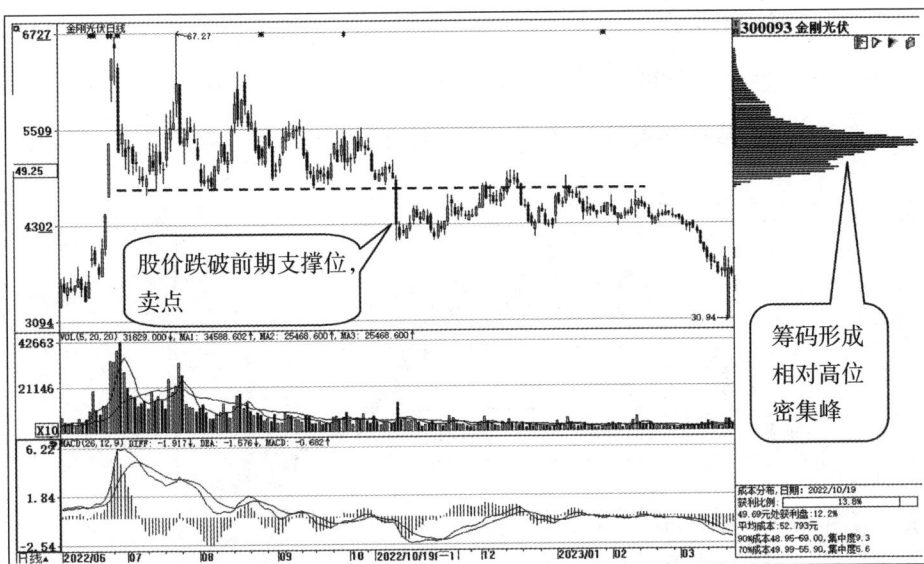

图 2-28　金刚光伏日 K 线 2

图可以看出，该股筹码从分散到在高位形成相对高位密集峰。同时，股价几次下跌但都在 47.7 元附近受到支撑。

10 月 28 日，股价跌破支撑位，表明下跌趋势形成，投资者要注意及时卖出。

实战经验

在实战中，判断股价是否由上涨走势转为震荡走势，MACD 指标的作用非常大。如图 2-27 所示，筹码分布虽然较为分散，但 MACD 指标出现经典的"DIFF 线与股价顶背离"的看跌形态，它预示着 DIFF 线将回到零轴附近，股价有较大可能进入震荡走势。

在把握该卖点时，投资者还要注意以下 3 个重要看点。

看点 1：震荡走势的形态。

与"筹码高位密集，股价向上突破"类似，这里的震荡走势也大多呈现出三角形、矩形、楔形等形态。一旦股价向下突破这些形态的下边线，就表明下跌趋势已经形成。

如图2-29所示，2021年11月下旬到12月底，东方日升（300118）在经过一波上涨走势后开始高位盘整。这段时间内，该股股价呈现出三角形形态。

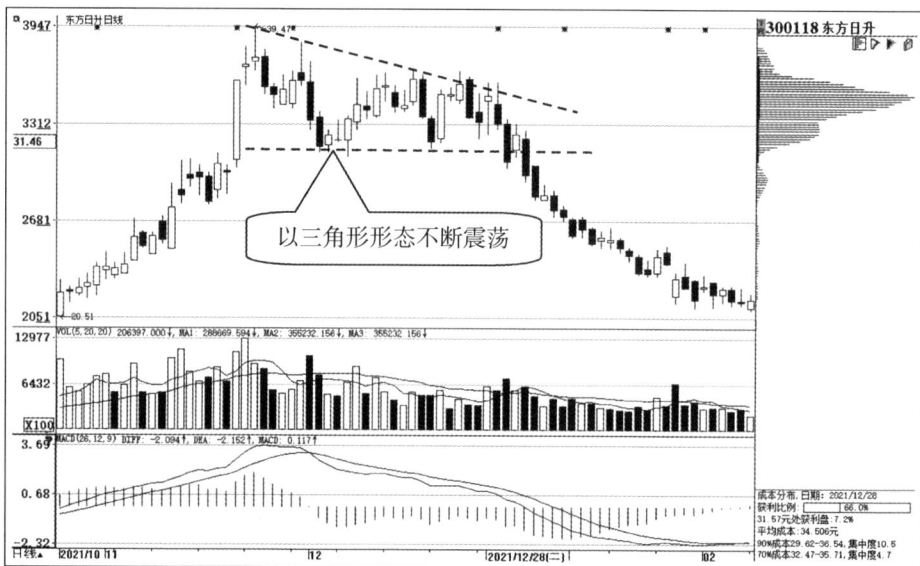

图2-29　东方日升日K线

看点2：较为少见。

本形态实际上较为少见，而更为常见的是股价在经过震荡蓄势（呈现持续整理形态）之后，再次延续原来的上涨趋势。

看点3：持续时间可能较长。

该形态中，震荡走势有时候持续时间会较长，股价以时间换空间的方式不断地消耗上涨动能，最终促使下跌动能占据优势。如果从波浪理论的角度来看，多是推动5浪的失败走势。

如图2-30所示，2021年3月底到6月初，海利生物（603718）在高位以三角形形态不断盘整震荡。在这个过程中，市场以时间换空间的方式消耗上涨动能。

6月3日，股价向下跌破三角形下边线，卖点出现，投资者要注意及时卖出。

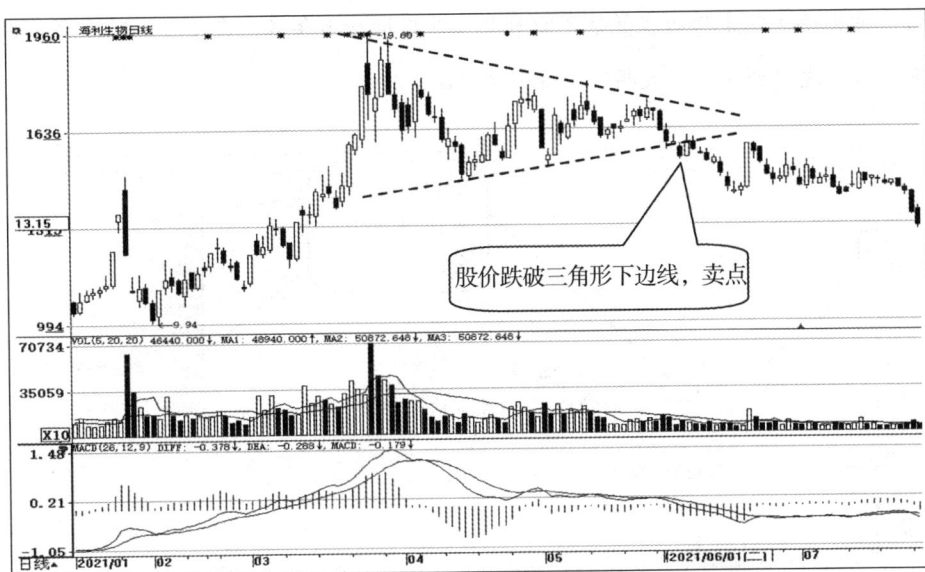

图 2-30　海利生物日 K 线

📖✒ 实战经验

股价经过一波大幅上涨走势后，一般都会有一个回调震荡过程。在回调震荡结束后，股价一般仍将延续原来的上涨趋势（相当于波浪理论的 3 浪、4 浪和 5 浪）。本形态的奇特之处就在于，在 4 浪形成的过程中，原本属于 5 浪的上涨动能在长期的震荡中也被消耗殆尽，导致 5 浪不能出现，这被称为"失败 5 浪"。

3. 筹码低位密集，股价向下突破

当股价经过一波较大的下跌走势之后，一般会有一个震荡过程，筹码将逐渐密集，形成低位密集峰。震荡结束后，一般下跌动能会再次占据优势，股价将跌破前期重要支撑位而延续原来的下跌趋势。投资者要注意及时卖出。

如图 2-31、图 2-32 所示，2021 年 7 月到 2022 年 1 月，新日股份（603787）经

过一波大幅下跌走势后在低位不断盘整，前后持续半年多。盘整中，股价在16.3元附近多次受到支撑，表明这一带为重要的支撑位。

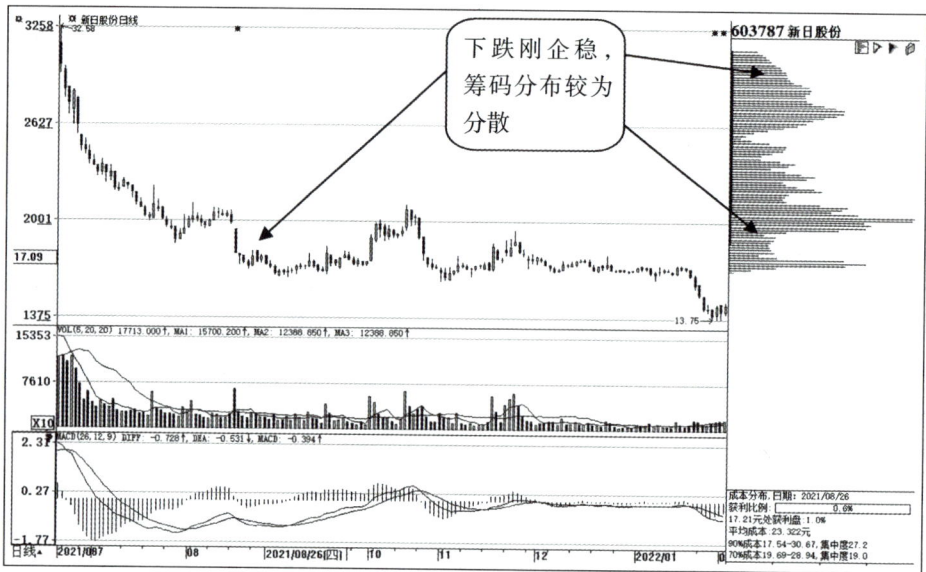

图 2-31　新日股份日 K 线 1

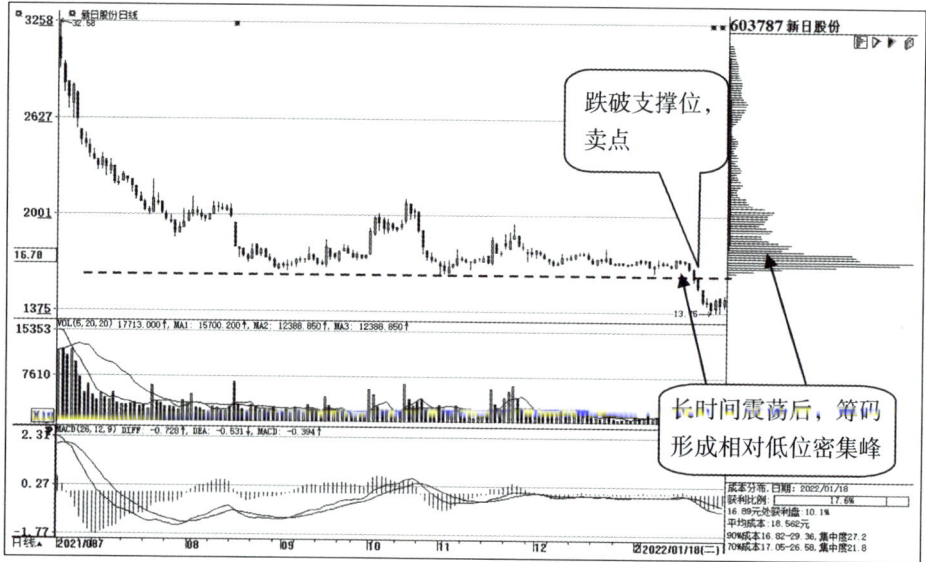

图 2-32　新日股份日 K 线 2

从2021年8月26日和2022年1月18日的筹码分布图可以看出，该股的筹码越来越集中，形成相对低位密集峰形态。它表明高位被套筹码大都转移了阵地。

2022年1月21日，股价在经过长期的震荡之后，跌破前期重要支撑位，表明下跌动能再次占据优势，股价将延续原来的下跌趋势。投资者要注意及时卖出。

实战经验

实战中，投资者要注意的是，股价在下跌趋势的反弹震荡中，往往也呈现经典的持续整理形态，如三角形、矩形、楔形、旗形等形态。在图2-32的案例中，新日股份的长时间震荡走势就是以矩形形态呈现的。

4.筹码低位密集，股价向上突破

股价经过充分的下跌之后，多空双方将在低位某个区域进行激烈争夺。在这个过程中，筹码不断向下移动，形成相对低位密集峰。最终多方动能占据优势，股价向上突破重要阻力线，表明上涨趋势形成。投资者要注意及时跟进。

如图2-33、图2-34所示，2022年4月底到12月底，能科科技（603859）经过一波下跌走势后在低位不断盘整。从5月9日和12月22日的筹码分布图中可以看出，在盘整走势中，高位筹码纷纷向下转移，形成相对低位密集峰形态。它表明多空双方正在低位激烈博弈。

2023年1月19日，股价向上突破前期震荡走势高点，表明上涨趋势形成。投资者要注意及时买入。

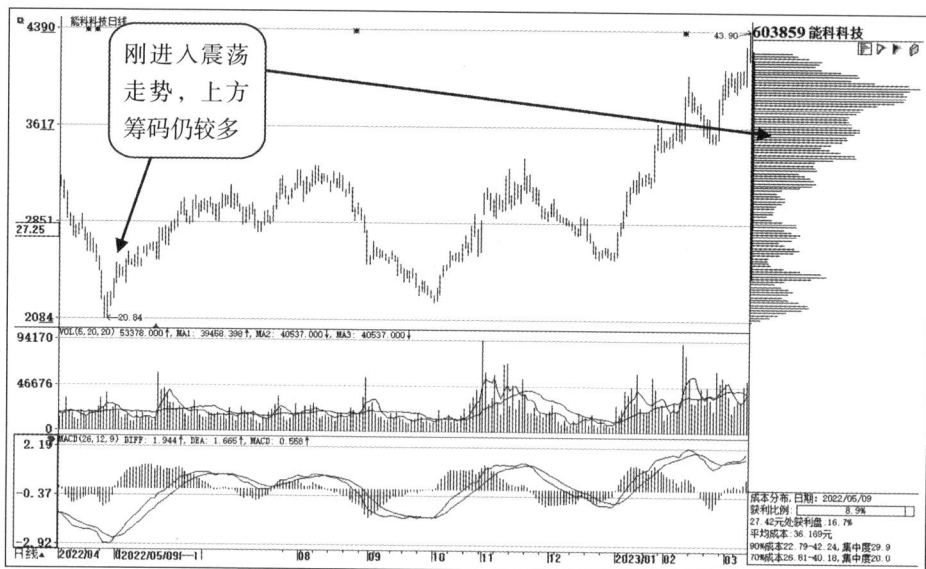

图2-33　能科科技日K线1

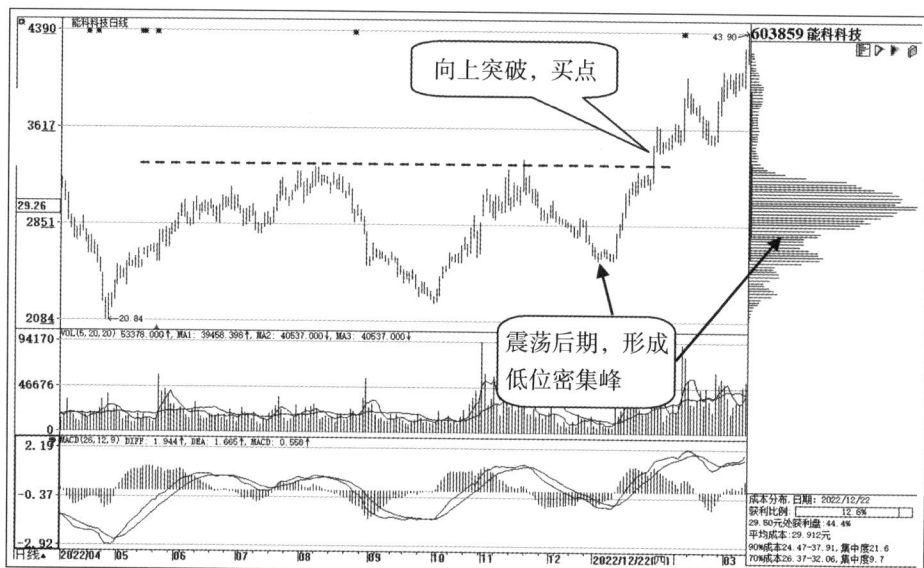

图2-34　能科科技日K线2

在实战中，投资者要注意该形态的3个重要看点。

看点1：较少出现。

在下跌趋势中筹码分布出现相对低位密集峰，一般对应着股价的盘整，且多以持续整理形态呈现。而盘整后，市场延续原来趋势的概率更大。

看点2：特殊的呈现方式。

本买点实际上是一种反转形态，一旦出现，就预示着市场由下跌趋势转为上涨趋势。在形成过程中，往往会以"三重底""双底""头肩底"等形态呈现，投资者要注意把握。

如图2-35、图2-36所示，2022年1月底到5月下旬，中兵红箭（000519）在熊市的后期，低位震荡。从2月14日和5月25日的筹码分布图可以看出，上方筹码在震荡中不断地向下移动，形成相对低位密集峰。它表明多空双方正在激烈争夺。

与此同时，震荡走势以三重底形态呈现，表明股价有较大可能反转向上。2022年5月27日，股价向上突破颈线，买点出现。投资者要注意及时买入。

看点3：MACD指标的指示作用。

在该形态形成的过程中，市场由下跌趋势转为上涨趋势，MACD指标往往出现底背离形态或金叉信号，这种情况在大熊市底部会更为明显。投资者在实

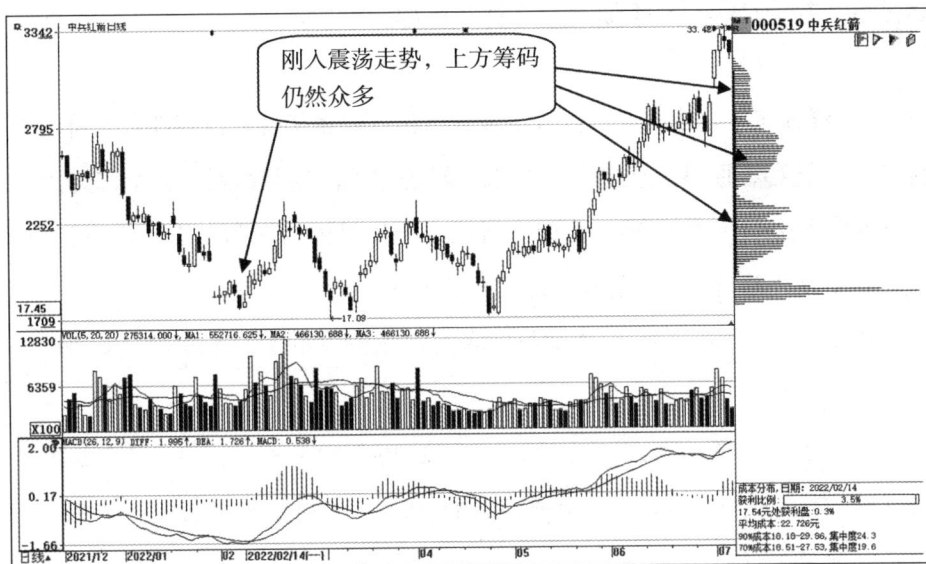

图2-35　中兵红箭日K线1

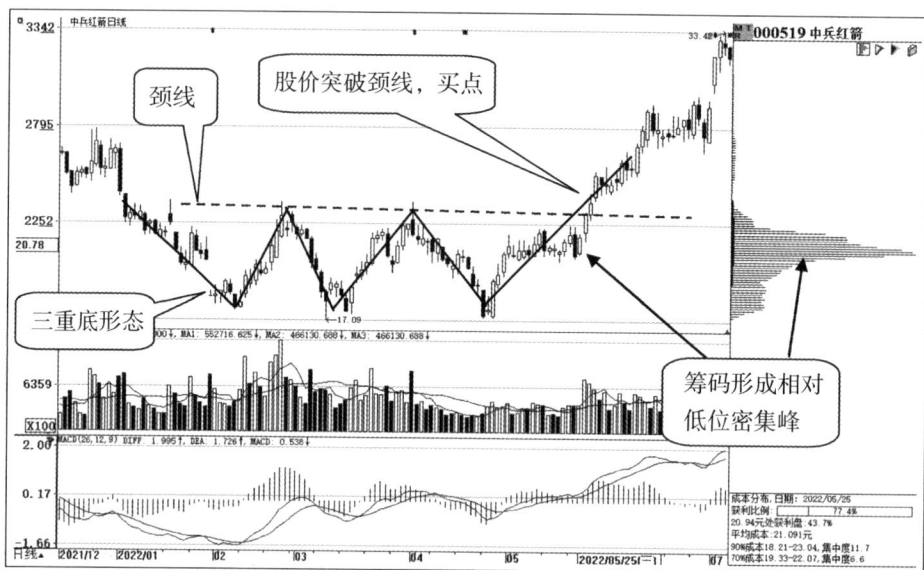

图 2-36　中兵红箭日 K 线 2

战中，既要注意筹码的变动态势，也要注意观察 MACD 指标的变化，如中兵红箭在 2022 年 3 月中旬前后，MACD 指标就出现了 DIFF 线与股价的底背离形态。

2.2.3　技巧 3：下峰锁定，行情未尽

"下峰锁定"是指在股价拉升阶段，低位筹码密集峰并没有随着股价的上涨向上方转移，而是"锁定"在原来下峰的位置。这些面对大幅上涨却无动于衷的筹码属于主力筹码，他们之所以不抛出是因为认为上涨还没有到位，股价接下来仍然延续上涨趋势，即"行情未尽"。

面对这种走势，持有股票的投资者要注意持股不动，还没有入场的投资者要注意寻找良机入场。

如图 2-37、图 2-38 和图 2-39 所示，2020 年 12 月至 2021 年 7 月，江苏索普（600746）趋势反转后持续大涨，从 5.9 元一度涨到 20 元之上。

2020 年 12 月到 2021 年 1 月，该股由下跌趋势转为上涨趋势，走势形成经

典的碗形底形态。从2021年1月14日的筹码分布图可以看出，大量筹码在低位集聚，上方筹码已经所剩无几，说明市场上方压力较弱，上涨动能较强。1月18日，股价在底部加速上涨，MACD指标形成金叉，买点出现。

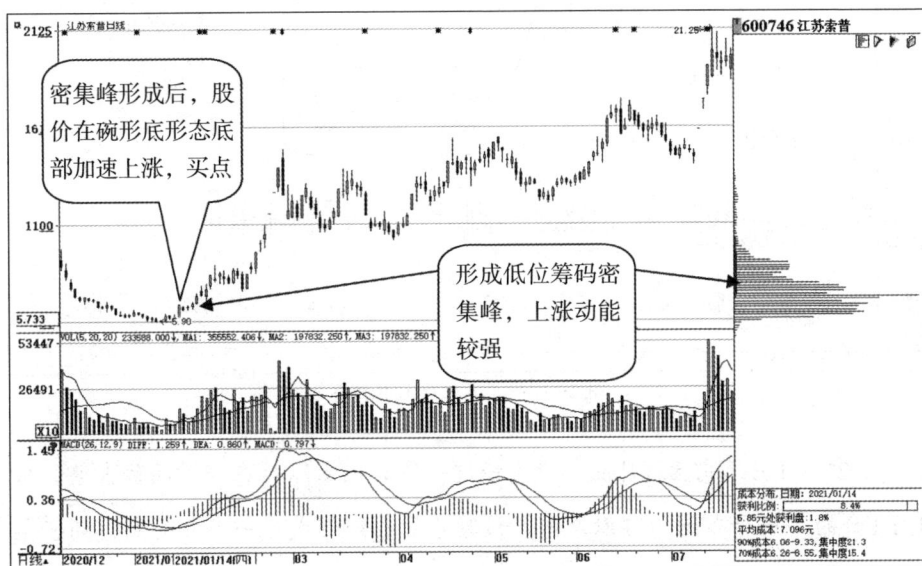

图 2-37　江苏索普日K线1

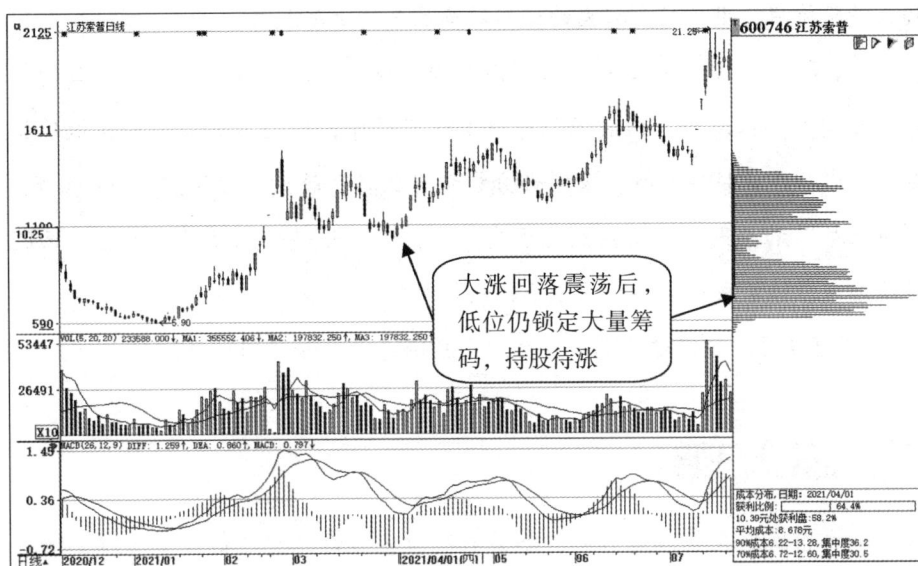

图 2-38　江苏索普日K线2

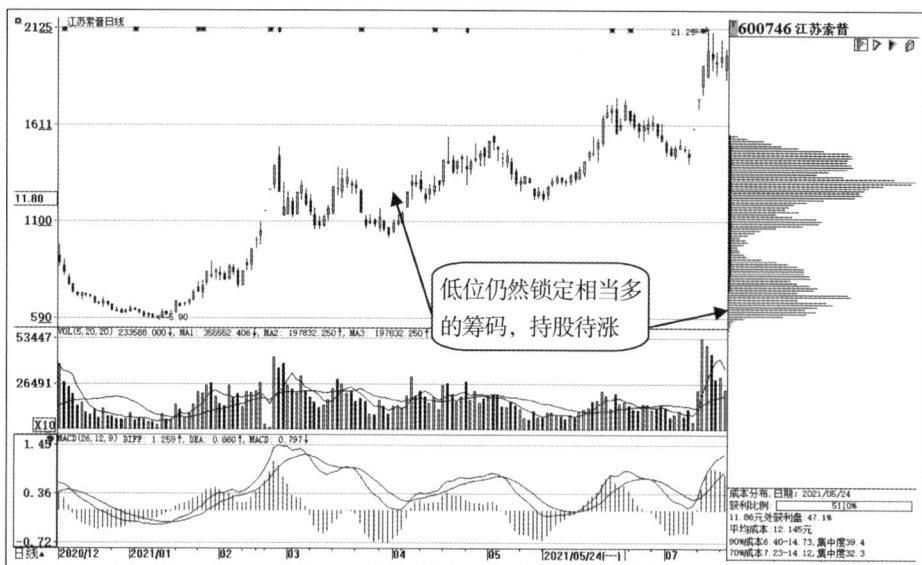

图 2-39　江苏索普日 K 线 3

2021年1月下旬至3月底，股价经过一波大幅上涨后在相对高位盘整，从4月1日的筹码分布图中可以看出，该股尽管已经形成了一个相对高位的密集峰，但低位仍然锁定着众多的筹码，形成一个低位密集峰。它表明许多筹码仍在持股待涨，市场仍有较大的概率延续原来的上涨趋势。

4月至5月，股价经过一波上涨后再次回调震荡，从2021年5月24日的筹码分布图中可以看出，该股低位筹码虽略有减少，但仍有相当部分在低位锁定，形成一个低位密集峰，表明部分投资者仍在持股待涨。按照"下峰锁定，行情未尽"的原则，股价虽然处于震荡中，但上涨趋势仍然没有终结，该股股价后市延续原来上涨趋势的概率仍然较大。

6月至7月，在经过回调震荡之后，股价再次上涨并创出新高。

精讲提高

与之相反，在下跌趋势中，如果有高位密集峰始终不能向下转移，就表明大量筹码仍在高位堆积，不愿"割肉"出场，它们将成为上涨的重要阻力。

在这种作用下，股价有较大可能仍将延续原来的下跌趋势，这就是"上峰不移，下跌不止"。

实战中，投资者在把握该技巧时还要注意以下两个重要的看点。

看点 1：下峰的位置。

在股价拉升阶段，相对低位密集峰的成本越低，表明筹码的浮盈越多，其获利了结冲动就越强烈；相反，相对低位密集峰的成本越高，表明筹码只是略有浮盈，这部分筹码获利了结的冲动就小得多。

下峰的位置还与筹码的性质密切相关。例如，有些筹码历经多年都像定海神针一般在低位不动，这种往往是国有股；而那些非常灵活，随着股价的变动筹码分布迅速变动的往往是散户。

如图 2-40、图 2-41、图 2-42 所示，2021 年 4 月到 9 月，天音控股（000829）出现一波明显的上涨趋势。

2021 年 4 月 23 日，股价正处于上涨走势的开端，此时从筹码分布图中可

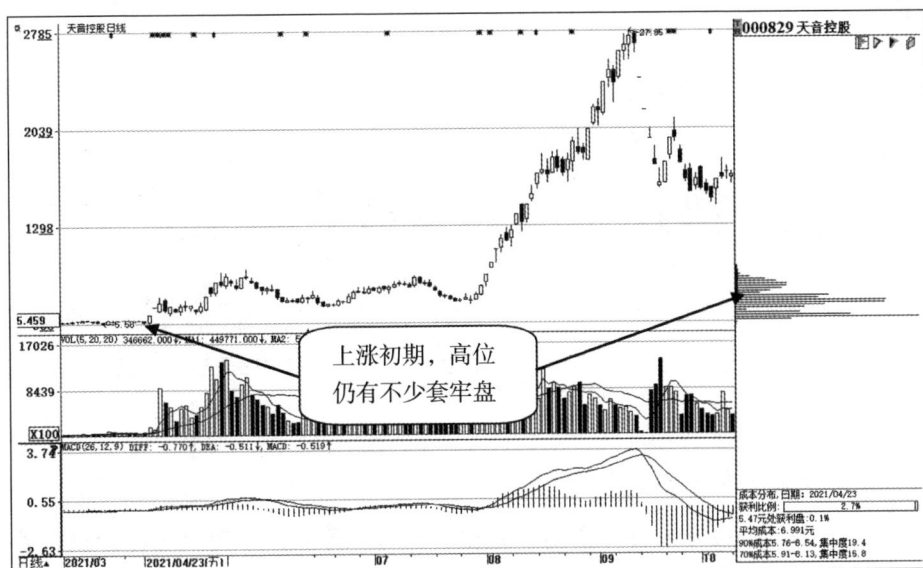

图 2-40 天音控股日 K 线 1

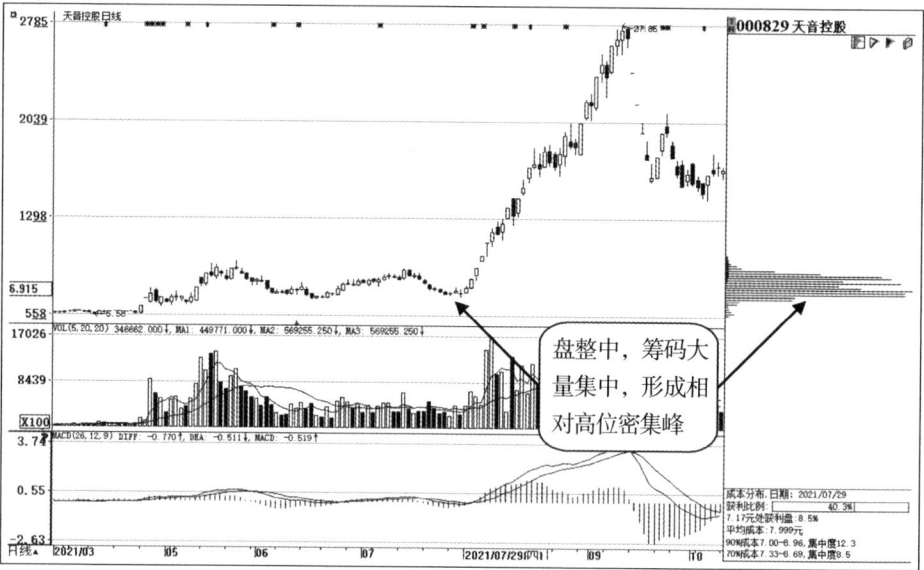

图 2-41　天音控股日 K 线 2

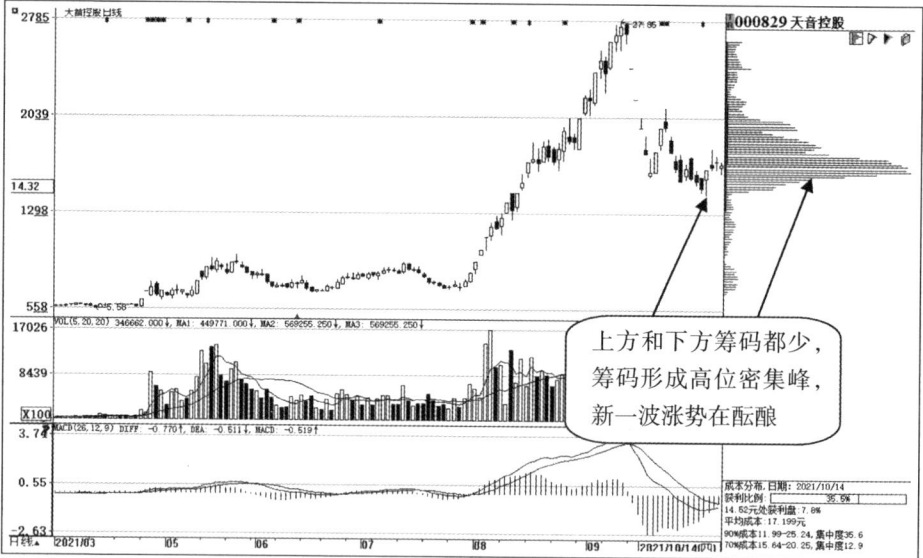

图 2-42　天音控股日 K 线 3

以看出，上方还有一些套牢盘存在。

2021 年 7 月 29 日，股价在高位盘整，此时从筹码分布图中可以看出，筹码已经形成相对高位密集峰，大量筹码堆积在 7.90 元附近。它表明上方套牢盘已经出场，上方压力减弱，多空双方逐渐在 7.90 元附近达成共识，上涨动能正在集聚。

2021 年 10 月 14 日，股价在经过一波大幅上涨、大幅下跌后持续震荡，此时从筹码分布图中可以看出，筹码再次形成了高位密集峰，同时上方的套牢盘和下方的低位锁定盘都比较少。它表明一波新的涨势正在酝酿。

从这三个交易日的筹码变化可以看出，该股筹码分布随着市场的变化而迅速变化。它表明该股的市场化程度较高，股票大多在散户手中。

看点 2：出场时机的复杂性。

"下峰被锁定，股价持续上涨"这种情况最终必然是要结束的，但结束应该以什么信号为标志，却是一个复杂的问题。

首先，下峰一般要消失，股价形成下跌趋势的阻力大大减轻；其次，趋势型技术指标（主要是 MACD 指标）也要发出相应的看跌信号，例如 MACD 指标形成 DIFF 线与股价顶背离等。

2.2.4　技巧 4：双峰填谷，高抛低吸

"双峰"是指筹码在股价相对高位、低位分别形成两个密集峰。这两个密集峰一旦出现，股价的运行会发生一个有趣的现象：当股价下跌到相对低位密集峰上部边缘时会受到支撑而上涨，当股价上涨到相对高位密集峰的下部边缘时会受到阻力而再次向下。

这样，股价就将以此轨迹在两个密集峰之间来回游走。经过不断地累积，两个密集峰之间的峡谷就会慢慢被填满，筹码逐渐密集，原来市场格局将被打破，股价会寻找新的突破，这就是双峰填谷形态。

如图 2-43 所示，2021 年 11 月 17 日，珠海冠宇（688772）股价大涨，筹码分布显示出明显的双峰形态。

从图中可以看出，相对高位密集峰和相对低位密集峰之间有一个豁口。

后续随着股价的冲高回落，许多筹码会在豁口处堆积，形成新的筹码密集峰。

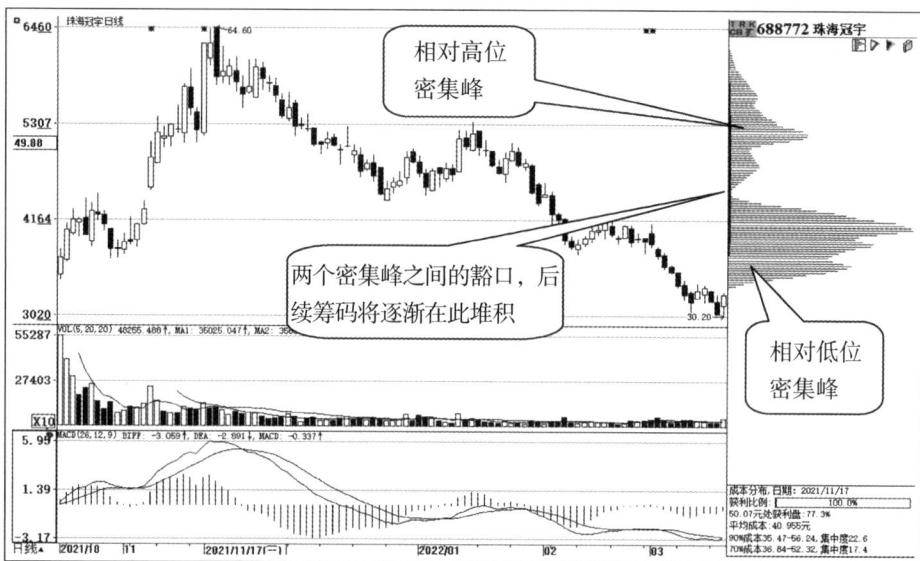

图 2-43　双峰填谷形态

双峰填谷形态一旦形成，股价接下来有较大可能形成震荡走势。在震荡中，相对高位密集峰和相对低位密集峰将逐渐消失，筹码会逐渐集中。此时，投资者为获取更大收益，可以不断地高抛低吸，但要严格控制风险。

在实战中，投资者要注意以下两个关键点。

关键点1：找准支撑位和阻力位。

双峰填谷形态形成后，股价有较大可能形成震荡走势，这只是一种判断。在具体操作中，投资者采取高抛低吸的策略，要注意找准具体的支撑位和阻力位，如前期高点、低点、黄金分割线、百分比线等。

如图 2-44 所示，2022年12月1日，中国科传（601858）经过一波大涨后在高位回落，从当天的筹码分布图中可以看出两个密集峰之间有一个较大的豁口，后续很可能出现双峰填谷形态，市场由此进入震荡走势中。

之后股价回调，在前期涨幅的0.618位置处（10.8元附近）受到明显支撑。投资者可以在前期高点15.6元和10.8元这个区间范围内不断地高抛低吸。

一旦股价再次向上突破，就可以战略性买入。

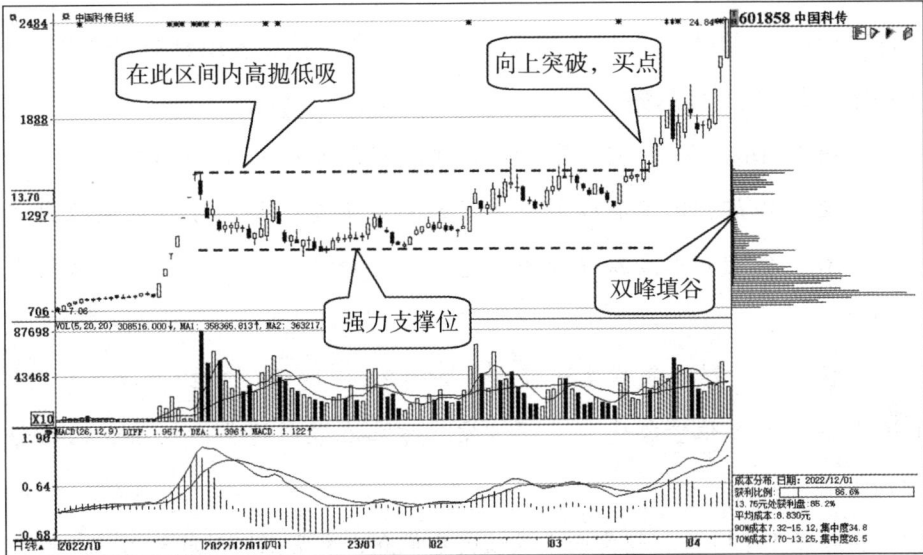

图 2-44　中国科传日 K 线 1

如图 2-45，在经过一段时间震荡之后，到 12 月 20 日，12 月 1 日筹码分布图里的豁口位置已经堆积众多筹码，双峰填谷已经基本完成。

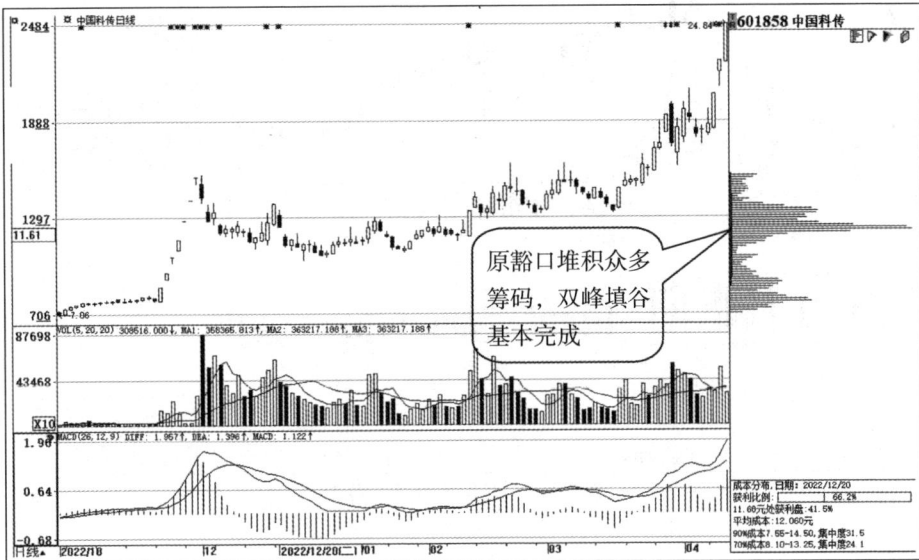

图 2-45　中国科传日 K 线 2

关键点2：注意防范风险。

有时候，双峰填谷形态之后的震荡走势振幅非常小，此时运用高抛低吸策略来操作，利润较小，风险却很大。除此之外，投资者还要密切注意震荡走势之后市场的总体趋势。

如图2-46所示，2022年2月23日，万东医疗（600055）在经过大幅上涨之后回落，K线形成射击之星的看跌形态，筹码分布在高位出现一个豁口，很可能形成双峰填谷形态。之后股价继续回落，进入震荡走势中。

在震荡中，筹码分布逐渐密集，如图2-47所示，2022年3月29日，该股形成一个高位密集峰，表明多空双方正在激烈博弈，等待新的趋势方向。

2022年4月11日，股价向下跌破前期低点，表明上涨动能乏力，股价将开始新一轮下跌，投资者要注意及时卖出。

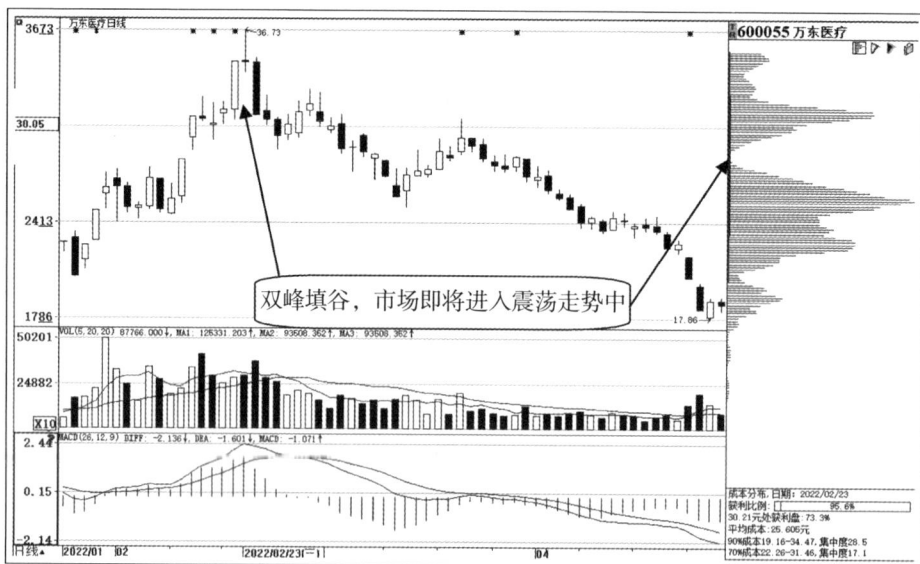

图2-46　万东医疗日K线1

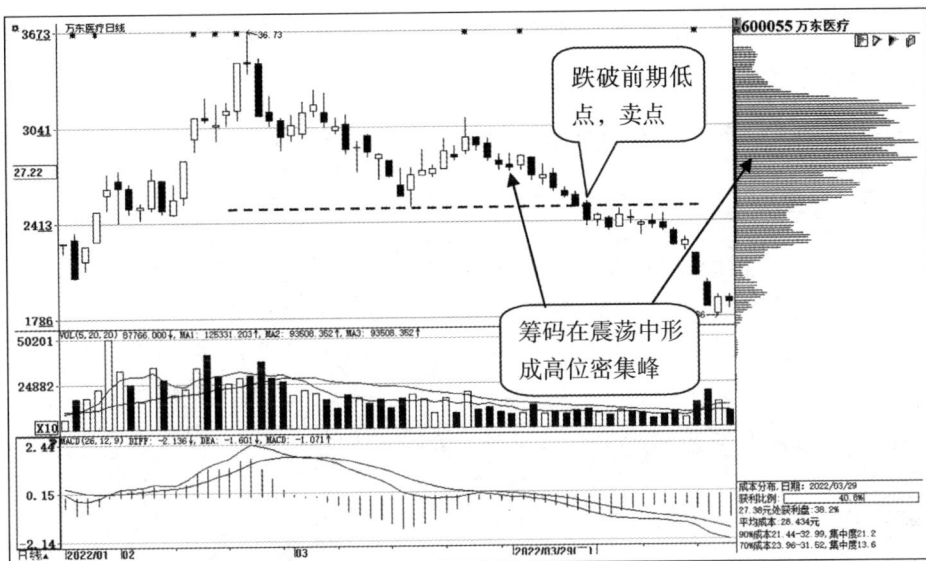

图 2-47　万东医疗日 K 线 2

精讲提高

　　在极端情况下，虽然股价冲高回落，筹码分布出现巨大的豁口，但股价可能直接掉头向下，形成倒 V 形反转形态。

2.3　7 个实战要点

2.3.1　要点 1：拉升中形成多个密集峰

　　低位密集峰的形成，表明主力已经集结了足够的"兵力"，之后，如果股价向上突破低位密集峰或前期震荡高点，就表明多方占据优势，上涨趋势形成。一旦开始上涨趋势，在筹码分布图中往往形成多个筹码密集峰。这是上涨动能正在释放的标志，投资者要注意持股待涨。

图2-48、图2-49分别为特变电工（600089）在2022年5月19日和6月13日的筹码分布图。

5月19日，筹码分布图中形成低位密集峰，同时股价大涨并向上突破前

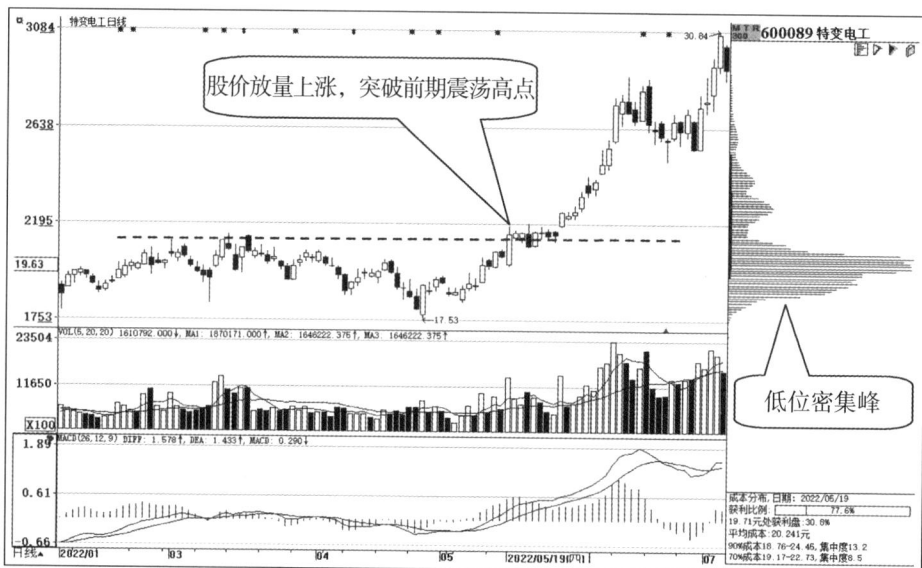

图2-48　特变电工日K线1

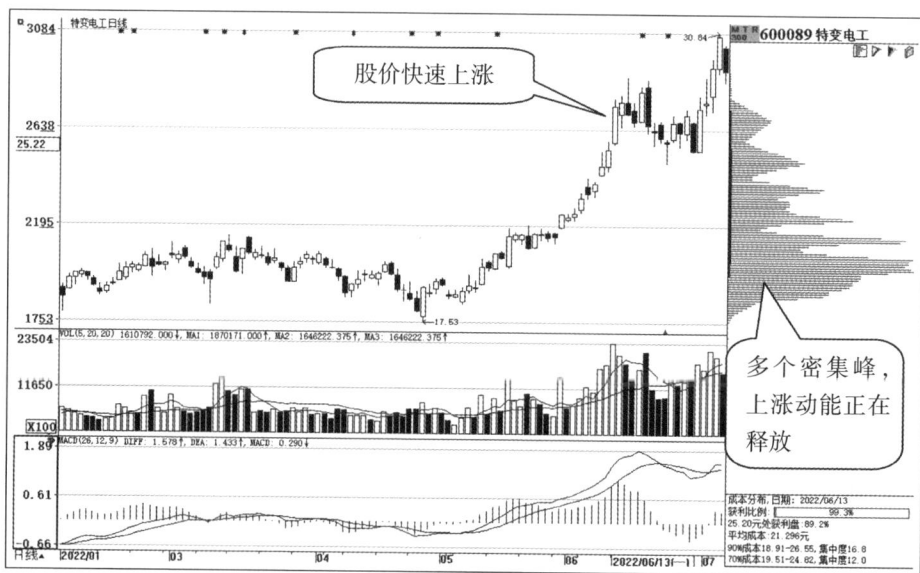

图2-49　特变电工日K线2

期震荡高点，之后进入一波快速上涨走势中。

6月13日，筹码分布图中已经形成多个密集峰。这是上涨动能正在释放的标志，投资者要注意持股待涨。之后，该股延续上涨趋势。

在实战中，投资者还要注意以下4个关键点。

关键点1：拉升过程中，有时候会形成震荡整理走势，这可能是主力的洗盘动作，投资者要注意规避。

如图2-50所示，2023年2月下旬，同方股份（600100）股价冲高回落。之后该股持续震荡，但3月16日的筹码分布图中形成两个密集峰，下方仍然锁定不少低位筹码，表明上涨动能仍很强烈。因此，投资者可以判定，这波震荡只是主力的一次洗盘。

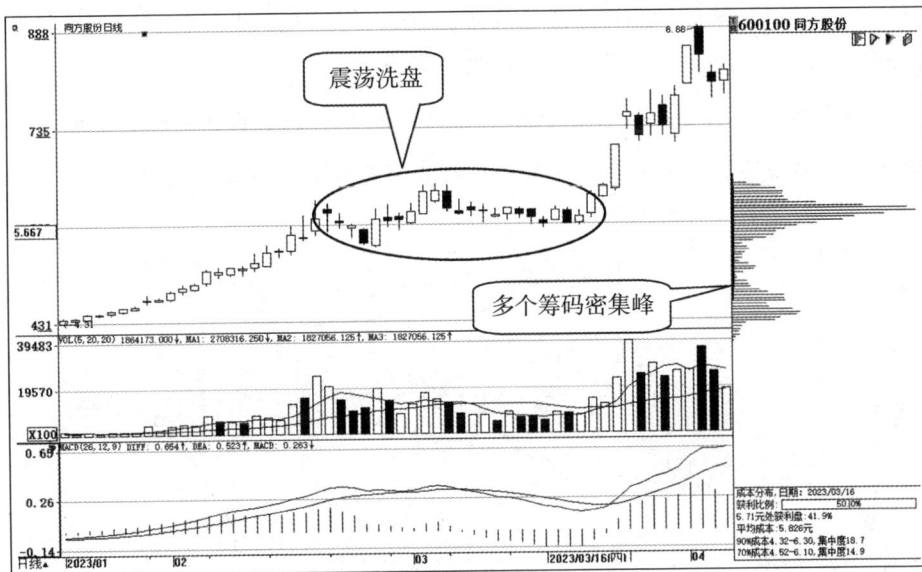

图2-50 同方股份日K线

关键点2：新密集峰形成时，原来的相对低位密集峰并没有消失，而是低位筹码向上转移，低位密集峰变小。

关键点3：如果投资者在盯盘时发现，在新密集峰变大的同时，原来的相对低位密集峰却在迅速变小，就有可能是主力在疯狂出货。投资者要注意及时出场。

关键点4：新的密集峰将成为该股打压洗盘或震荡洗盘的强支撑位。

2.3.2　要点2：突破高位密集峰后的涨势

对这个要点前面已经略有提及，但不太详尽。如果股价经过一波较大的涨势之后在高位震荡，形成筹码分布的单峰密集，股价又突破新形成的高位密集峰，这预示着新一轮的涨势即将展开。投资者可以及时买入跟进。

如图2-51所示，2022年8月中旬到2023年1月初，百合花（603823）在经过一波上涨之后持续震荡了4个多月。从2022年12月26日的筹码分布图可以看出，该股已经在相对高位形成筹码密集峰。

2023年1月20日开始，股价加速上涨，之后几个交易日内顺利突破高位密集峰，预示着新一轮涨势即将展开。投资者要注意及时买入跟进。

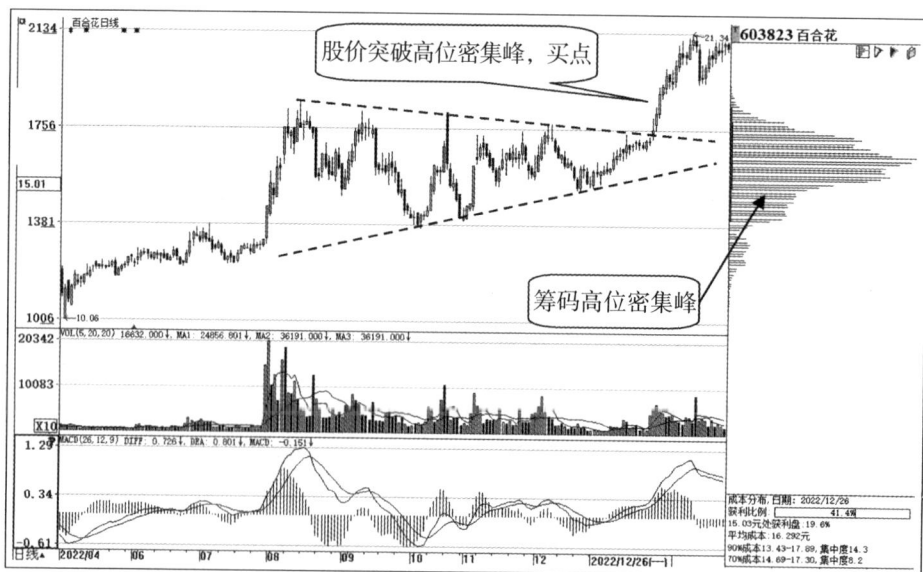

图2-51　百合花日K线

在实战中，投资者还要注意以下4个关键点。

关键点1： 股价是在经过了一波较大的涨势后形成了单峰密集，而且一般只有一个密集峰，即绝大多数筹码都已经集中在高位了。

关键点2： 这里所说的股价"突破"一般指突破震荡走势的重要阻力位。如百合花的突破，实际上突破的是三角形形态的上边线，该阻力位往往与市场70%筹码成本区间的最高点相近。

关键点3： 高位密集峰的形成是综合因素作用的结果，投资者要结合历史情况才能判断其成因。

关键点4： 投资者的买入策略应设定为短线操作，一旦股价走势疲软要注意结合其他技术分析工具来判断趋势是否能够延续。

2.3.3　要点3：低位单峰密集的反复

一般来说，低位单峰密集形成后，预示着上涨动能已经积聚，股价接下来出现上涨趋势的概率较大。但有时候，股价会突然向下跌破单峰密集，随后却又回升向上突破原来的单峰密集。这是新一轮上涨行情开始的标志，而之前的突然下跌，多是主力的凶狠洗盘所致。

如图2-52所示，从2022年10月下旬开始，云鼎科技（000409）进入持续震荡走势中。从2022年12月1日的筹码分布图中可以看出，该股已经形成低位密集峰，预示着上涨动能正在积聚。

12月下旬，该股突然下跌并跌破低位密集峰，但很快就大幅向上突破原来的低位密集峰。这是新一轮上涨行情开始的标志，投资者要注意把握该买点。

在实战中，投资者还要注意以下6个关键点。

关键点1： 低位密集峰一般是因较长时间的震荡洗盘形成的。在这个过程中，散户因为无法忍受长时间震荡的折磨，会将筹码丢掉。

关键点2： 跌破低位密集峰一般是主力的打压洗盘所致。

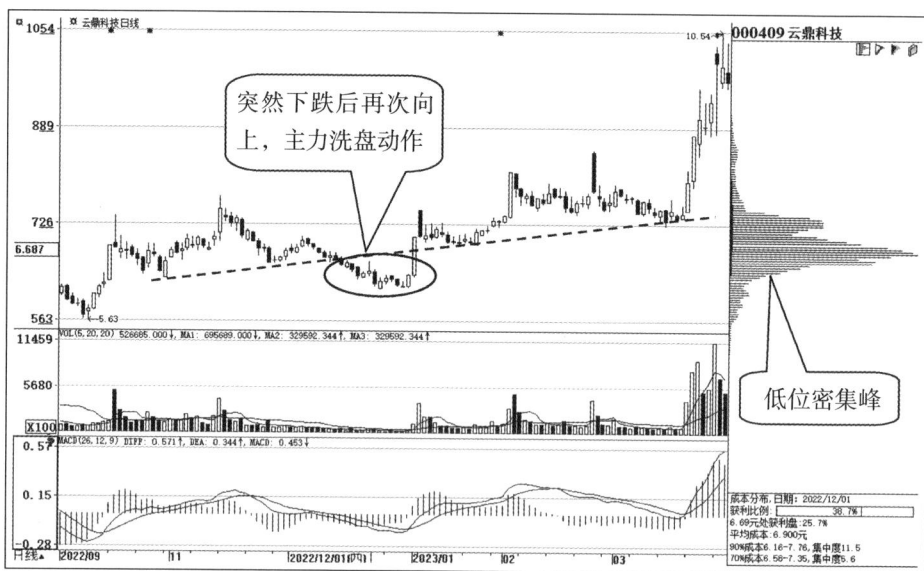

图 2-52　云鼎科技日 K 线

关键点 3：股价突然回调的幅度一般要小于 20%，持续时间一般不会超过 22 个交易日。

关键点 4：回调时密集峰一般没有减小的态势，成交量则呈现缩量态势。

关键点 5：洗盘回调之后的回升一般伴随着放量过程。

关键点 6：突破原单峰密集一般是较好的买入时机。

2.3.4　要点 4：股价超跌后的 V 形反转

低位单峰密集形成后，如果股价向下跌破该密集峰形成超跌状态，但原密集峰并没有消失，此时行情往往会发生 V 形反转。

图 2-53、图 2-54 分别是亚盛集团（600108）2021 年 12 月 30 日、2022 年 1 月 26 日的筹码分布图。

从 2021 年 12 月 30 日的筹码分布图可以看出，该股经过一段时间的震荡之后，筹码已经高度集中，形成相对低位筹码密集峰，表明下跌动能已

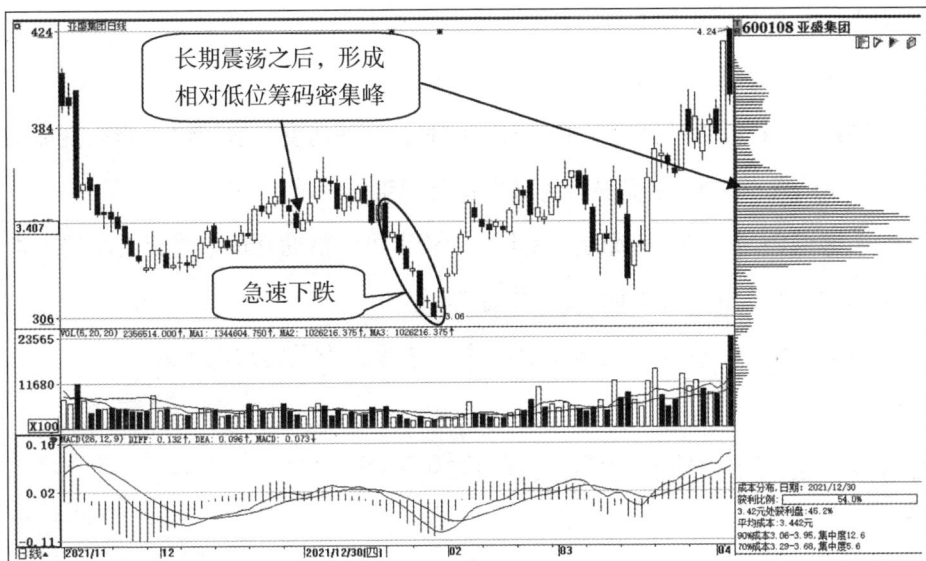

图 2-53　亚盛集团日 K 线 1

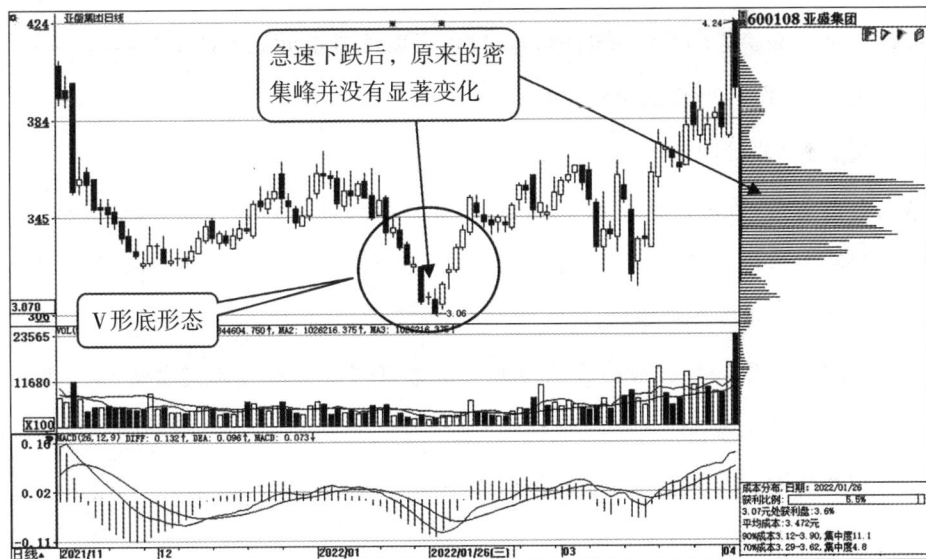

图 2-54　亚盛集团日 K 线 2

经较弱。

2022 年 1 月 18 日开始，股价突然急速下跌。1 月 26 日，经过急速下跌后，该股的筹码分布图显示原来的相对低位密集峰并没有显著变化。之后该股迅速向上，形成V形反转走势。投资者要注意伺机买入。

在实战中，投资者还要注意以下3个关键点。

关键点1：股价跌破相对低位密集峰时，下跌速度一般较快。如亚盛集团1月底的下跌，连续5个交易日走势都低开低走。

关键点2：在超跌区域的把握上，投资者可以借助其他超买超卖类技术指标来辅助判断，如KDJ指标、RSI指标等。

关键点3：V形反转形态形成后，投资者要注意及时跟进买入。

2.3.5　要点5：突破以及突破后的回调

前面说过，股价突破低位单峰密集，预示着上涨趋势的开始。有时候，股价放量突破之后，会有一个回调整理过程，并且在低位单峰密集处受到支撑，这是上涨趋势彻底形成的标志。投资者要注意把握如下两个买点。

买点1：股价突破低位密集峰。

买点2：股价回调确认。

如图2-55所示，2022年10月至12月，科大讯飞（002230）经过一波下跌走势后在低位持续震荡，从2022年12月28日的筹码分布图可以看出，该股已经在低位形成筹码密集峰。

2023年1月19日，股价向上突破低位密集峰，表明上涨趋势开始，投资者要注意及时入场。

在实战中，投资者要注意以下两个关键点。

关键点1：前期放量高位。

买点1出现，一般对应着股价突破前期放量高位甚至是天量价位。这是因为，这些位置堆积着大量的筹码，必将成为上涨的阻力，一旦被突破，就表明多空双方的鏖战已经分出了胜负。

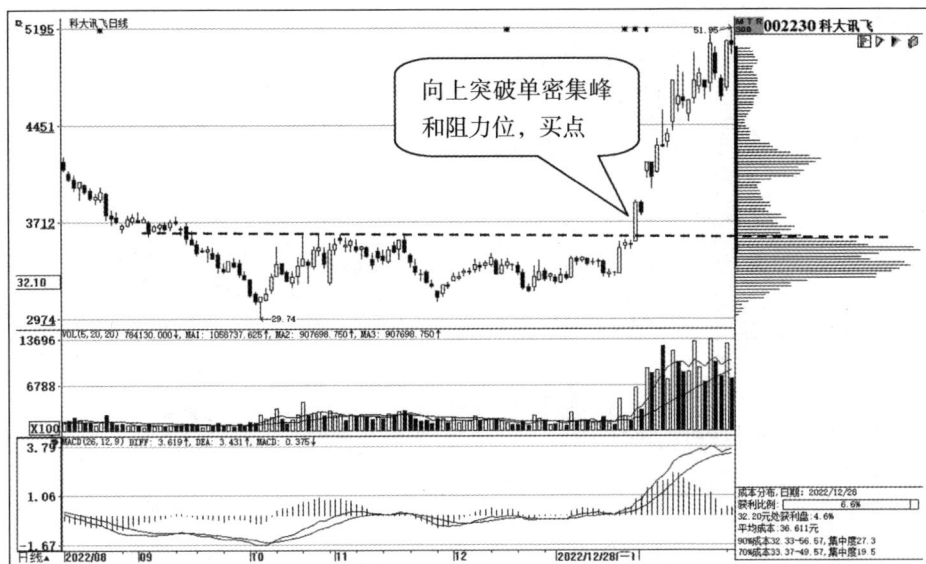

图2-55 科大讯飞日K线

如图2-56所示，2008年9月到12月，闽福发A（更名为航天发展，000547）在低位不断盘整。在这个过程中，该股在5.1元附近多次放量。

9月下旬，该股第一次在5.1元附近放量，股价在60日均线处受阻再次向下。它表明大量追高筹码被套牢，该位置将成为未来上涨走势的重要阻力位。

11月底至12月初，股价经过一波上涨走势后在5.1元附近受阻，再次放量。这是前期被套牢筹码出场所致。在这种作用下，到12月30日，从筹码分布图中可以看出，筹码已经在5.1元附近形成单峰密集，该区域已经成为之后上涨走势的支撑位或下跌走势的阻力位。

2009年1月22日，股价放量突破低位单峰密集，也突破了前期高点，表明上涨趋势形成，买点1出现。

2月底至3月初，该股冲高回落，受到前期低位密集峰的支撑，买点2出现。

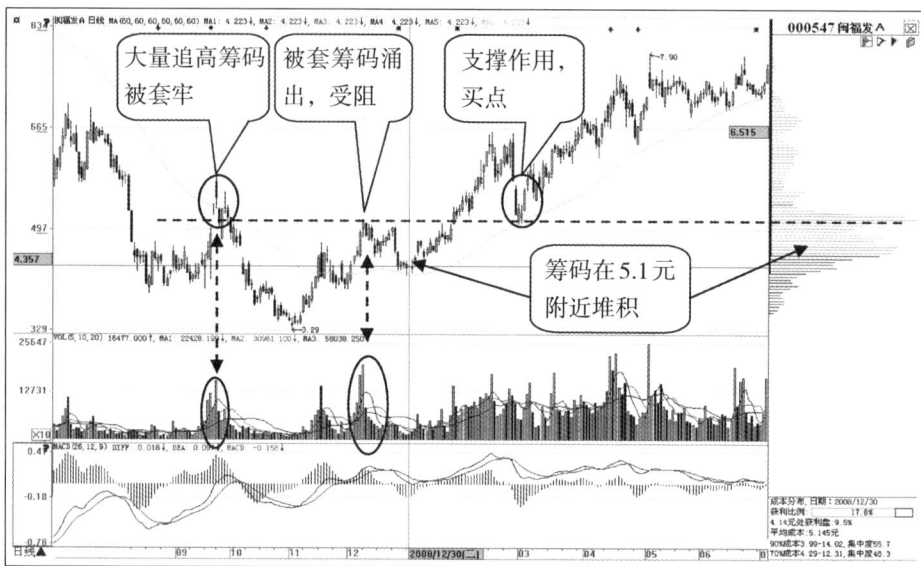

图2-56　闽福发A（更名为航天发展）日K线

关键点2：筹码发散表明行情即将全面展开，但投资者为了使买点更为精准，最好结合其他技术分析工具，综合判断。

2.3.6　要点6：高位密集峰后的下跌发散

在高位密集峰形成后，密集峰一旦伴随着股价的下跌而向下发散，并形成多个密集峰，就表明下跌动能正在不断释放。投资者要注意持币观望，不能轻易入场。

图2-57、图2-58分别为宏润建设（002062）2022年6月22日和8月11日的筹码分布图。

6月22日，该股在高位经过了1个多月的盘整震荡之后，筹码已经高度集中，在筹码分布图中形成高位密集峰。8月初，在经过长期震荡之后，该股股价向下跌破高位密集峰，表明下跌趋势形成。投资者要注意及时出场。

8月11日，该股股价仍处于下跌趋势中，此时筹码分布图显示原来的高位单峰密集正在向下发散,形成多个密集峰。它表明下跌动能正在释放,投资者要注意持币观望,不要随便入场,否则将在后来的下跌中被套。

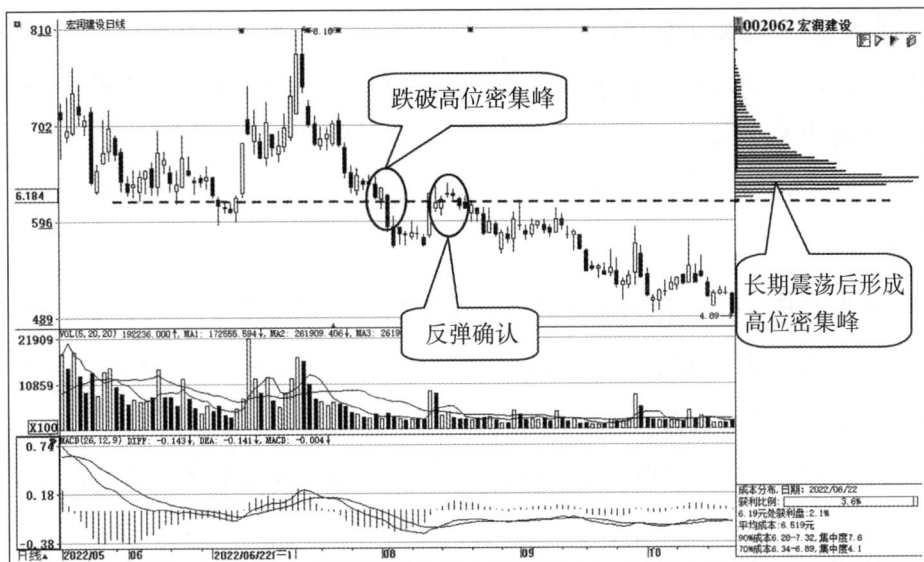

图 2-57 宏润建设日 K 线 1

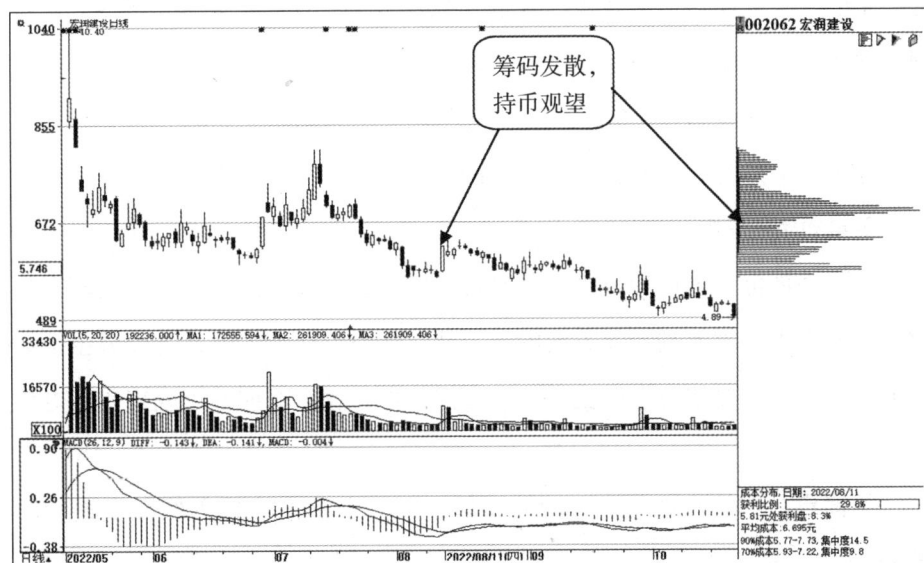

图 2-58 宏润建设日 K 线 2

2.3.7 要点7：两个密集峰的重合

股票在低位形成一个单密集峰之后，经过一波上涨走势后回调。如果股价回落到第一个单密集峰附近的位置形成第二个单密集峰，而且第二个密集峰与第一个密集峰基本重合，则表明上涨动能正在加快集聚，一轮新的上涨行情即将开始。

图2-59、图2-60分别为黑芝麻（000716）2022年5月27日和8月12日的筹码分布图。

5月27日，股价经过1个多月的低位震荡，筹码高度集中，从当天的筹码分布图可以看出，该股已经形成低位单峰密集形态。这是上涨动能已经积聚的标志，一波上涨走势即将出现。

5月31日，该股股价放量涨停，并突破前期低位单密集峰，表明上涨走势初步形成，投资者要注意及时买入。

但很快股价回落，继续震荡并逐渐形成第二个单密集峰。如图2-60所示，8月12日的筹码分布图中，该股在低位再次形成单峰密集，并与5月27日的单密集峰有较多重合。这是新一轮上攻行情的标志。之后不久，该股向上突破前期高点和低位密集峰，上涨趋势彻底形成。

在实战中，投资者还要注意以下3个关键点。

关键点1：止损位。

第一个低位密集峰形成之后，股价一般会有一波上涨行情，但在其回落之前，投资者是不能判定其方向的。因此，在股价向上突破第一个低位密集峰时，投资者就要注意设好止损位。止损位可以设在前期低点或重要支撑线附近。

关键点2：在小幅上涨行情的顶部，第一个密集峰处仍然存在大量的筹码。

如图2-61所示，2022年5月底至6月初，黑芝麻（000716）股价第一次

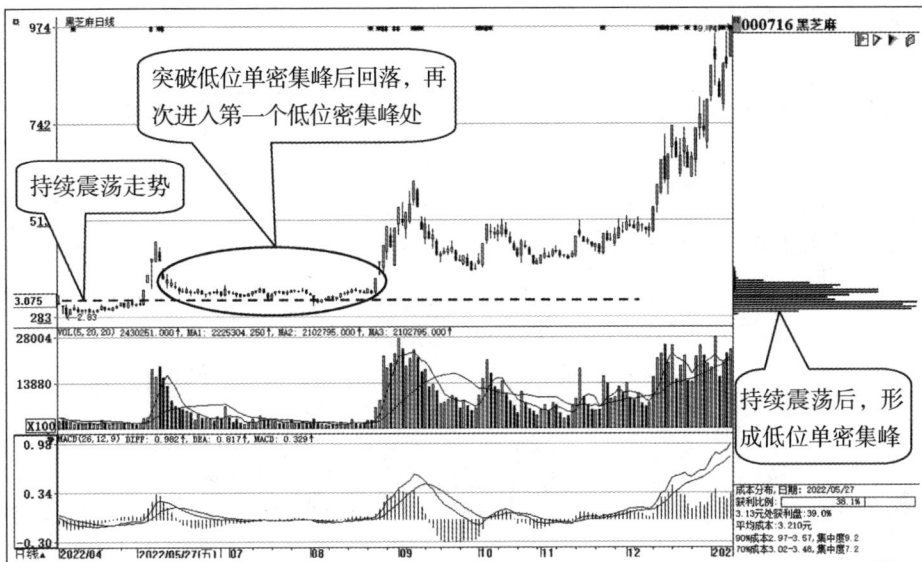

图 2-59　黑芝麻日K线1

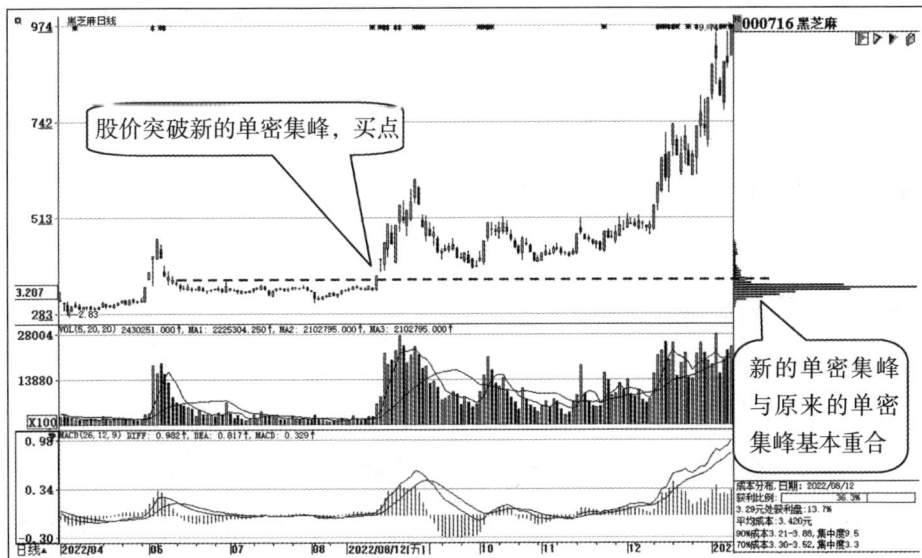

图 2-60　黑芝麻日K线2

向上突破前期低位密集峰时，虽然有部分筹码上移导致上方也形成一个密集峰，但第一个密集峰处仍然存在大量的筹码。

关键点3：如果股价长时间震荡，表明上涨动能很强。此时，投资者在操作时可以将可忍受风险设得更高。

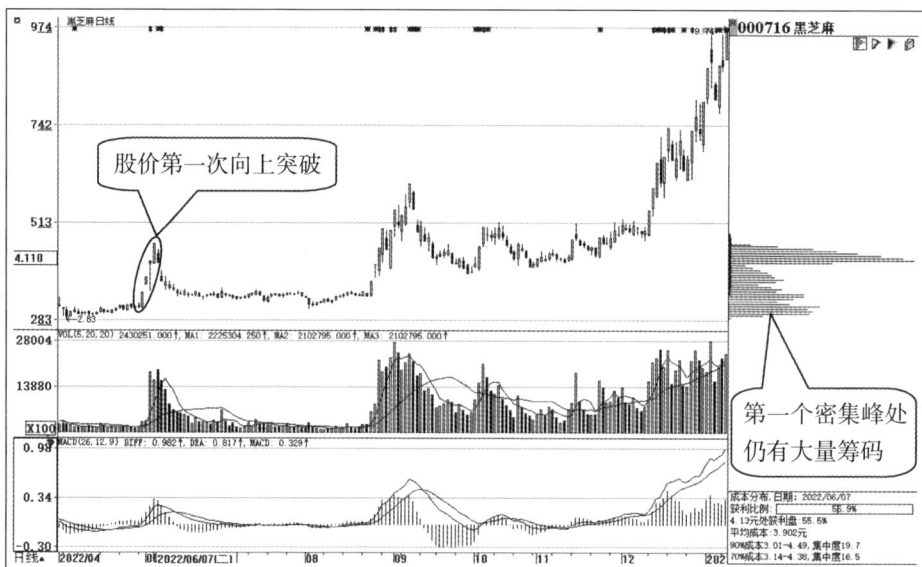

图 2-61　黑芝麻日 K 线 3

2.4　筹码分布衍生用法

2.4.1　ASR 指标

ASR 又称浮筹比例，是指当前收盘价上下 10% 价格区间内的筹码所占的比例。在大智慧炒股软件中，它表现为一条曲线，如图 2-62 所示。

在股票市场的所有筹码中，有一部分是极为活跃的散户筹码，而剩下那部分相对来说就不太活跃。在构造该指标时，我们假设在当日收盘价上下各 10% 区间买入的筹码相对容易参与交易；而在高位建仓的筹码因为处于套牢状态，不容易参与交易；低位建仓的筹码很多属于市场主力，锁定性能比较好。所以，在当前股票价位附近买入股票的散户最容易在接下来的走势中频繁交易，我们把这个区间的筹码加起来作为活跃的市场筹码。

图 2-62　ASR 指标线

由此可知，这个指标是用来反映当前股价上下 10% 这个区间内的筹码数量，反映成交量对股价的跟随程度。

一般来说，ASR 指标值小，说明价格变化了，但没有成交量的配合。比如"无量超跌"，实际上就是股价持续下跌，但并没有明显的放量（这样成本并没有降下来）。相反，ASR 指标值大，说明价格变化有成交量的配合。

另外，还可以使用 ASR 指标描述筹码的密集状况。如果在股价上下 10% 区间筹码的密集程度达到 70%，又位于一个相对安全的位置，那么上涨时的力度往往比较大。

2.4.2　3 个辅助判断技巧

在判断筹码分布状况时，投资者还要注意以下 3 个辅助判断技巧。

1.从分时走势和单笔成交来判断筹码分布

前面说过，筹码掌握在谁手中，就很大程度上决定了股价的涨跌。如果筹码分散在众多的散户手中，就像一盘散沙，股票走势将表现得极为弱势；如果筹码集中在主力手中，股价出现大幅上涨的概率将大大增加。

当分时走势、单笔成交量呈现如下两个特征时，一般表明筹码掌握在主力手中。

特征1：分时走势表现为不连贯，断断续续。

特征2：单笔成交量一般较小。

在出现这两个特征后，如果筹码分布图中显示筹码集中度较高时，筹码掌握在主力手中的概率将大大增加。

如图2-63、图2-64所示，2023年4月17日，贵州茅台（600519）的盘口十分冷清，买卖5档有许多不超过5手的单，同时数亿的流通盘每分钟成交还不到100手，且分时走势也表现得不太连续。这是典型的筹码被主力控制的现象，涨跌完全取决于主力意愿，大盘走势对其影响其实较小。

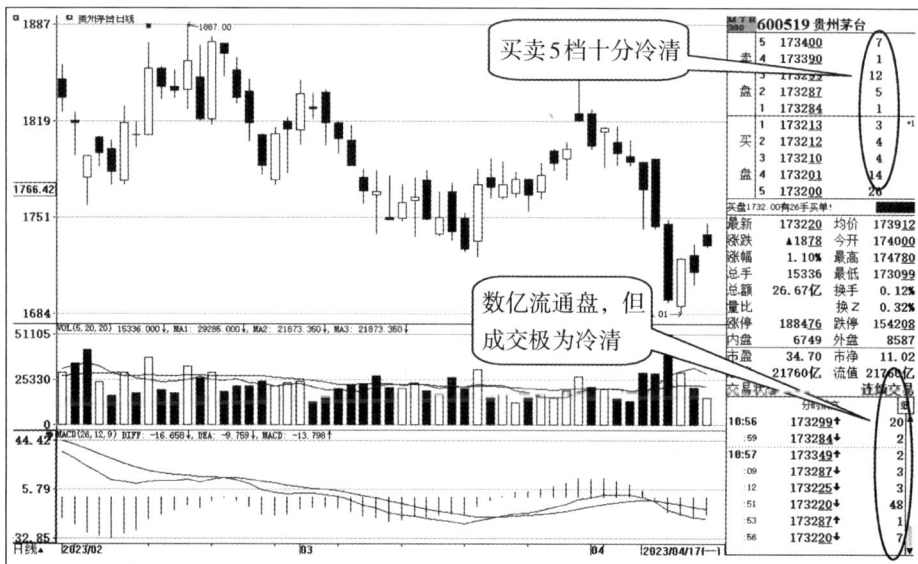

图2-63　贵州茅台日K线

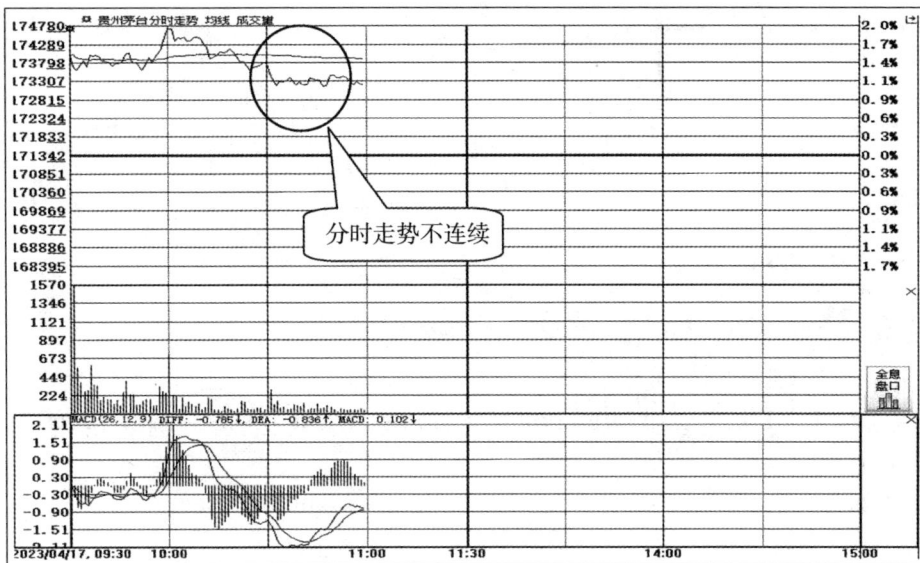

图 2-64 贵州茅台分时走势

2.价量背离

价量背离是指，当股价或指数上涨时成交量减少，股价或指数下跌时成交量反而增大的现象。

价升量减表明市场筹码向高位转移的速度减慢，也就是上涨动能逐渐削弱，股价接下来出现下跌走势的概率增加。

如图 2-65 所示，2021 年 12 月下旬至 2022 年 3 月底，财信发展（000838）的股价经过回调之后再创新高，但成交量却明显减少，形成价升量减的背离形态。它表明筹码向高位转移的速度减慢，上涨动能正在耗尽，投资者要注意防范风险。

价跌量增表明在下跌趋势中，上方筹码正在向下转移，这种转移将为未来的上涨扫清阻碍。但股价能否上涨，仅靠价跌量增投资者还不能做出判断，最好结合一些趋势型技术指标来综合判断。

3.配股除权后迅速填权

公司经过大比例送股分红后，股票会被除权、除息，也就是股价按照一

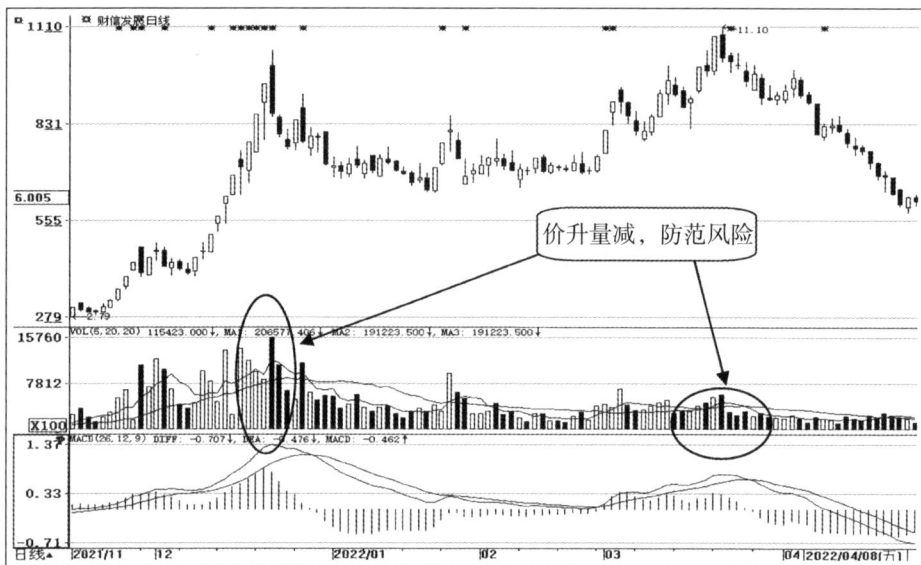

图 2-65　财信发展日 K 线

定的比例折价。因折价而产生的价格空白区域称为除权除息缺口。

　　在除权除息结束后，部分资质优良的股票价格会持续上涨，逐渐弥补除权除息缺口，这个过程称为填权。一旦股票大比例除权后能放量上涨，就说明填权行情已经开始。在此过程中，筹码将逐步向高位移动，表明上涨动能持续增强，投资者可以伺机买入。

第 3 章

——

筹码分布与 MACD 指标

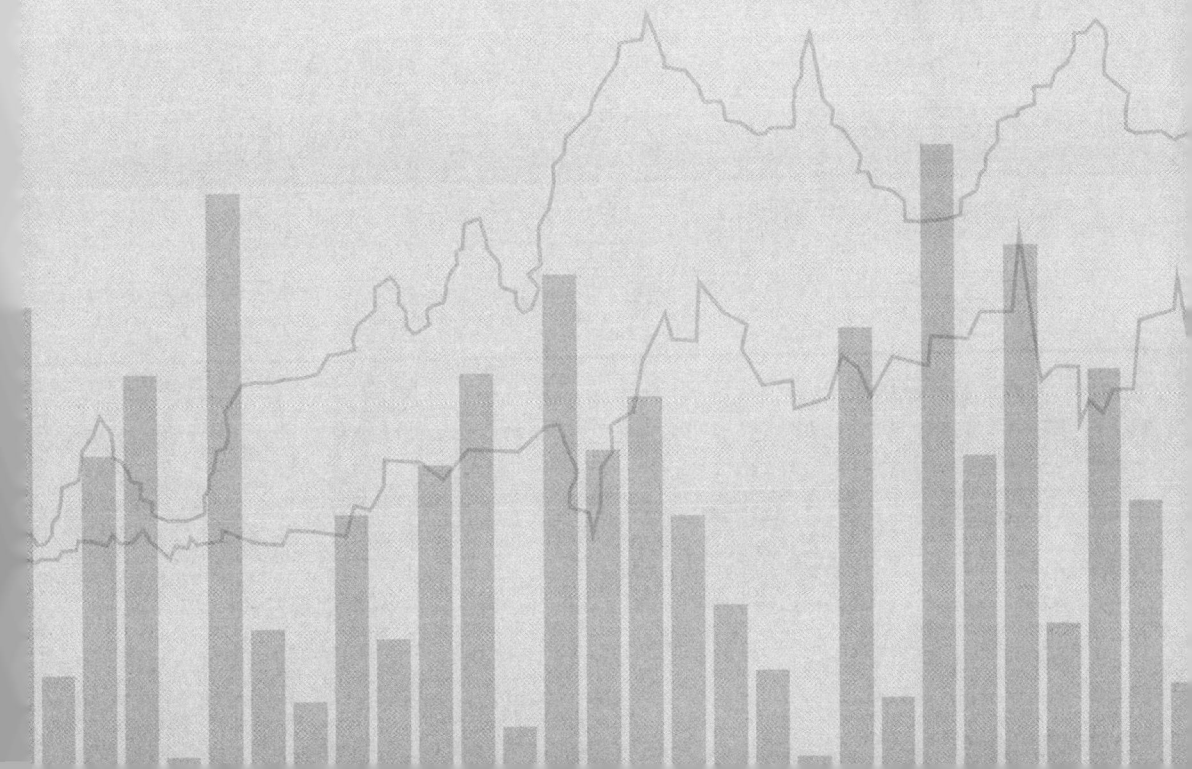

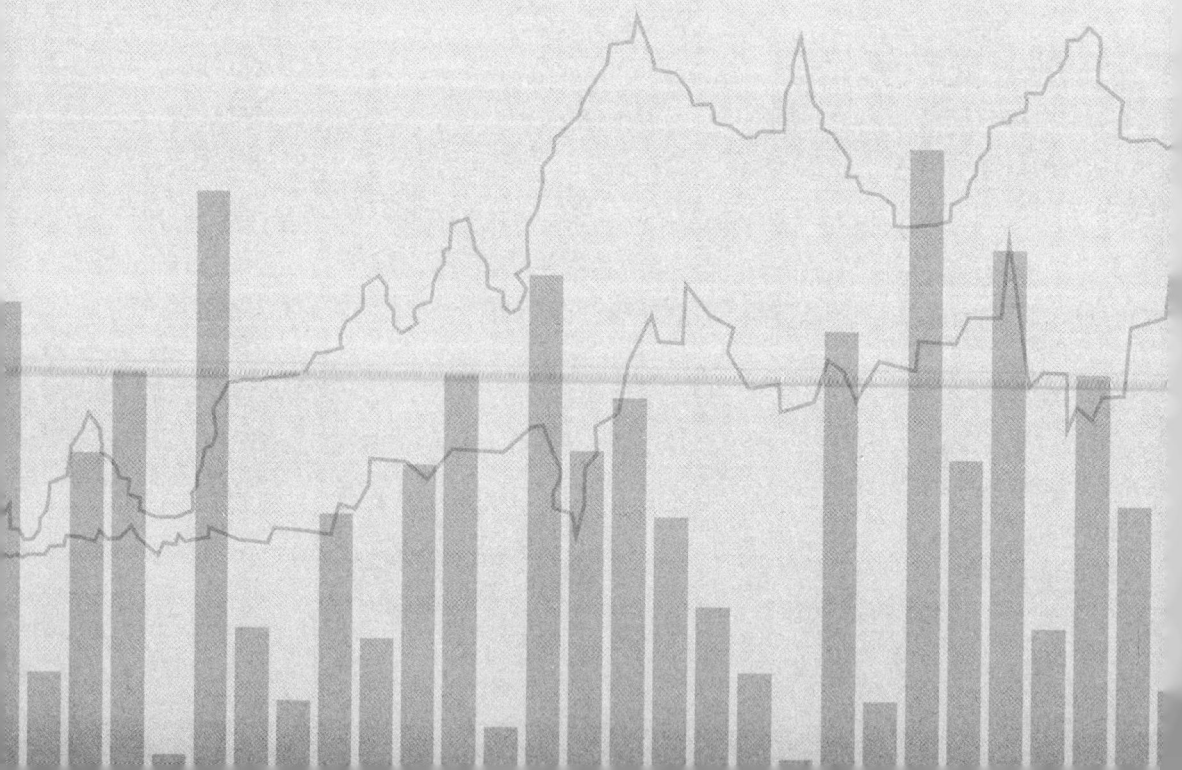

3.1　MACD 指标

3.1.1　MACD 指标的特点

　　MACD 指标，即指数平滑异同移动平均线指标，是专业投资者最常使用的技术指标之一，它由 DIFF 线、DEA 线以及 MACD 柱线组成。通过这三条线之间的背离、交叉等诸多方式，来对股价的走势进行研判。MACD 指标如图 3-1 所示。

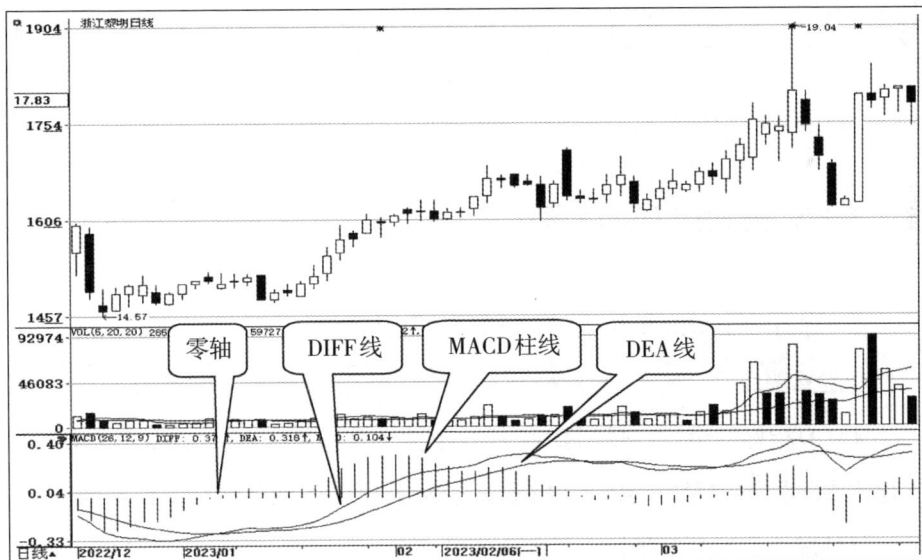

图 3-1　MACD 指标

　　MACD 指标的默认参数为 12、26、9。其中，DIFF 线是 12 日平滑均线和 26 日平滑均线的差值形成的，DEA 线是 DIFF 线的 9 日移动平均线，MACD 柱线是 DIFF 线和 DEA 线差值的两倍。

在实际使用时，MACD指标具有以下3个特点，如图3-2所示。

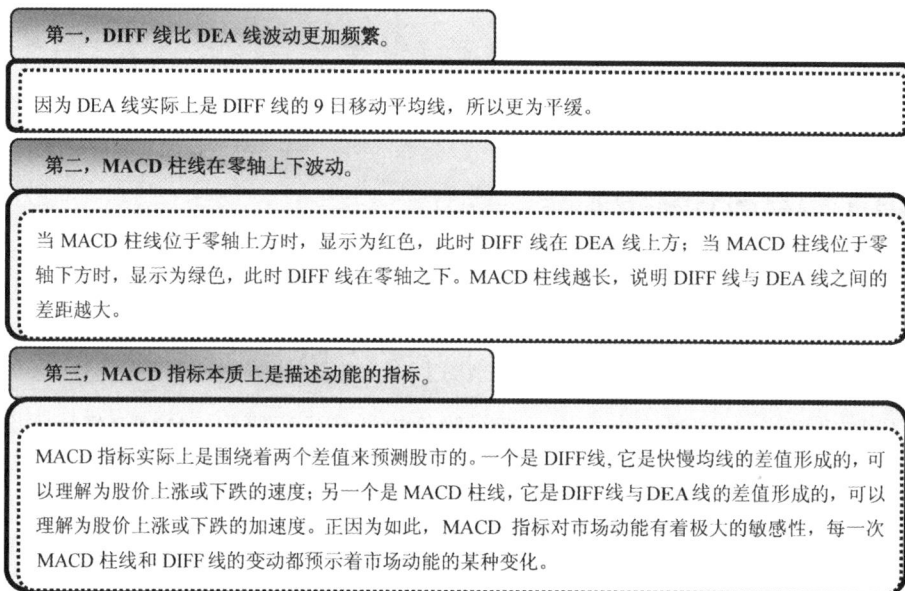

第一，DIFF 线比 DEA 线波动更加频繁。

因为 DEA 线实际上是 DIFF 线的 9 日移动平均线，所以更为平缓。

第二，MACD 柱线在零轴上下波动。

当 MACD 柱线位于零轴上方时，显示为红色，此时 DIFF 线在 DEA 线上方；当 MACD 柱线位于零轴下方时，显示为绿色，此时 DIFF 线在零轴之下。MACD 柱线越长，说明 DIFF 线与 DEA 线之间的差距越大。

第三，MACD 指标本质上是描述动能的指标。

MACD 指标实际上是围绕着两个差值来预测股市的。一个是 DIFF 线，它是快慢均线的差值形成的，可以理解为股价上涨或下跌的速度；另一个是 MACD 柱线，它是 DIFF 线与 DEA 线的差值形成的，可以理解为股价上涨或下跌的加速度。正因为如此，MACD 指标对市场动能有着极大的敏感性，每一次 MACD 柱线和 DIFF 线的变动都预示着市场动能的某种变化。

图 3-2　MACD 指标的特点

3.1.2　单独应用MACD指标

在实战中，MACD指标主要有以下5个买卖点。

1.金叉买点

MACD指标的金叉，是指DIFF线自下而上穿过DEA线所形成的交叉。金叉出现在不同的位置，会体现出不同的市场含义。下面按照金叉位置的不同，分三种情况介绍MACD指标金叉的应用技巧。

第一，低位金叉的买点。

DIFF线与DEA线金叉的位置如果出现在零轴下方，并且远离零轴，这个金叉就称为低位金叉。DIFF线和DEA线出现在零轴之下且较远的位置，说明此前股价正处于下跌趋势中。投资者可将此时的金叉仅视为股价的一次短期反弹，这样才更为稳妥。至于股价是否能够形成真正的反转，还需要投资者结合其他指标进行观察和确认。

如图 3-3 所示，2022 年 10 月 14 日，随着股价的逐步回升，井松智能（688251）的 MACD 指标出现了低位金叉。但自 11 月下旬起，股价就又开始延续前期的下跌趋势，并不断地再创新低。

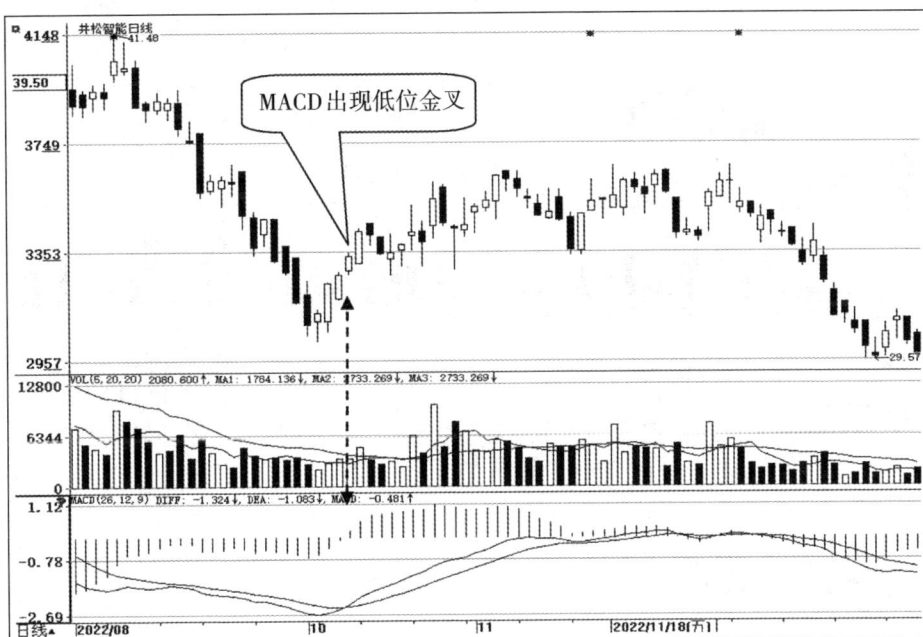

图 3-3　井松智能低位金叉

第二，零轴附近金叉的买点。

如果 DIFF 线与 DEA 线的金叉发生在零轴附近，那么此时往往是投资者买入的绝佳时机。

这是因为，零轴附近的金叉往往出现在一段先上涨、再回调的走势之后。此时的金叉，预示着调整行情已经结束，新一轮上涨行情已经开始。此时如果还伴随着均量线的金叉，就说明股价的上涨得到成交量的支持，买入信号将更加可靠。

如图 3-4 所示，2022 年 8 月 19 日，中路股份（600818）的 MACD 出现金叉，且金叉形成在零轴附近，同时成交量开始明显放大，表明市场即将出现一波较大的上涨走势。投资者可以果断买入。

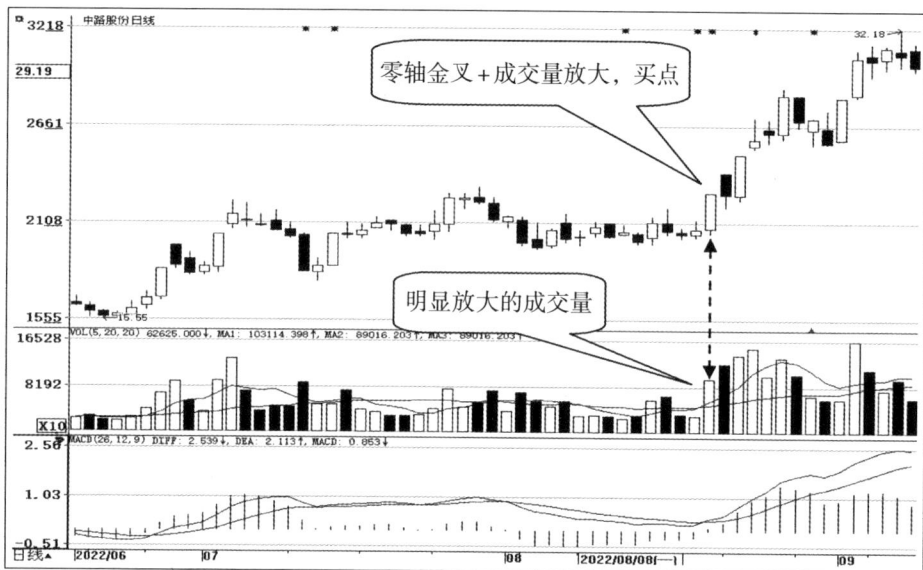

图 3-4　中路股份日 K 线

实战经验

在中路股份这个例子中，投资者要注意以下两个方面。

1. 零轴金叉之前，市场已经处于上涨趋势中。这可以从 DIFF 线始终处于零轴上方得到验证。这是零轴金叉买点成立的重要前提。

2. 该股的回调幅度并不是很大，MACD 指标缓缓向零轴附近靠拢，这是上涨动能强劲的标志（后文将详述）。投资者一旦看到，就要注意。

第三，高位金叉的买点。

如果 DIFF 线与 DEA 线的金叉发生在零轴以上，且处于距离零轴较远的区域，那么该金叉就称为高位金叉。高位金叉一般出现在股价上涨过程中的回调结束时，表示回调已经结束，股价即将重新延续前期的上涨走势。因此高位金叉一旦出现，就是较好的买入信号。

如图 3-5 所示，2022 年 10 月到 11 月，三五互联（更名为琏升科技，300051）进入上涨趋势中，股价突破前期高点后未再创新低，DIFF 线在零轴上方站稳。

2022 年 12 月 26 日和 2023 年 2 月 1 日，MACD 指标两次出现高位金叉，表明股价在上涨趋势中经过短暂回调之后再次上涨，延续原来的上涨趋势。投资者要注意把握这两个买入良机，已经入场的投资者可以伺机加仓。

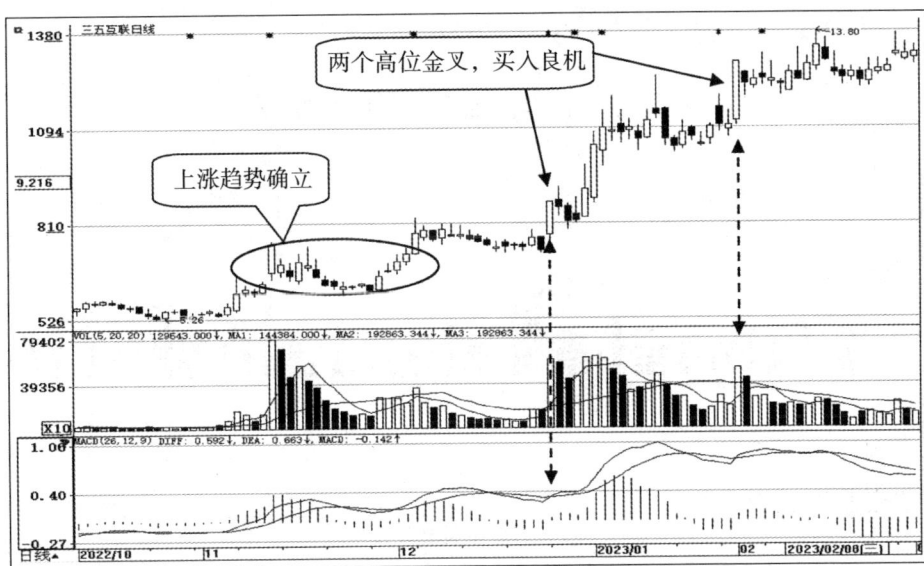

图 3-5　三五互联（更名为琏升科技）日 K 线

2.死叉卖点

MACD 指标的死叉，是指 DIFF 线自上而下穿过 DEA 线所形成的交叉。与金叉相同，死叉出现在不同的位置，会体现出不同的市场含义。

第一，低位死叉的卖点。

低位死叉，是指发生在零轴下方的死叉。这种低位死叉，往往出现在下跌趋势中向上反弹结束时，因此低位死叉是反弹结束的卖出信号。仍然持有股票被深度套牢的投资者，可以在低位死叉形成时先行卖出，待股价下跌后再买回该股票以降低成本。

如图3-6所示，2022年1月到4月，胜华新材（603026）的股价一直在60日均线下方运行，表示市场一直处于下跌趋势中。

2022年4月11日，MACD指标出现低位死叉，表明下跌动能再次发力，股价仍将延续原来的下跌趋势。投资者可以先卖出股票，之后回补以降低持股成本。

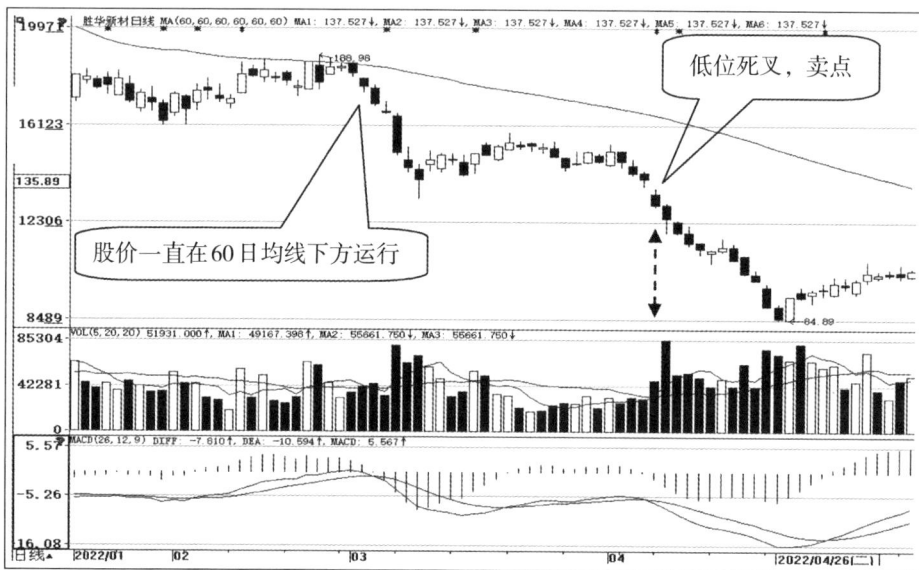

图3-6 胜华新材日K线

第二，零轴附近死叉的卖点。

DIFF线在零轴附近跌破DEA线形成的交叉被称为零轴附近死叉。DIFF线和DEA线出现在零轴附近，表明市场在零轴附近已经积聚了较多的向下动能，此时死叉出现，表明市场向下的动能开始释放，接下来出现一波下跌趋势的概率较大，为卖出信号。

投资者需要注意的是，在盘整行情中，指标往往会出现频繁的零轴附近死叉，这只是股价暂时震荡所造成的，此时不宜使用本卖出信号。

如图 3-7 所示，2022 年 4 月 13 日，翠微股份（603123）的 MACD 指标中出现零轴附近死叉，表明下跌动能开始释放。投资者要注意及时卖出。

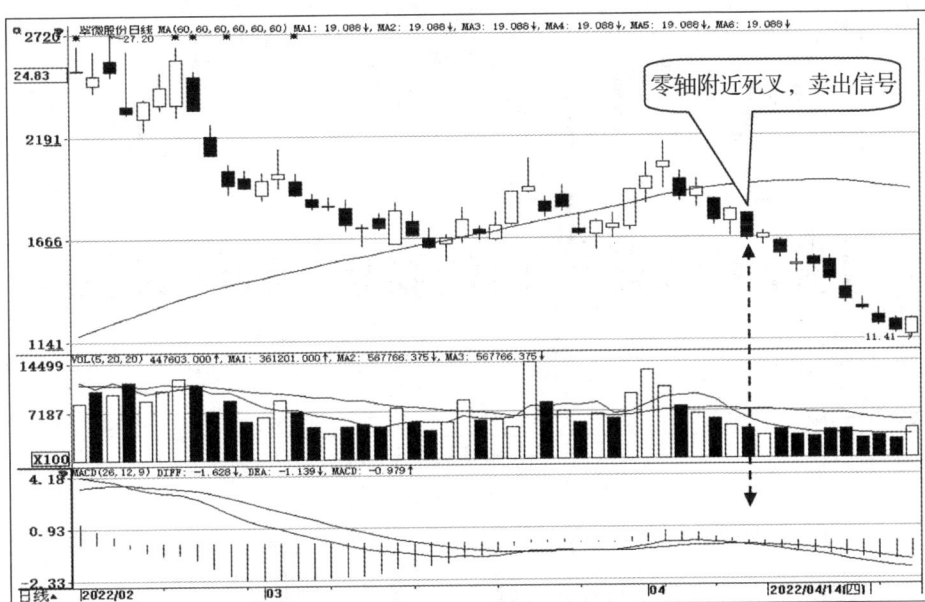

图 3-7　翠微股份日 K 线

如果死叉出现的同时，DIFF 线或 MACD 柱线出现顶背离，那么零轴附近死叉就是非常强烈的卖出信号。

如图 3-8 所示，2022 年 12 月 12 日，鲁银投资（600784）的 MACD 指标出现零轴附近死叉，表明下跌动能开始释放。在此之前，MACD 柱线形成 "柱线与股价顶背离" 的看跌形态，更增加了下跌的概率。投资者要注意及时卖出，否则将被套牢。

第三，高位死叉。

DIFF 线在零轴之上较远的地方下破 DEA 线形成的交叉，称为高位死叉。高位死叉大多出现在上涨回调过程中，之后股价往往会再次延续原来的上涨趋势，所以投资者看到高位死叉，最好继续持股观望，不要急于卖出，以防踏空后面的牛市行情。

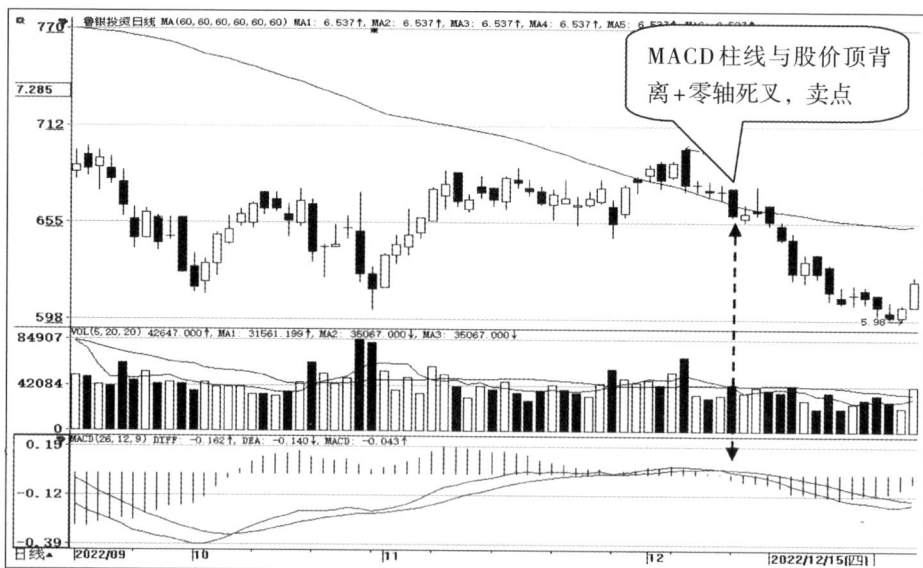

图 3-8　鲁银投资日 K 线

如图 3-9 所示，2021 年 5 月到 7 月，京山轻机（000821）股价一直都在 60 日均线上方运行，表明市场在这段时间内一直处于上涨趋势中。

8 月 12 日和 9 月 6 日，MACD 指标两次出现高位死叉，表明股价即将进行短暂回调。此时投资者最好持股观望。

3.DIFF 线与股价背离

DIFF 线与股价的背离，可以分为底背离和顶背离两种情形。

第一，底背离的买点。

DIFF 线与股价的底背离是指，股价一波一波地连创新低，DIFF 线却没有随之创出新低。它表示股价在下跌过程中，DIFF 线的下跌幅度要小于股价的下跌幅度，市场向上的动能在不断积聚，股价接下来上涨的概率较大。

DIFF 线与股价出现底背离时，往往会出现股价 K 线的反转形态，同时成交量往往会放大，甚至均量线也出现金叉，投资者可以综合 DIFF 线与股价的底背离、K 线反转形态、成交量放大等来确定具体的买入点。

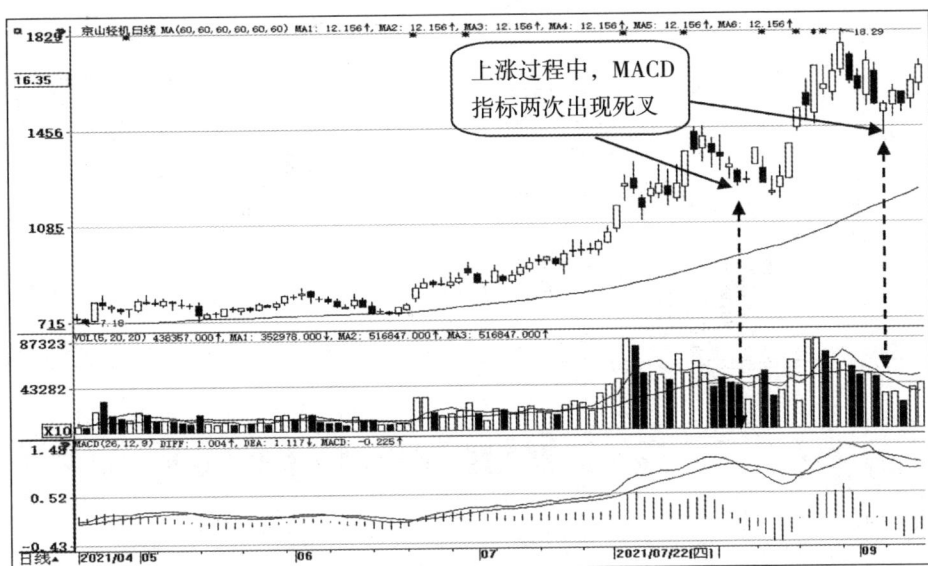

图 3-9　京山轻机日 K 线

投资者需要注意的是，DIFF 底背离出现的位置一般都在零轴之下。离零轴越远，上涨动能越弱；离零轴越近，上涨动能越强，上涨信号越可靠。

在下跌趋势中，DIFF 曲线和股价有时候会出现二次、三次底背离甚至多次底背离。底背离出现的次数越多，上涨动能就越强，出现上涨趋势的概率就越大。

如图 3-10 所示，2022 年 10 月底，中信证券（600030）的股价创出新低，但 DIFF 线却没有创出新低，形成 DIFF 线与股价的底背离形态。

11 月 1 日，在底背离之后，MACD 出现金叉，同时 K 线形成启明星形态，更增加了上涨信号的可靠性。投资者要注意及时买入。

第二，顶背离的卖点。

DIFF 线与股价的顶背离是指，股价一波一波地连创新高，DIFF 线却没有创出新高的情形。它表示股价在上涨走势中，DIFF 线的上涨幅度小于股价的上涨幅度，下跌动能在不断积聚，股价随时可能转为下跌走势。

当指标出现顶背离时，投资者就要保持高度警惕。当 K 线组合出现反转形态时，投资者要注意伺机卖出。

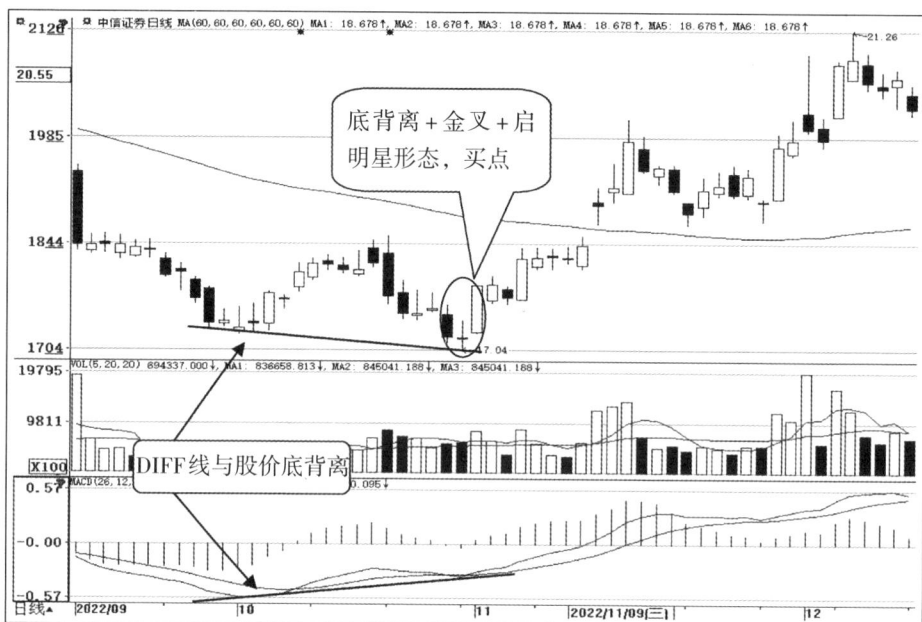

图 3-10　中信证券日 K 线

如图 3-11 所示，2022 年 8 月中下旬，祥鑫科技（002965）的股价创出新高，但 DIFF 线没有创出新高，形成 DIFF 线与股价顶背离形态。它预示着市场下跌动能正在不断积聚。

2022 年 8 月 25 日，DIFF 线与股价顶背离后，MACD 出现死叉，更增加了下跌信号的可靠性。投资者要注意果断出场，否则将被深度套牢。

4.MACD 柱线与股价背离

跟 DIFF 线与股价的背离相同，MACD 柱线与股价的背离也可分为顶背离和底背离。

第一，底背离的买点。

MACD 柱线与股价的底背离是指，股价一波一波创出新低，MACD 柱线却没有随之创出新低。它表示市场向上的动能正在积聚，随时可能转为上涨走势。

当底背离出现时，投资者可结合 K 线形态来把握买入时机。

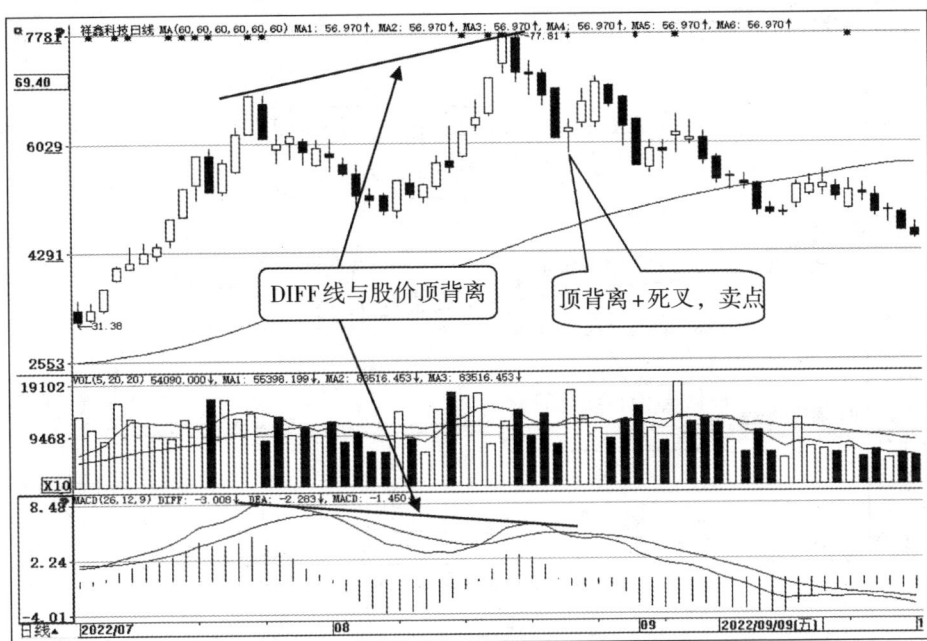

图 3-11　祥鑫科技日 K 线

如图 3-12 所示，2022 年 9 月底至 10 月初，亚翔集成（603929）股价屡创新低，但 MACD 柱线却没有随之创出新低，形成柱线与股价底背离形态，预示一波上涨走势即将形成。

10 月 12 日，底背离之后，K 线形成启明星形态，更增强了上涨信号的可靠性。它表明上涨动能开始发动，投资者可以及时买入。

第二，顶背离的卖点。

MACD 柱线与股价的顶背离是指，在上涨走势中，股价创出新高时，MACD 柱线却没有创出新高。它表示市场向下的动能正在积聚，股价随时可能反转下跌。投资者可结合 K 线形态使卖点更为精准。

如图 3-13 所示，2022 年 9 月 26 日，三湘印象（000863）出现"MACD 柱线与股价顶背离 + 死叉"的看跌信号，预示一波下跌走势即将展开。仍然持股的投资者要注意及时卖出。

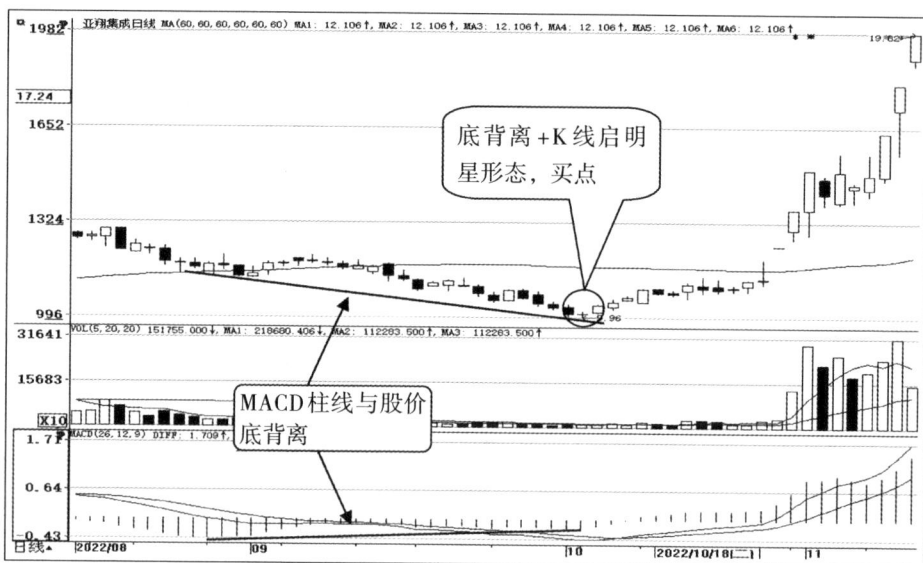

图 3-12　亚翔集成日 K 线

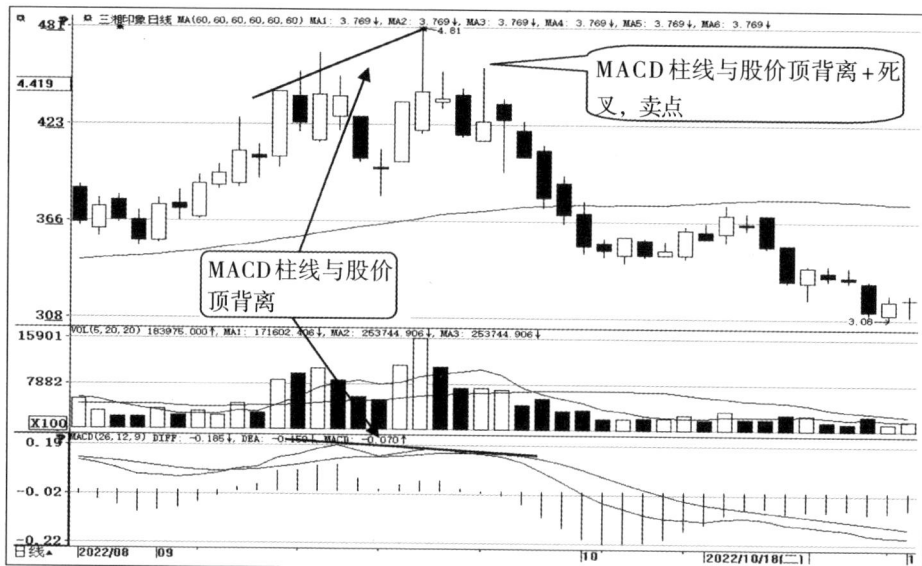

图 3-13　三湘印象日 K 线

实战经验

在实战中，不管是顶背离还是底背离，它们出现的位置对信号的可靠性往往有较大的影响，一般来说，背离出现的位置越靠近零轴，其信号的可靠性越强；背离位置距零轴越远，其信号的可靠性就越差。

5.DIFF 线越过零轴

MACD 指标的零轴表示多空双方的分界线。当 DIFF 线由下往上越过零轴，表明市场由空头走势转为多头走势；反之，当 DIFF 线由上向下越过零轴，表明市场由多头走势转为空头走势。

因此，DIFF 线上穿零轴为买入信号，DIFF 线下穿零轴为卖出信号。

如图 3-14 所示，2023 年 2 月 1 日，安徽建工（600502）MACD 指标中的 DIFF 线上穿零轴，表明市场已经由空头走势转向多头走势，发出了买入信号。之后股价出现了一波较大的上涨走势。

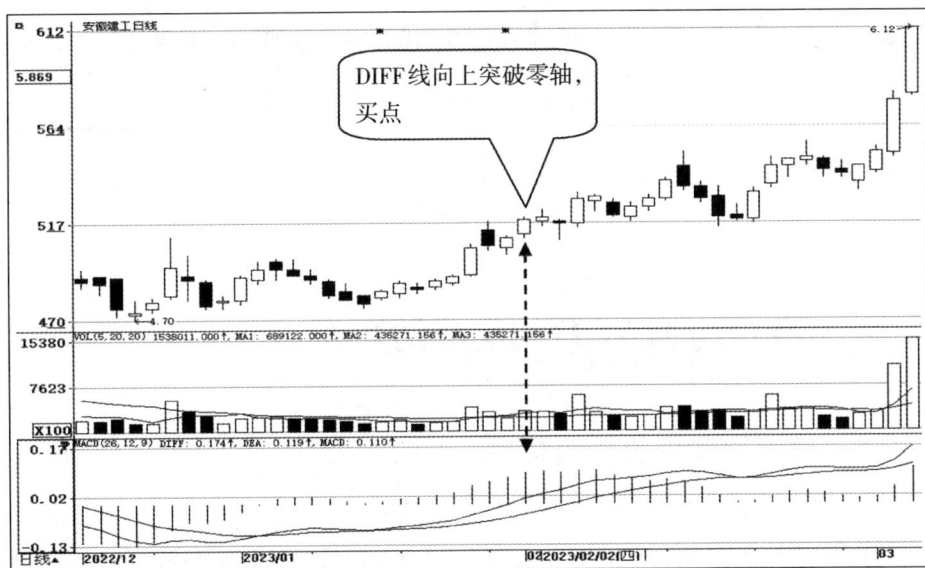

图 3-14　安徽建工日 K 线

如图 3-15 所示，2022 年 1 月 17 日，东阿阿胶（000423）MACD 指标中 DIFF 线下穿零轴，表明市场由多头走势转为空头走势，投资者要注意及时卖出。之后股价出现了一波较大的下跌走势。

MACD指标的DIFF线对零轴的上下穿越，相当于EMA线的交叉（如果参数设为12、26，就相当于12日、26日EMA线的交叉）。DIFF线上穿零轴，相当于两根移动平均线出现金叉，发出买入信号；DIFF线下穿零轴，相当于两根移动平均线的死叉，发出卖出信号。

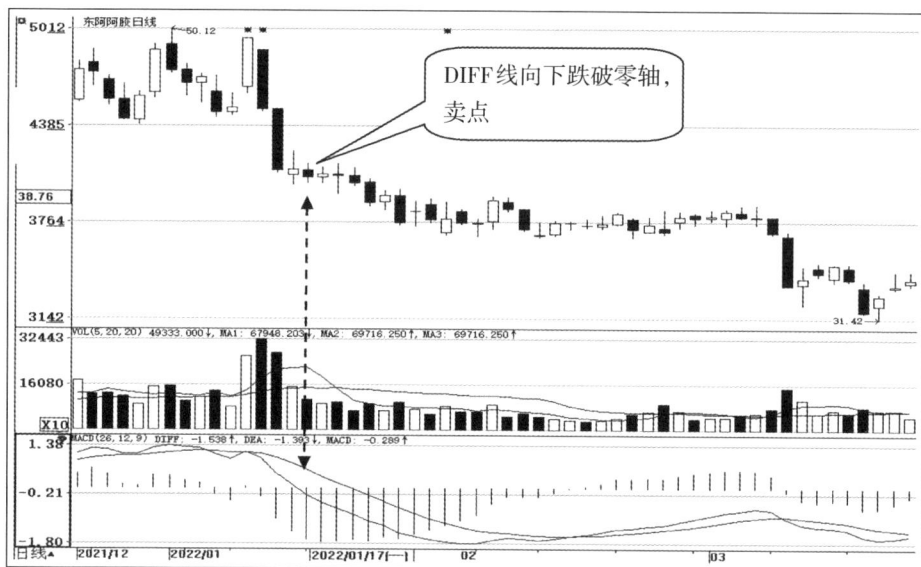

图3-15　东阿阿胶日K线

3.2　CYQ与MACD的实战结合

3.2.1　底背离和低位密集抓底

在下跌趋势末期，MACD指标往往出现DIFF线与股价底背离形态，这表明上涨动能正在积聚，股价接下来有较大可能形成上涨走势。此时，筹码分布图中显示一些筹码已经转移到底部，但高位仍然分布着众多的套牢盘。

之后，上涨动能发动，MACD指标出现金叉，DIFF线向上运行，但由于高位套牢筹码趁上涨出场，股价将有一波下跌走势，在走势图中显示为股价的回调确认。同时，在筹码分布图中显示为筹码在低位积聚，形成低位密集峰，它表明上涨趋势已经彻底形成，之后股价将再次上行。

如图3-16、图3-17所示，2021年1月到3月，奥维通信（002231）由下跌趋势转为上涨趋势。

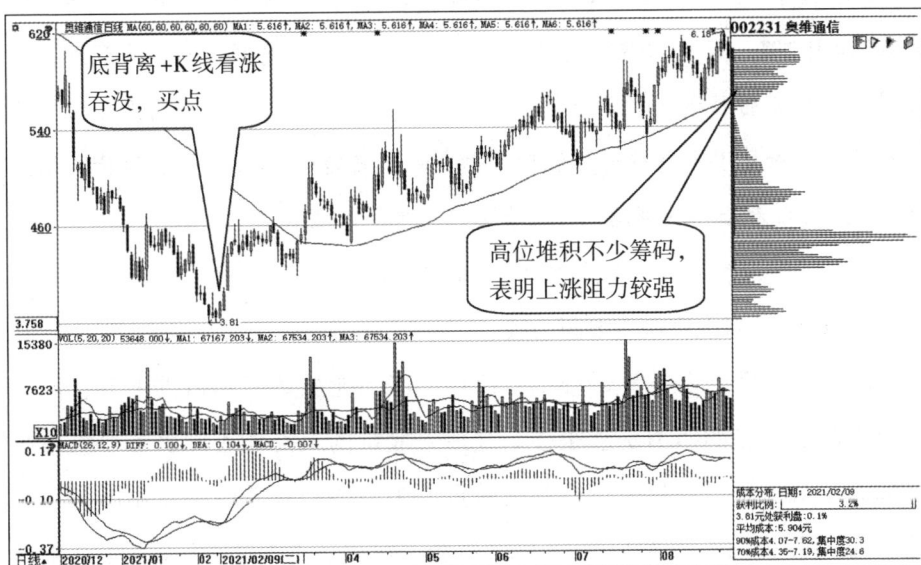

图3-16 奥维通信日K线1

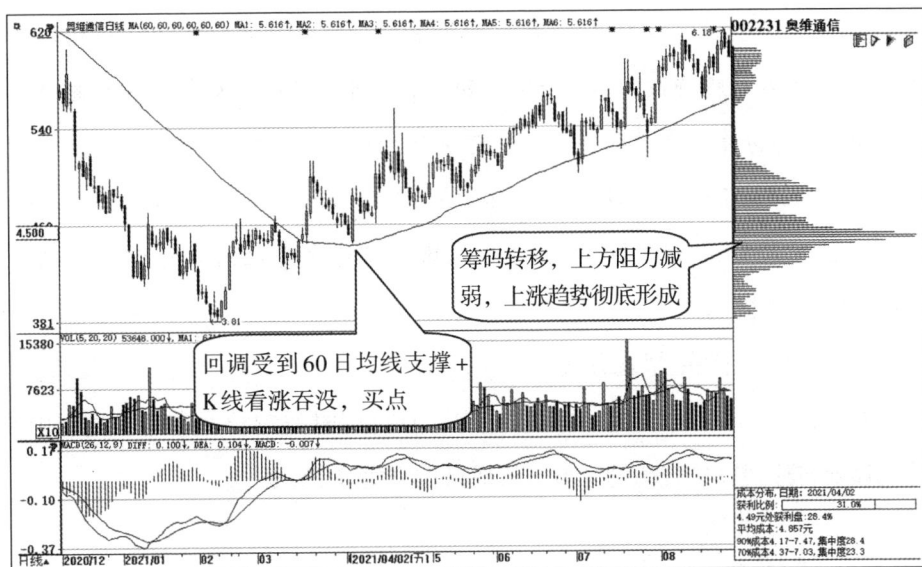

图3-17 奥维通信日K线2

2月初，在下跌趋势末期，MACD指标中出现DIFF线与股价底背离形态，预示一波上涨走势即将形成。2月9日，K线形成看涨吞没形态，表明上涨动能开始发动。此时，筹码分布图中显示，上方还有大量筹码，表明股价虽然开始上涨，但上涨阻力还非常强大。投资者可以适当买入。

3月下旬，股价经过一波上涨走势后，由于上方筹码蜂拥而出，开始回调震荡。4月2日，股价回调得到60日均线支撑。此时，筹码分布图中显示，上方的筹码大都转移到了股价回调区域，形成低位密集峰。它表明上涨阻力已经很弱，股价接下来有较大可能形成彻底的上涨趋势。4月6日，股价大幅上涨，K线形成看涨吞没形态，投资者要注意果断入场。

在实战中，投资者还要注意以下3个关键点。

关键点1：向上突破重要阻力线。

底背离之后，上方筹码堆积，市场上涨动能虽然显示占据上方，但上方套牢盘所代表的阻力仍然很强。之后，股价的上涨能否突破重要阻力线将成为一个关键。如果股价顺利突破重要阻力线，就表明上涨动能初步形成，否则股价仍将延续原来的下跌趋势。已经入场的投资者要注意果断出场。

如图3-18所示，2021年12月31日，上海贝岭（600171）MACD指标中出现"DIFF线与股价底背离+金叉"的看涨信号。此时，从筹码分布图中可以看出，上方分布着大量的筹码，该股股价上涨阻力很强。

之后，该股很快就欲振乏力，在离60日均线很远处开始向下，显示出极弱的上涨动能，2021年12月31日入场的投资者要注意及时卖出以规避风险。

关键点2：回调的呈现方式。

有时候，回调会以盘整的方式呈现，且持续时间较长。在这个过程中，筹码逐渐转移到股价震荡的区域，形成低位密集峰。

如图3-19所示，2022年10月13日，金桥信息（603918）出现"DIFF线与股价底背离＋金叉"的看涨信号。之后，股价快速上涨，形成一波明显的上涨走势。

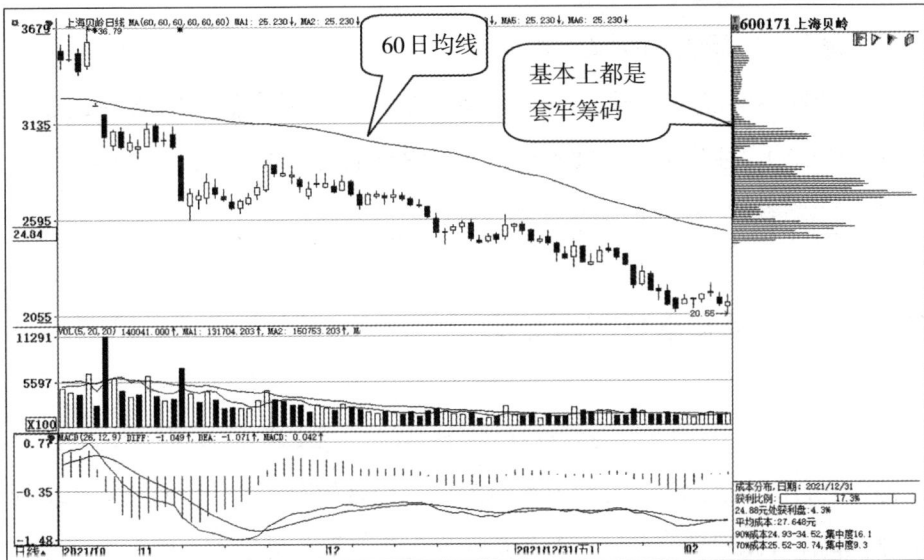

图 3-18　上海贝岭日 K 线

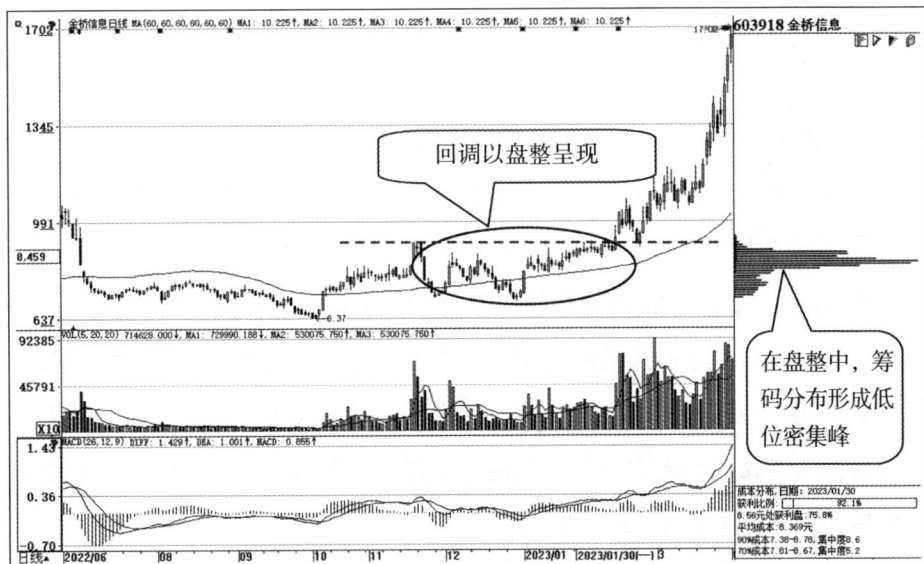

图 3-19　金桥信息日 K 线

113

11月21日，股价在60日均线上方冲高回落。之后，股价在60日均线附近持续盘整了约3个月。从2023年1月30日的筹码分布图中可以看出，筹码已经在股价盘整区域形成低位密集峰，表明上涨动能已经积聚。2月15日，股价向上突破前期高点，上涨动能启动，买点出现。

关键点3：零轴附近金叉。

上涨趋势彻底形成时，一般在筹码分布图中形成低位密集峰，而在MACD指标中，往往形成零轴附近金叉。它是上涨动能开始释放的标志，投资者不能错过这个买入机会。

3.2.2 顶背离和高位密集抓顶

MACD指标中DIFF线与股价顶背离形成时，下跌动能逐步积聚。此时，在筹码分布图中显示高位已经有部分筹码，仍有相当多的低位筹码虽然获利丰厚但仍然在持股待涨，这部分筹码将成为未来股价继续上涨的阻力，除非它们都转移到上方。

顶背离后，股价下跌。之后走势一般将形成两种可能，分别对应着不同的筹码分布状况。

可能性1：盘整走势。

股价下跌之后，无法再创新高，但也没有形成下跌趋势，而是围绕着前期重要支撑线不断震荡。在这个过程中，低位筹码不断向震荡区间转移，最终形成筹码分布图中的高位密集峰。之后，股价再抉择方向。

如图3-20、图3-21所示，2022年10月下旬，中远海能（600026）在高位形成"DIFF线与股价顶背离"的看跌信号。从10月20日的筹码分布图中可以看出，该股在低位还有大量的筹码虽然获利丰厚但仍然在持股待涨，它表明市场下方的支撑力量还比较强。

之后，股价出现一波下跌走势，但由于受到60日均线的支撑，在11

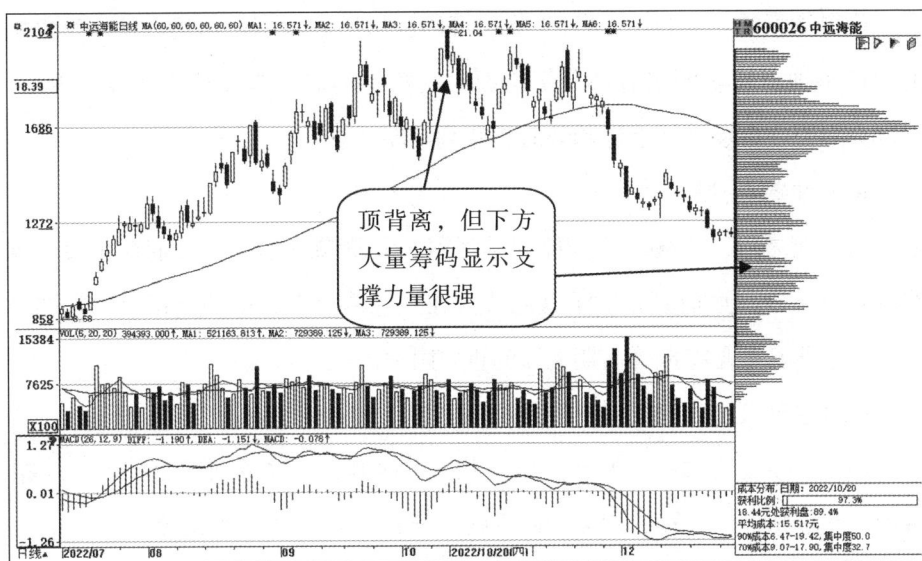

图 3-20　中远海能日 K 线 1

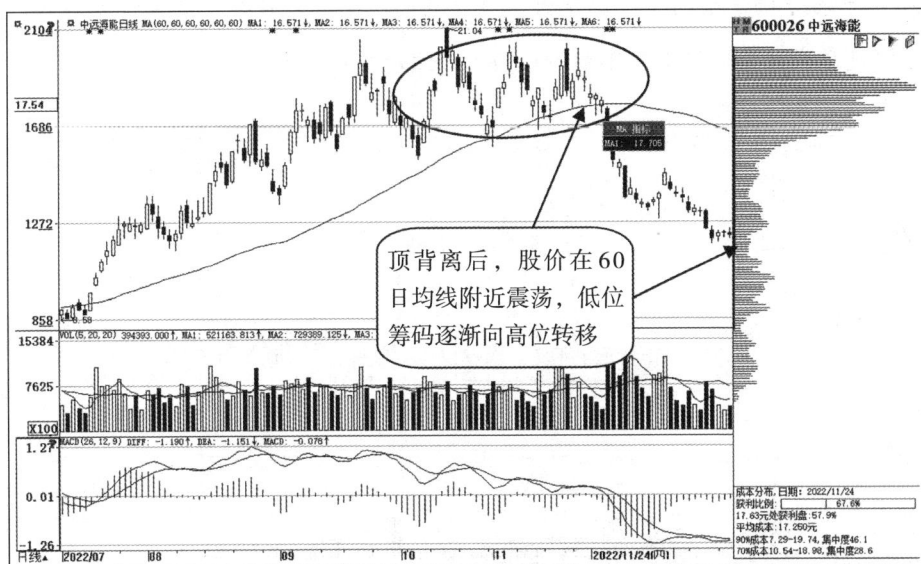

图 3-21　中远海能日 K 线 2

月，该股在 60 日均线上方不断震荡。在这个过程中，从 11 月 24 日的筹码分布图中可以清晰地看出，低位筹码逐渐向上转移，形成筹码的高位密集峰。

值得注意的是，11月24日，低位筹码虽然所剩不多，但仍以低位密集峰的形态呈现。它表明仍有部分筹码面对震荡不动摇，坚持持股待涨的策略。这部分筹码在市场处于上涨趋势时将获利丰厚。

可能性2：下跌走势。

顶背离之后，市场下跌动能非常强烈，股价顺利向下突破前期重要支撑线并持续下跌，形成真正的下跌趋势。在这种情况下，高位将留有大量的套牢盘，这些套牢盘将成为后期上涨的重要阻力。

面对这种可能，投资者要注意及时出场。

如图3-22、图3-23所示，2022年1月18日，上工申贝（600843）出现"DIFF线与股价顶背离＋死叉"的看跌信号，投资者要注意及时卖出持股。

之后该股股价跌破60日均线，并一直在60日均线下方运行。从2022年3月16日的筹码分布图中可以看出，该股筹码几乎全部被套，并且许多筹码处于深度套牢状态。这些套牢盘将成为日后上涨的重要阻力。

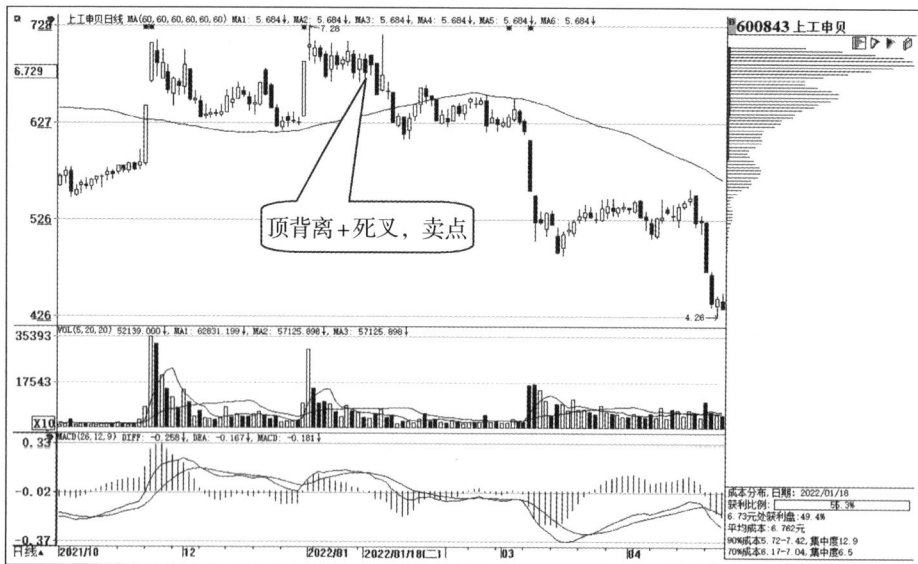

图3-22　上工申贝日K线1

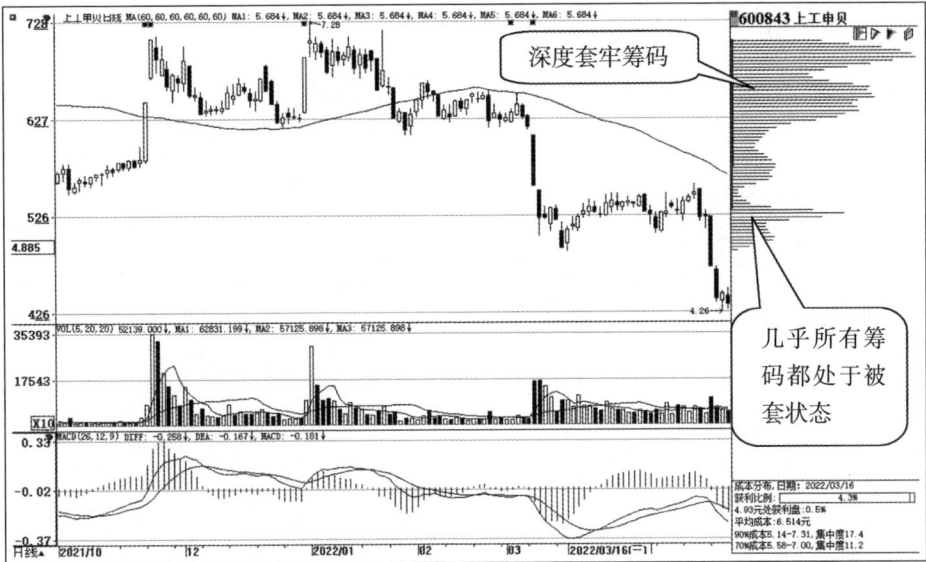

图 3-23　上工申贝日 K 线 2

第 4 章

——

从筹码分布图看趋势

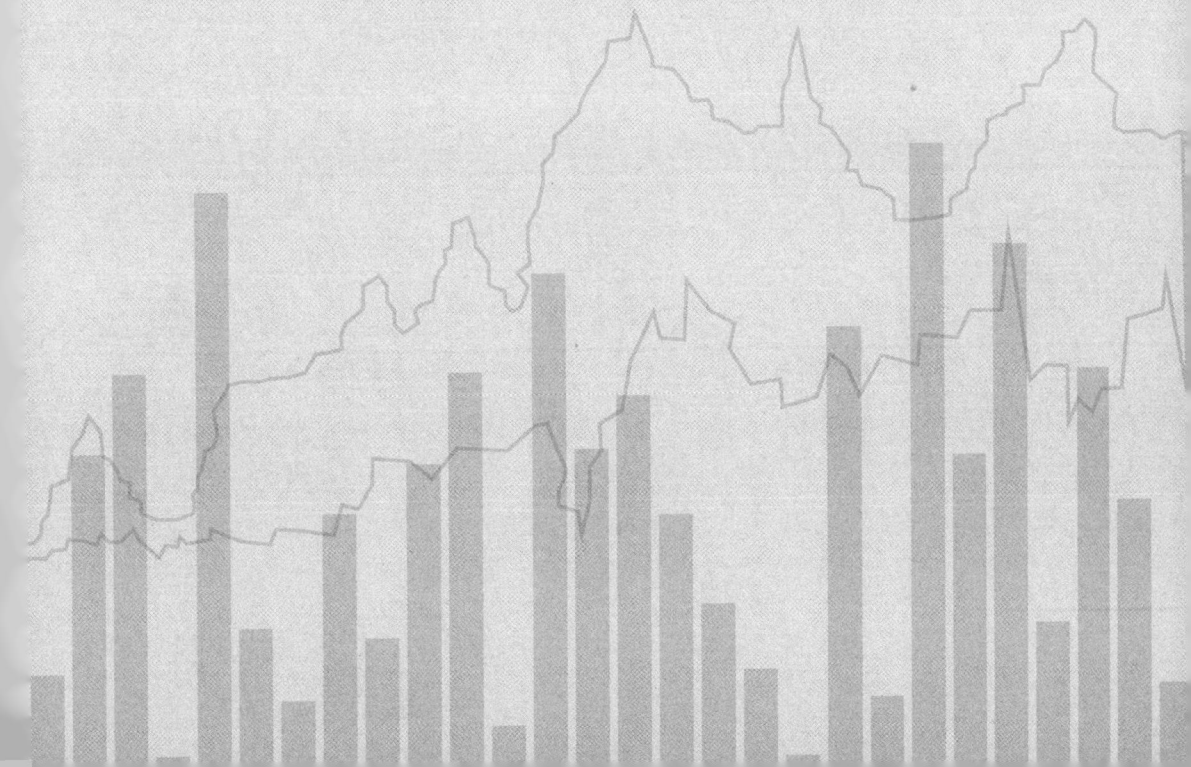

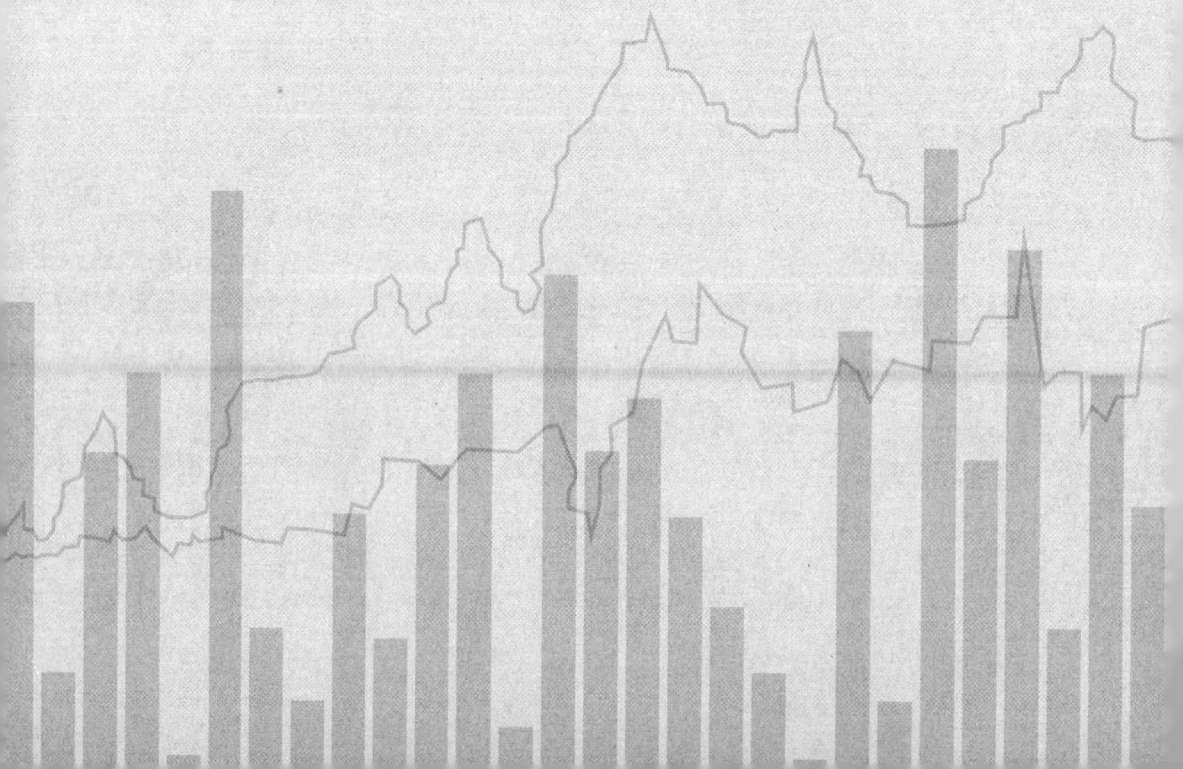

4.1　股票的运行趋势

4.1.1　趋势的分类

从不同的角度，趋势可以分为不同的种类。

第一，按照级别划分。

在道氏理论中，将趋势按照级别分为三种，分别是主要趋势、次级趋势和日间杂波。

主要趋势是股市整体向上或者向下的运动，也就是常说的牛市和熊市，其持续时间较长，可能会是几年。

次级趋势是针对主要趋势的重大回调走势。在牛市中，就是重要的回调下跌运动；在熊市中，就是重要的反弹上涨运动。这些反向的运动，通常持续数周到数月不等。

日间杂波，就是指股市的日间波动，通常是不重要的股价运动。

三种不同级别趋势的表现形式，如图4-1所示。

在图4-1的左侧，显示的是上证综指的主要趋势。在主要趋势中，包含着几个重要的调整走势，即次级趋势。图4-1的右上方，就是其中一个次级趋势的放大图。主要趋势与次级趋势中，又包含着许许多多的日间杂波。图4-1的右下方，就是一个日间杂波。

第二，按照方向划分。

按照方向，趋势可以分为上升趋势、下降趋势和水平趋势。

如果上升浪能够不断地创出新高，同时每波的低点总是高于上一波的低点，那么当前的趋势就是上升趋势。

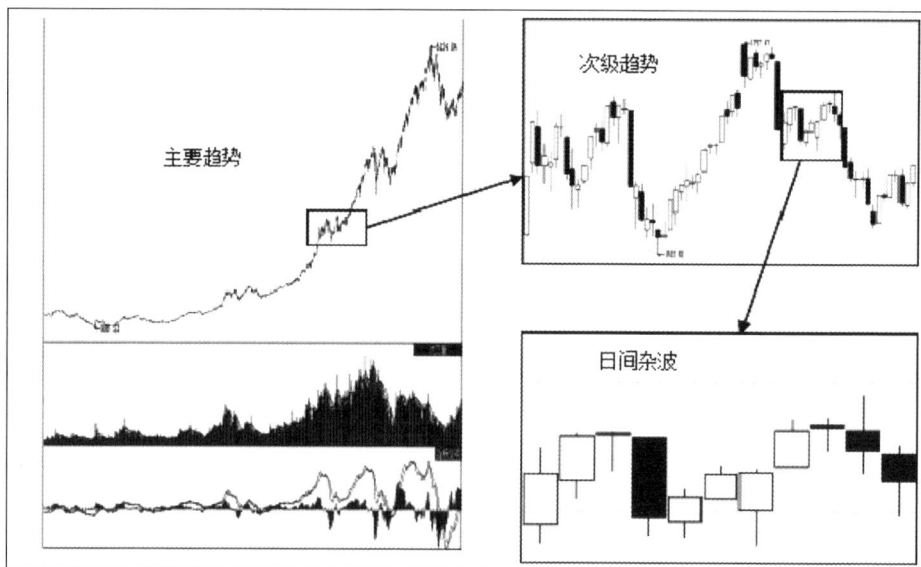

图 4-1　三种不同级别的趋势

　　如果上升浪无法超过前期的高点，随后下跌的低点却比前期低点低，那么当前趋势就是下降趋势。

　　如果上升浪的高点与前期高点基本相同，随后的下跌低点也与前期低点基本相同，那么当前趋势就是水平趋势。

　　这三种不同方向趋势的具体表现，如图4-2所示。

4.1.2　趋势和趋势线

　　在实战中，按照趋势运行方向的不同，趋势线可以分为上升趋势线和下降趋势线。

　　在上涨趋势中，连接两个或两个以上的波段低点得到一条线，并且使落在这条线上的低点尽可能地多，就得到上升趋势线，如图4-3所示。

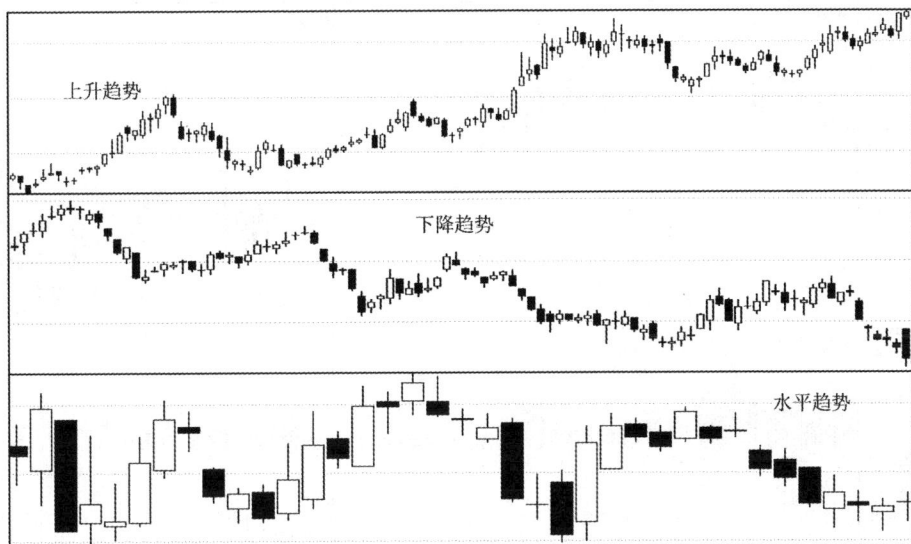

图 4-2　三种不同方向的趋势

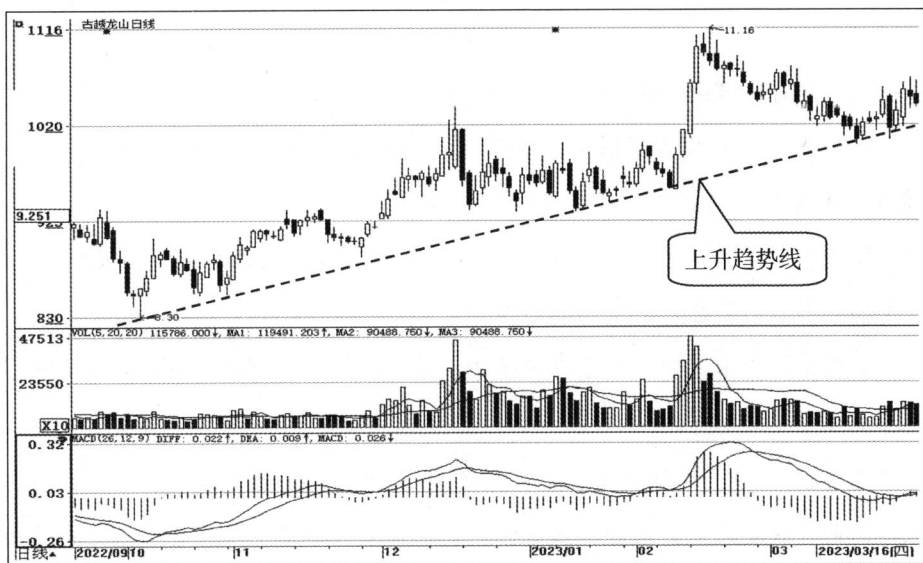

图 4-3　上升趋势线

　　在下跌趋势中，连接两个或两个以上的波段高点得到一条线，并使落在这条线上的高点尽可能地多，就得到下降趋势线，如图4-4所示。

图4-4　下降趋势线

投资者在画线时，需要注意以下两个方面。

第一，选择的高点或低点，应该在同一级别趋势中，而且是较为重要的高点或低点。

第二，趋势线的画法是否适当，有一个非常重要的判断标准，就是"落在上面的低点或者高点要尽可能地多"。

如图4-5所示，同一段上升趋势中，画出了两条趋势线。下方的趋势线，是根据第一个波段低点和第二个波段低点画出的，这一点并无错误。但是，落在下方趋势线上的低点太少，而落在上方趋势线上的低点则较多。因此，上方的趋势线要比下方的趋势线更能代表这段上升趋势。

4.1.3　趋势线的实战应用

在实战中，趋势线主要用来研判市场趋势。除此之外，投资者要注意它

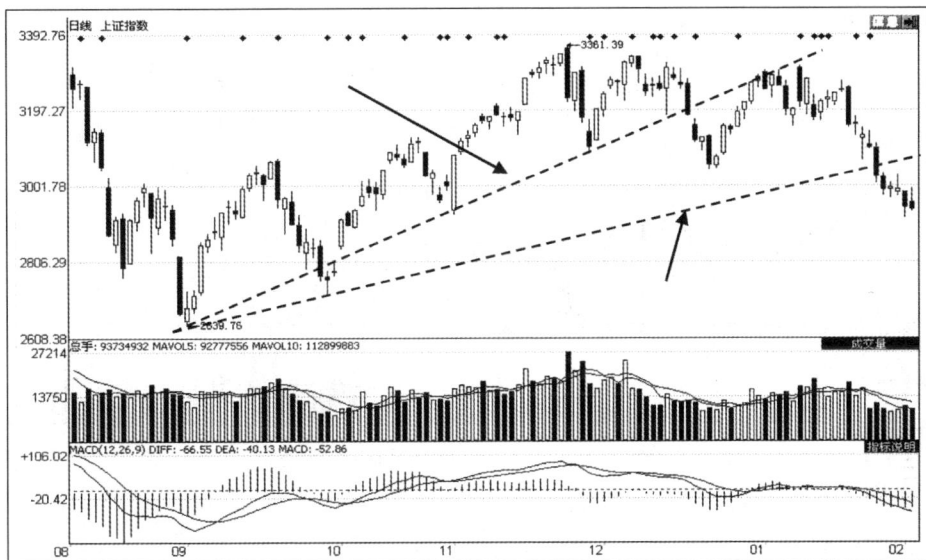

图 4-5　趋势线的正确画法

的另外两种用法。

1.支撑与阻力

上升趋势线对股价构成支撑作用，下降趋势线对股价具有阻力作用。

上升趋势形成后，将两个或两个以上的波段高点进行连线，可以得出上升趋势的上升阻力线。上升趋势线对股价起到支撑作用，而上升阻力线将对股价构成一定的压力。因此，在上升趋势中，股价实际上是在上升趋势线和上升阻力线所组成的一个不规则的通道内运行的。

同理，在下降趋势中，将两个或两个以上的波段低点进行连线，可以得出下降趋势的下降支撑线。下降趋势线对股价具有阻力作用，而下降支撑线对股价具有重要的支撑作用。因此，在下跌趋势中，股价实际上是在下降趋势线和下降支撑线中间的通道内运行。

如图 4-6 所示，2022 年 9 月下旬到 12 月中旬，益丰药房（603939）的股价在上升趋势线和上升阻力线所构成的楔形通道内运行。在此期间，股价多次受到上升趋势线的支撑作用和上升阻力线的阻力作用。

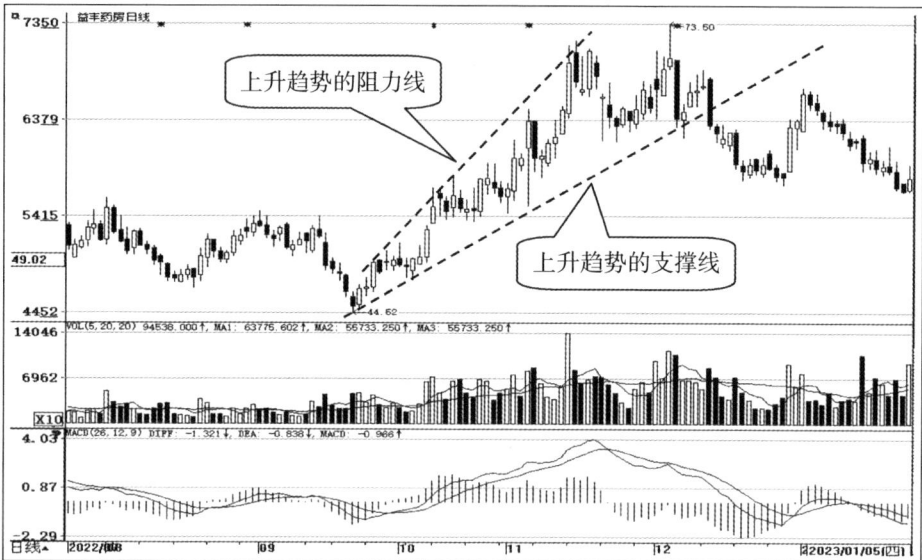

图4-6 上升趋势的支撑线和阻力线

如图4-7所示，2021年12月到2022年4月，长源东谷（603950）处于下跌趋势中。在这个过程中，股价一直处于下降趋势线和下降支撑线所构成的通道内。4月26日，股价加速下跌，走势跌破下降支撑线，表明市场下跌动

图4-7 下降趋势的支撑线和阻力线

能已是强弩之末。

2.支撑与阻力的相互转化

当股价向上突破阻力线之后,这条阻力线就会转变为支撑线;当股价跌破支撑线后,这条支撑线就会转变为阻力线。

如图4-8所示,这条下降趋势线曾经连续多次对长源东谷(603950)的股价构成阻力作用。当该股股价向上突破这条阻力线之后,该阻力线就转变为支撑线,在股价回调过程中对股价构成了重要支撑。

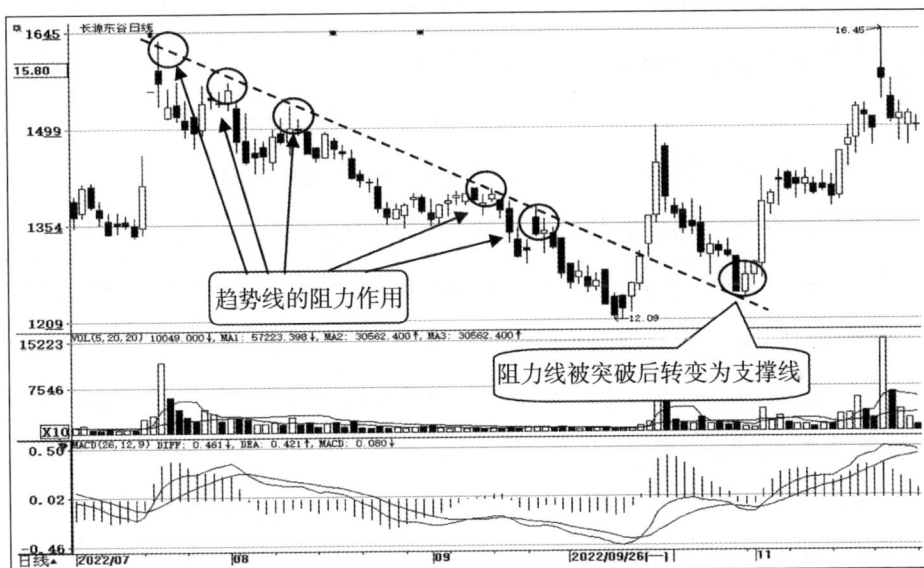

图4-8　支撑线与阻力线的相互转化

精讲提高

在把握趋势线时,投资者要注意以下两个方面。

1.趋势线的阻力作用越强,当它被突破后,其支撑作用也会越强。相反,趋势线的支撑作用越强,当它被突破后,其阻力作用也越强。

2.趋势线主要用来把握趋势,投资者要顺势而为。

4.2 趋势与筹码分布

4.2.1 筹码分布在趋势运行中的变动规律

伴随着趋势的运行，筹码分布也呈现出由发散到密集或由密集到发散的形态。下面以上涨趋势为例，具体加以说明。

1.上涨趋势初步形成时筹码分布的变动

在下跌趋势末期，股价再创新低，成交量极低。此时，高位筹码虽然被深度套牢，但它们并没有割肉出场，成为后期上涨的巨大阻力。

之后，在各种利好的刺激下，股价向上突破下降趋势线或60日均线，上涨趋势初步形成。此时，高位被套筹码将顺势抛出，股价随之回调，但会受到下降趋势线或60日均线（已经转变为支撑线）的支撑作用而再次向上。

就在股价回调的过程中，筹码在低位将形成密集峰。高位筹码的转移使上方阻力大大减轻，上涨趋势将彻底形成。

如图4-9、图4-10所示，2022年9月到2023年2月，甬金股份（603995）由下跌趋势反转为上涨趋势。

2022年10月31日，股价在下跌趋势中创出新低。此时，投资者从筹码分布图中可以看出，在高位仍然分布着大量的筹码，形成相对高位密集峰。它表明上方阻力仍然很强。

2023年1月11日股价突破60日均线，表明上涨趋势初步形成，之后该股在均线上方站稳。

2023年1月19日，从筹码分布图中可以看出，原先的高位筹码都已经转移到60日均线附近，并在此附近形成筹码低位密集峰。它表明一波上涨趋势即将启动。

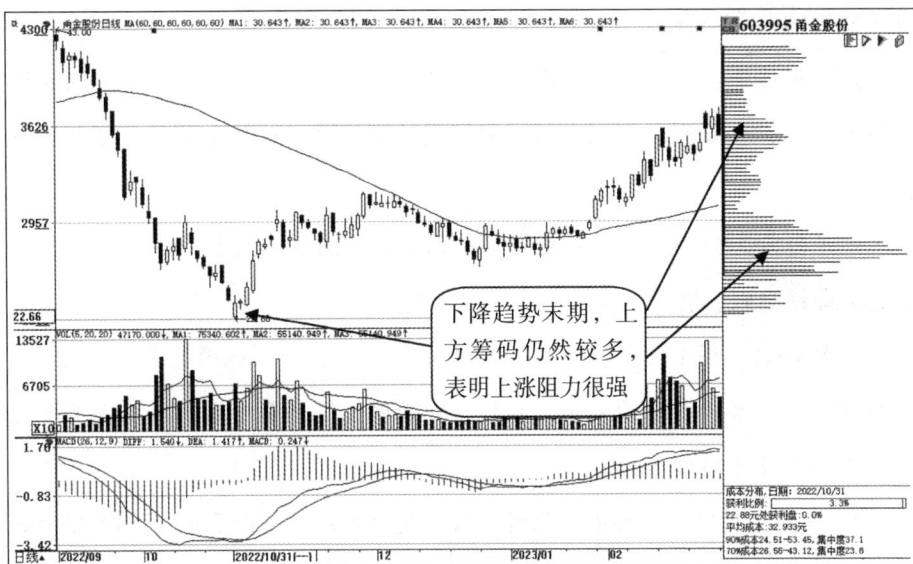

图 4-9　甬金股份日 K 线 1

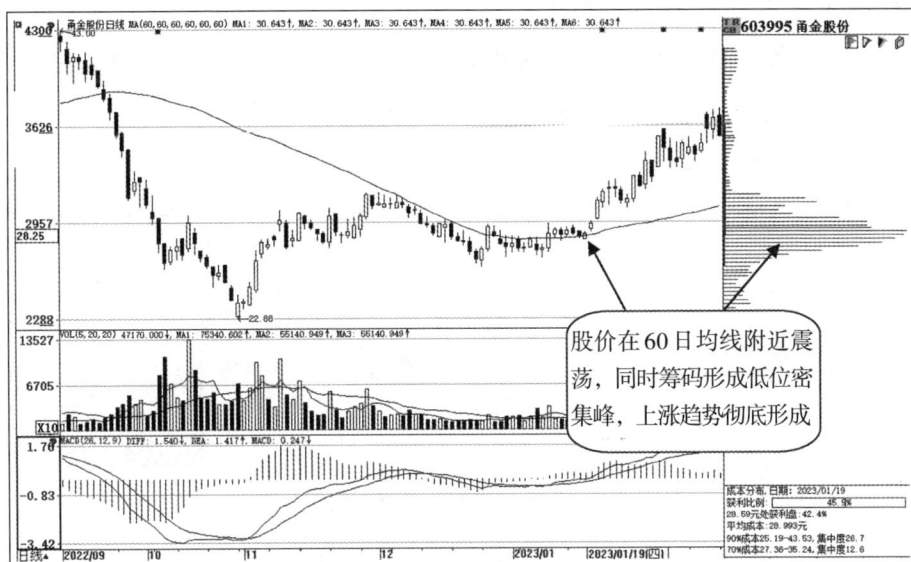

图 4-10　甬金股份日 K 线 2

2.上涨趋势持续中筹码分布的变动

上涨趋势彻底形成后，股价将沿着上升趋势线或 60 日均线持续上涨，中间或许有若干回调，但得到上升趋势线或 60 日均线的支撑作用后将再次上行，延续原来的上涨趋势。

这个过程中，低位筹码将逐步向上转移，但仍有相当一部分筹码面对涨势持股不动，在筹码分布图上显示为锁定的密集峰。这是上涨趋势要持续下去的标志。

而一旦筹码分布图中出现双峰填谷形态，投资者就要高度注意，这是上涨趋势即将结束、进入震荡走势的一个预兆。

如图4-11、图4-12、图4-13所示，2022年6月，联德股份（605060）在60日均线附近多次受阻后向上突破均线，表明上涨趋势初步形成。之后股价在60日均线上方持续上行。

7月1日，上涨趋势形成。此时，从筹码分布图中可以看出，筹码在60日均线附近形成相对低位密集峰，同时在上方还有不少筹码。它表明上方阻力虽仍存在，但力量已经非常弱小。

8月18日，股价在经过一波上涨后，一些低位筹码已经向上转移。同时，筹码形成双峰填谷形态，表明股价接下来可能会有一波回调。

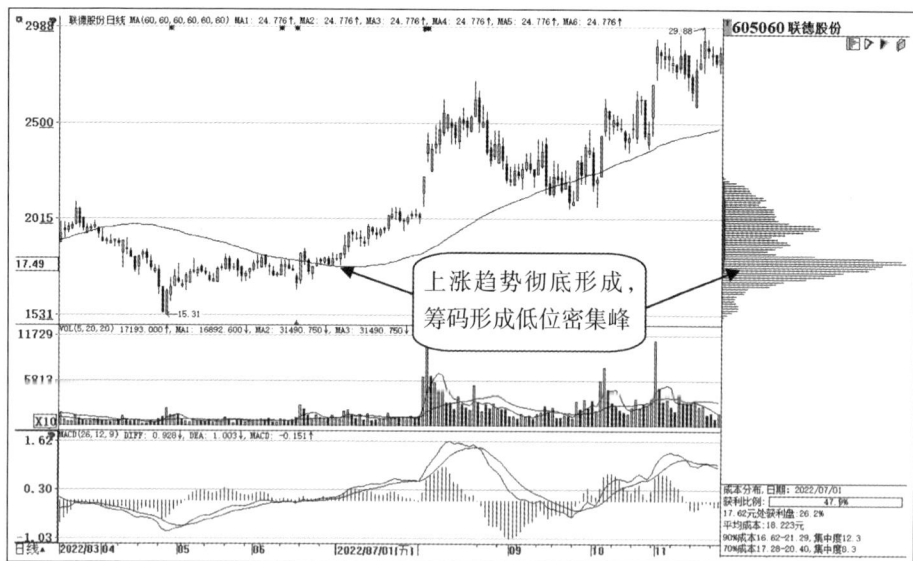

上涨趋势彻底形成，筹码形成低位密集峰

图4-11　联德股份日K线1

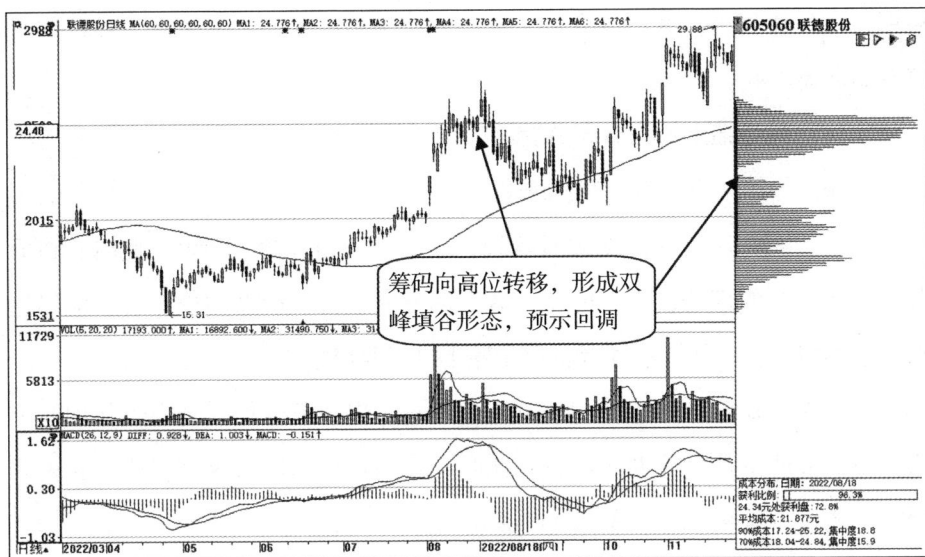

图 4-12　联德股份日 K 线 2

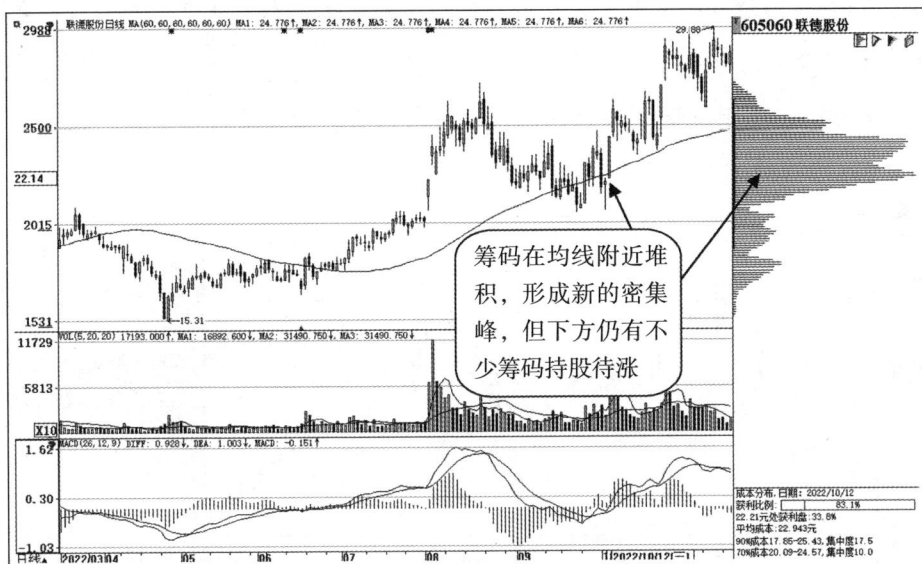

图 4-13　联德股份日 K 线 3

　　10 月 12 日，在经过近 2 个月的回调震荡之后，该股股价在 60 日均线附近再次上涨，K 线形成启明星形态。此时，从筹码分布图中可以看到筹码在均线附近堆积，形成一个新的密集峰，同时下方还有不少筹码在持股待涨。它表明上方阻力较小，且行情未尽，股价即将延续原来的上涨趋势，之后该股将再创新高。

3.上涨趋势结束筹码分布的变动

上涨趋势的结束，有两个标志。

股价跌破上升趋势线或60日均线，表明上涨趋势初步结束。此时，在低位仍有相当多的筹码，它们的持有者是部分前期持股待涨的投资者。但伴随着股价的回调，这部分投资者将逐步抛出以规避风险。

股价在上升趋势线或60日均线下方运行，向上反弹但受到阻力作用而再次向下，表明下跌趋势彻底形成。此时，筹码将在高位形成密集峰，它表明下跌动能较为强劲，股价接下来将形成明显的下跌趋势。

如图4-14、图4-15所示，2022年6月15日，和远气体（002971）再创新高，但其筹码分布图中形成双峰填谷形态，表明上涨动能正在逐步衰竭。之后，该股股价开始回调。

8月初，股价回调到60日均线附近再次向上，但无法再创新高，筹码开

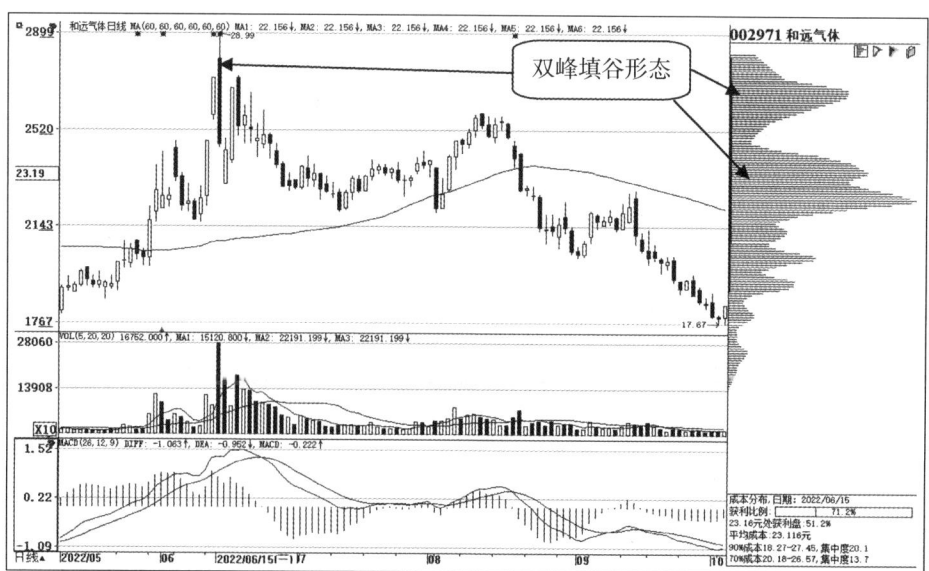

图4-14　和远气体日K线1

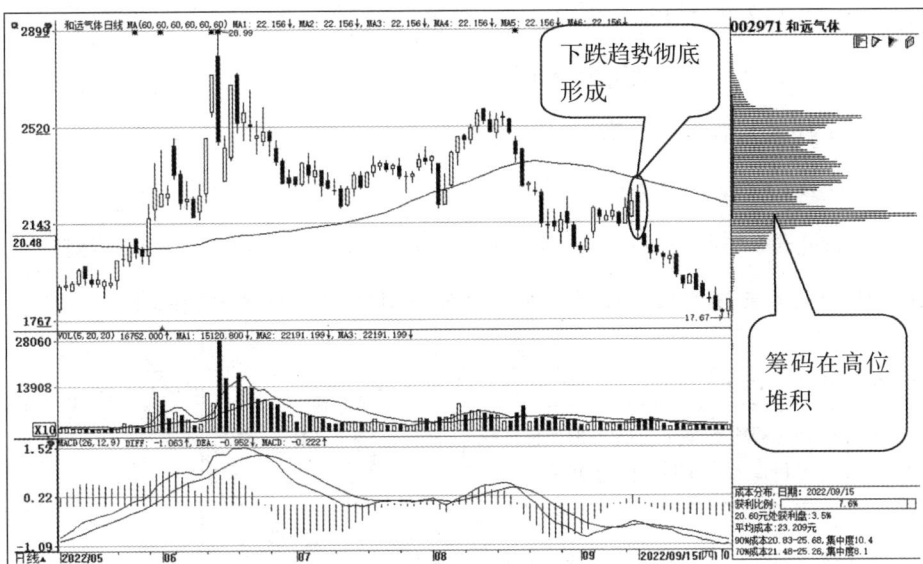

图4-15 和远气体日K线2

始向高位转移。8月19日，股价跌破60日均线，表明下跌趋势初步形成。9月中旬，股价反弹到60日均线附近受阻形成经典的K线看跌吞没形态，确认下跌趋势彻底形成。

对比6月15日和9月15日的筹码分布图，投资者可以看出，在下跌趋势彻底形成时，筹码分布形成明显的高位密集峰。它表明大量筹码被套，上方压力重重，接下来该股股价将再创新低。

4.2.2 趋势的支撑买点和阻力卖点

一般来说，当上涨趋势彻底形成之后，股价将在上升趋势线和上升阻力线之间运行。之后，当股价回调到上升趋势线附近，因受到上升趋势线的支撑作用而再次向上时，表明市场将延续原来的上涨趋势，支撑买点出现。

支撑买点出现的前后，如果上方筹码较少，且MACD指标也出现相应的看涨信号，那么股价延续上涨趋势的概率将大大增加。此时，MACD指标常见的看涨信号有以下3种：

（1）MACD指标零轴附近金叉。

（2）柱线与股价底背离。

（3）DIFF线与股价底背离。

如图4-16所示，2022年5月到7月，永安林业（000663）在上涨趋势中，上升趋势线的支撑作用，得到了筹码分布和MACD指标的紧密配合。

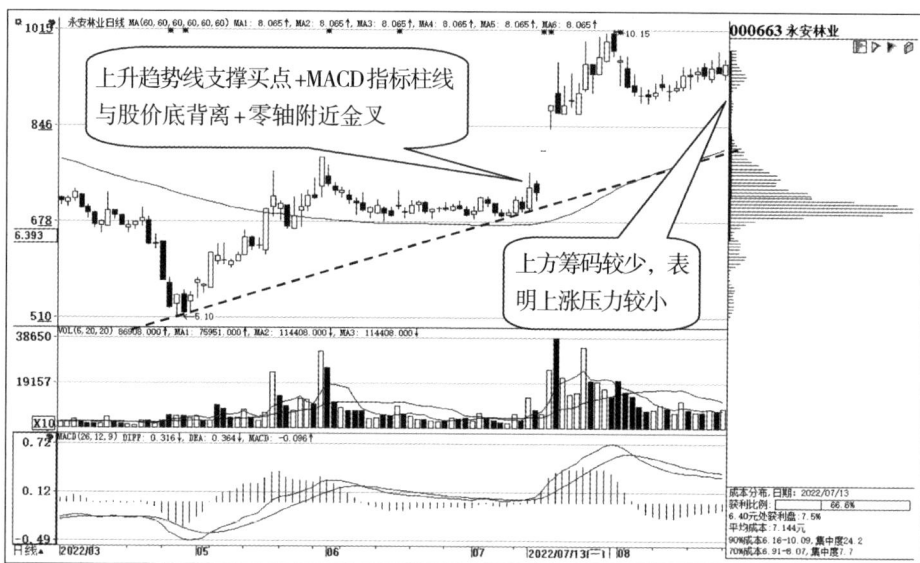

图4-16　永安林业日K线

2022年6月初，股价冲高回调，但并没有创出新低，股价在60日均线附近受到明显的支撑，同时DIFF线回调到零轴附近也得到强力支撑，而且MACD指标柱线与股价形成底背离形态。它表明上涨趋势依然强劲。

7月中旬，股价在上升趋势线附近受到支撑，再次向上，支撑买点出现。7月13日，筹码分布图显示上方筹码压力较小，同时MACD指标出现"柱线与股价底背离＋零轴附近金叉"的强烈看涨信号，印证了支撑买点的可靠性。投资者可以积极买入。

同理，当下跌趋势形成后，股价将在下降趋势线和下降支撑线之间运行。

之后，当股价反弹到下降趋势线附近，受到该线的阻力作用而再次向下时，表明市场将延续原来的下降趋势，阻力卖点出现。

阻力卖点出现的前后，如果筹码分布图中显示套牢筹码众多，同时MACD指标也出现相应的看跌信号，那么股价延续下降趋势的概率将大大增加。此时，MACD指标常见的看跌信号有以下3种：

（1）MACD指标零轴附近死叉。

（2）柱线与股价顶背离。

（3）DIFF线与股价顶背离。

如图4-17所示，2023年2月8日，已经处于下跌趋势中的鸿远电子（603267）股价反弹到60日均线附近，受到阻力后再次向下，阻力卖点出现。同时筹码分布图中显示上方阻力很强，MACD指标也出现"柱线与股价顶背离＋死叉"的看跌信号，更增加了阻力卖点的可靠性。投资者要注意及时卖出持股。

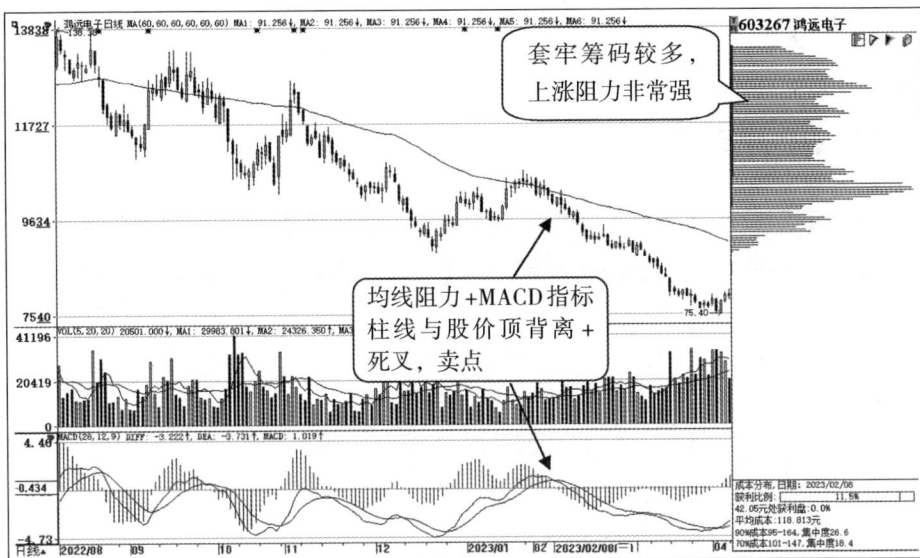

图4-17 鸿远电子日K线

如图4-18所示，2022年1月至4月，广州发展（600098）的股价一直处于下跌趋势中。这个过程中，投资者将下降趋势线和筹码分布、MACD指标相结合，可以把握多个卖出时机。

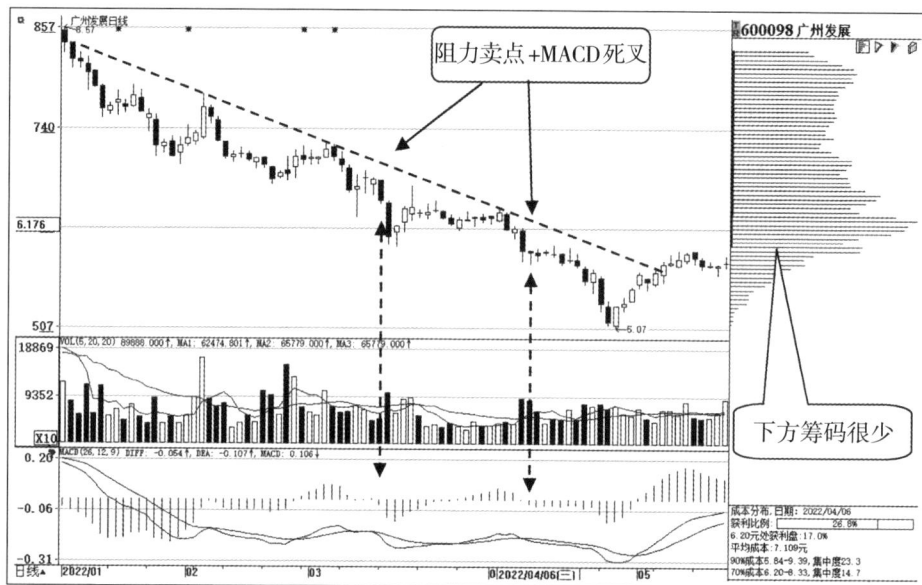

图4-18　广州发展日K线

![精讲提高]

在把握趋势线的支撑买点和阻力卖点时，MACD指标的辅助信号虽然准确，但出现时间较晚。为解决这个问题，投资者可以参考股价K线组合形态，以获得较为准确的买卖点。

第 5 章

筹码分布与波浪理论

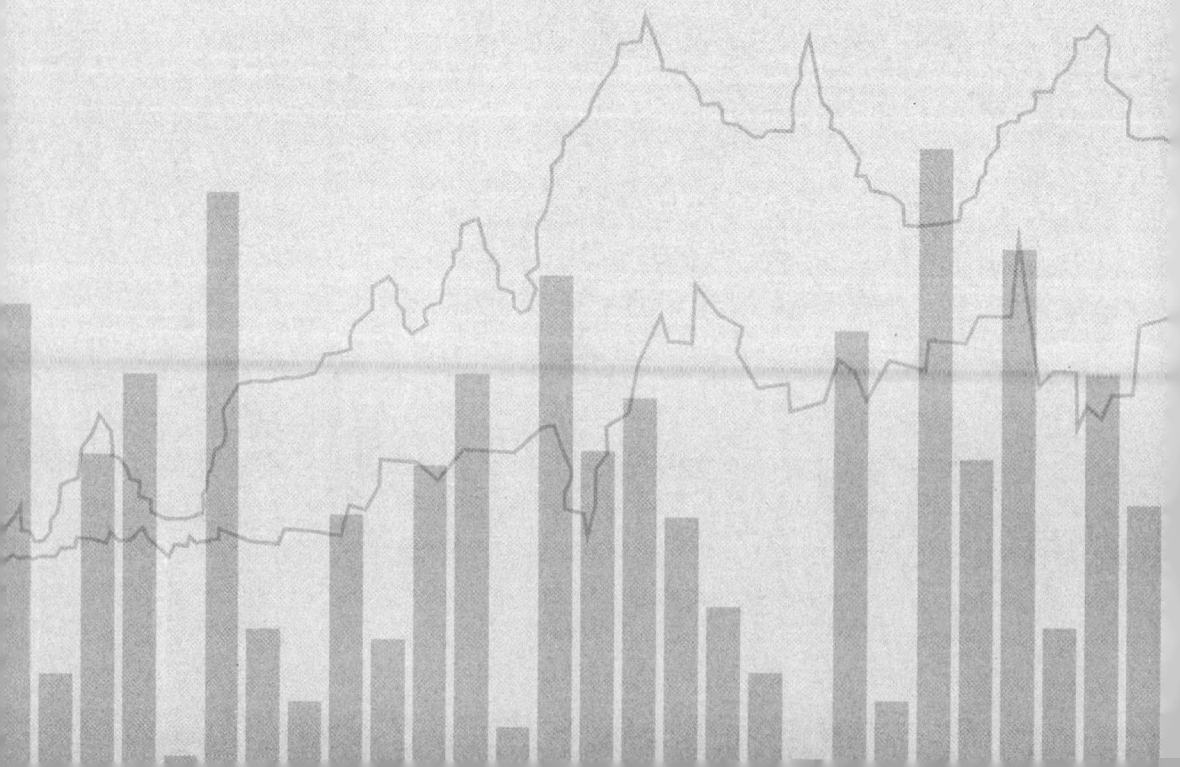

5.1　波浪理论

5.1.1　什么是波浪理论

波浪理论是由美国分析师艾略特提出的一种技术分析理论。艾略特在长期的市场观察中发现，价格运动存在着一些不断重复出现的模式，他将这些模式称为"波浪"，并由此创造出著名的股市分析理论——波浪理论。

波浪理论认为，市场的运行是以一种周期性波动来进行的，一个周期性波动之中有两种波浪：推动浪和调整浪。

所谓推动浪是指顺着趋势的波浪，而调整浪则是指逆着趋势的波浪。

推动浪可细分为 5 个子浪，而调整浪可细分为 3 个子浪。在推动浪的 5 个子浪中，有 3 个是顺着趋势的子浪，剩下 2 个是逆着趋势的子浪；在调整浪的 3 个子浪中，有 2 个是逆着趋势的子浪，有 1 个是顺着趋势的子浪。也就是说，在股价周期性波动中，既有顺势的波浪，也有逆势的波浪，互相交替。

如图 5-1 所示，推动浪为 5 浪结构，分别称为 1 浪、2 浪、3 浪、4 浪和 5 浪；调整浪为 3 浪结构，分别为 A 浪、B 浪和 C 浪。

在把握该理论时，投资者尤其要注意以下 4 个方面。

第一，两个假设。

波浪理论对金融市场的理解是相当大胆的，艾略特认为，价格的运行存在一个基本的结构，任何市场走势都可以用这个结构来进行唯一的分解。这是一个十分重要的假设。

对于这个基本的结构，艾略特认为，不管是从时间上还是空间上，都

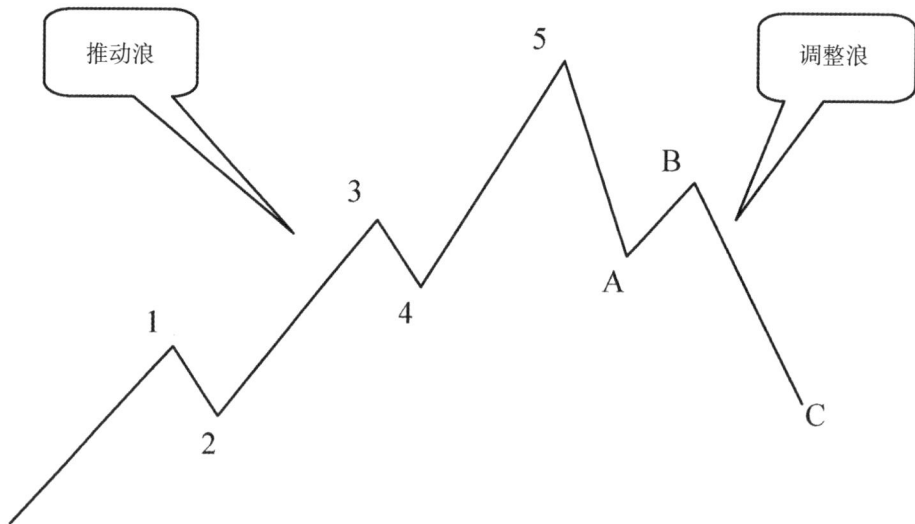

图5-1　波浪结构

符合斐波那契数列（1，1，2，3，5，8，13，21，34，55，…）或黄金分割位（0.618、0.382、1.618等）的自然规律，这是波浪理论的第二个重要假设。

在实际中，斐波那契数列显示出了较高的精准度。

图5-2是上证综指从325.89点到2245.42点的牛市月K线图。这段大牛市，可以清晰地划分为5浪结构。这5浪的空间结构中，有很多地方符合波浪理论中黄金分割率的比例关系。

例如，从起点325点开始计算，1浪的高度为1052-325=727点。那么从起点325点开始，加上1浪高度的1.618倍，即727×1.618+325≈1501点，与3浪实际高点1510点非常接近。同样从起点325点开始，加上1浪高度的2.618倍，即727×2.618+325≈2228点，与5浪实际高点2245点非常接近。

在图5-2中，同样可以找到波浪理论中的时间周期规律。例如，3浪结束于1997年5月，距离牛市325点的启动时间1994年7月正好34个月，而整个4浪的运行时间是21个月。

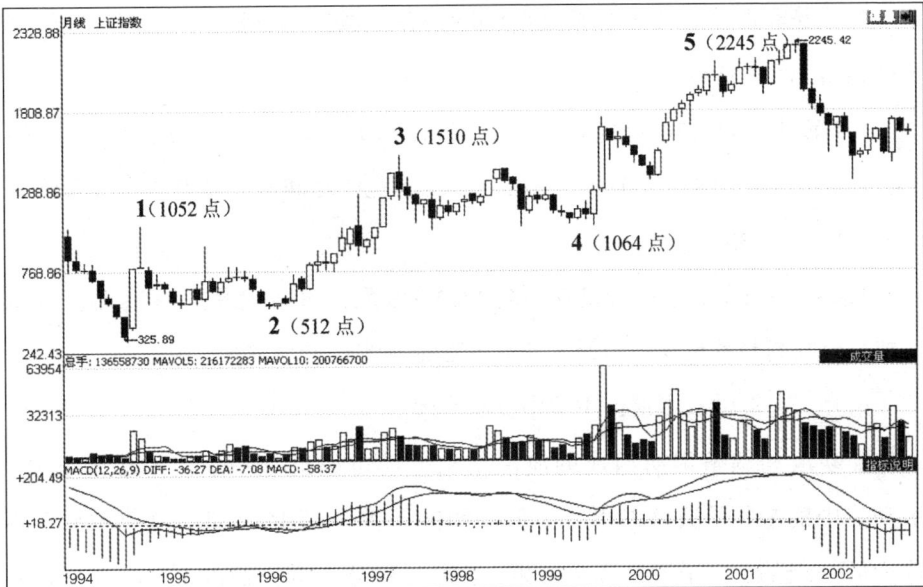

图 5-2　上证综指月 K 线（325—2245 点）

如图 5-3 所示，2022 年 4 月到 8 月，百合花（603823）在经过一波上涨走势之后开始不断地回调震荡。此时，基于波浪理论基本可以判断出，前期的

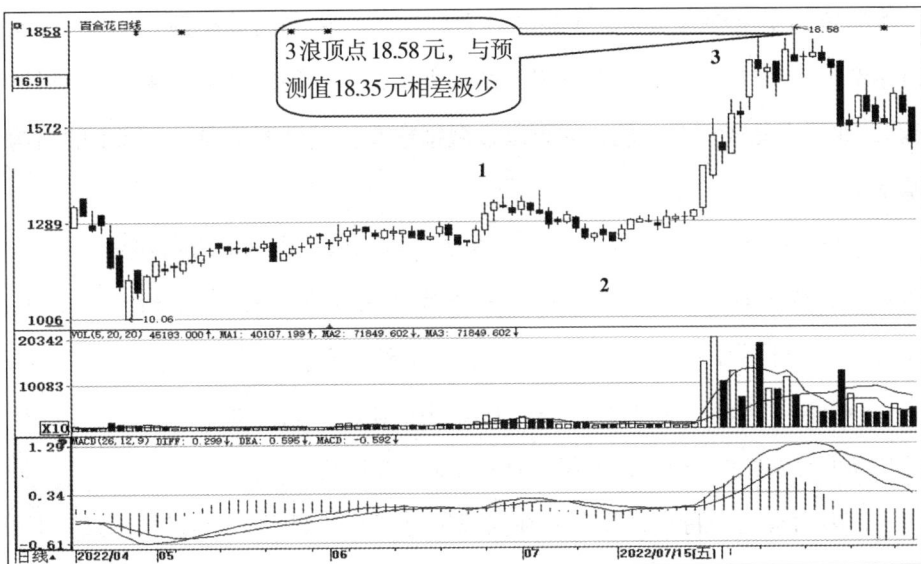

图 5-3　百合花日 K 线 1

第一波涨势和调整，是波浪理论的1浪和2浪。接下来投资者可以利用波浪理论来预测3浪的涨幅。

1浪的涨幅为3.76元（10.06元至13.82元），根据波浪理论，3浪的涨幅至少为3.76×1.618≈6.08元。从2浪低点12.27元算起，估计3浪的点位为6.08+12.27=18.35元。

3浪从2022年7月15日发动，到2022年8月12日达到最高18.58元，与波浪理论的预测相差极少。由此可见波浪理论预测的精准程度。

第二，大浪中有中浪，中浪中又有小浪。

推动浪和调整浪所组成的波浪结构，还可以继续一层层地建构下去。推动浪中的5个子浪可以再分为低一级的子浪，其中，1浪、3浪和5浪可分为低一级的5个子浪，而2浪和4浪则可以分为低一级的a、b、c 3个子浪。至于调整浪的3个子浪，A浪和C浪可细分为5个低一级的子浪，而B浪可以分为低一级的3个子浪。因此，波浪的结构，实际上可以无穷地建构下去。

第三，波浪的层层叠叠。

波浪的层层叠叠是指，无论是在月线图上、周线图上还是15分钟图上，市场都以5个推动浪和3个调整浪的结构来运行。这种结构又被称为"分形结构"，如同水晶或雪花一般，如果以显微镜察看，其微型结构与常态下的结构基本是一样的。

如图5-4所示，2020年11月至2022年7月，特变电工（600089）的周K线中，股价出现一波大牛市行情，符合波浪理论推动浪的5浪结构。其中，2021年4月到2021年9月，股价处于3浪，涨幅巨大。

如图5-5所示，2021年4月14日至9月7日，在日线图中，投资者可以对周K线中的3浪进行分解，也符合推动浪的5浪结构。

正因为有这个特点，投资者在实战中寻找具体买卖点的时候，可以利用波浪理论不断地在低级别中进行走势的分解，以找到准确的时机。

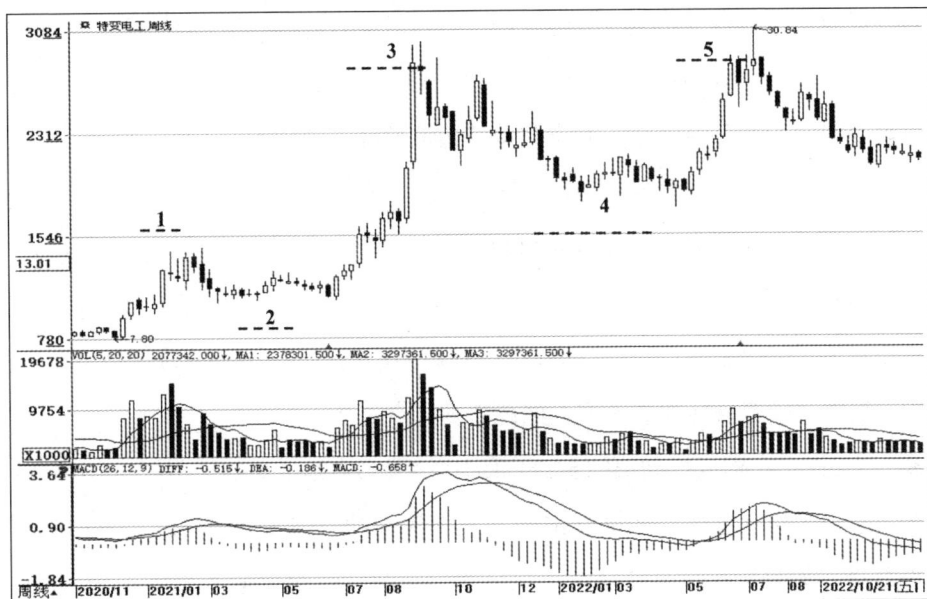

图 5-4　特变电工周 K 线

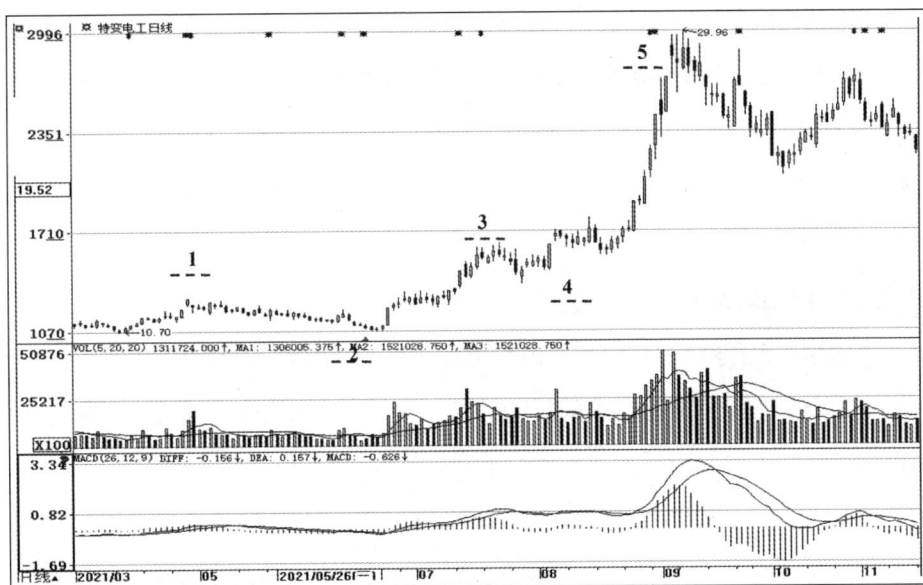

图 5-5　特变电工日 K 线

第四，数浪原则。

波浪理论的主流趋势以 5 个浪的结构运行，而反趋势则以 3 个浪的结构运行，投资者按照这个结构来分解趋势，应该得出相同或相似的结论。但在实战中，这种"5升3降"的结构却可以有多种分解方法。在长期的实践中，波浪理论的使用者总结出几条大家公认的数浪原则。

严格来说，数浪原则有以下4条。

原则1：2浪不应低于1浪的起始点。

2浪不应低于1浪的起始点，即当一个上涨趋势成立的时候，浪底将一浪高于一浪。如果2浪低于1浪的起点，则说明市场仍处于下跌趋势中，利用这个原则能够较容易地找到一波上涨趋势的起点。

原则2：在构成推动浪的5个子浪中，3浪不会是最短的。

原则2的意思是，在推动浪中，有1浪、3浪、5浪3个与趋势方向相同的力量，如果1浪的力量最大，长度最长，则3浪的力量和长度次之，5浪力量最弱，长度最短；如果1浪开始时力量最弱，长度最短，则3浪较长，而5浪力量最强，长度最长，此时甚至有可能出现"延伸5浪"；如果1浪开始时力量一般，则3浪最强、最长，而5浪的力量和长度则与1浪相差不多。

原则3：在推动浪的5个子浪中，4浪和2浪不会重叠。

2浪与4浪不会重叠的原则，反映出3浪的动能不会是最弱的。既然3浪不会是最弱、最短的，2浪与4浪重叠的概率将非常低，即4浪的最低点不可能低于1浪的最高点。

原则4：2浪和4浪是以不同的形态出现的，这被称为交替原则。

2浪和4浪同为推动浪中的反趋势浪，在这一原则下，它们将有以下3种运行方式。

第一，如果2浪调整时间较长，则4浪调整时间将会较短，反之亦然。

第二，如果2浪调整的形态复杂，则4浪调整的形态将会较为简单，反之亦然。

第三，如果2浪调整的价位幅度较大，则4浪调整的价位幅度将会较小，反之亦然。

如图5-6所示，2021年10月至2022年4月，云南旅游（002059）的股价先是出现一波上涨趋势，之后反转向下。投资者可以用波浪理论对其进行分解。

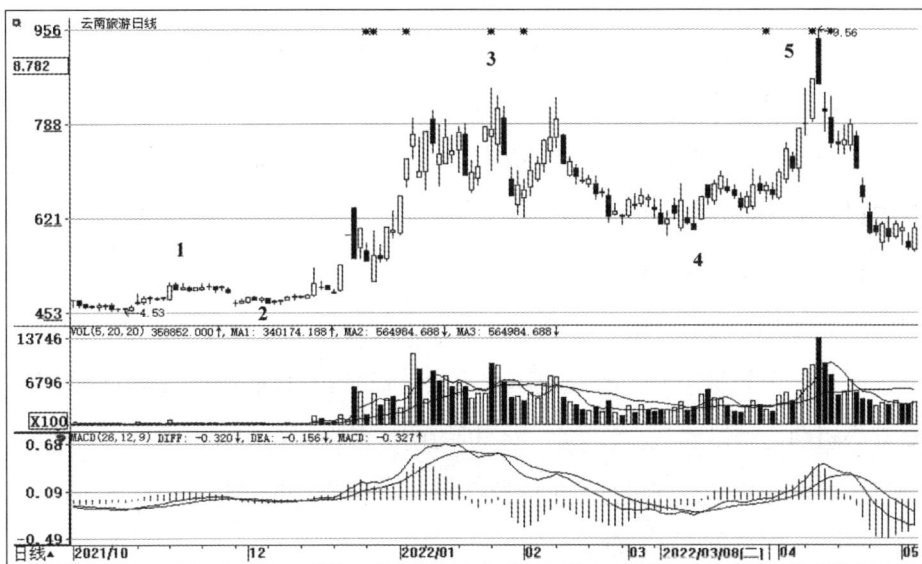

图5-6 云南旅游日K线

2021年11月4日至16日为1浪，此时成交量较低，上涨动能仍然较弱，所以1浪的涨幅不大。之后的回调为2浪，股价没有创新低，表明上涨趋势基本形成。

2021年12月29日到2022年1月24日为3浪，成交量大幅放大，上涨动能很强，涨幅最大。之后的大幅回调为4浪，尽管其跌幅较大，但没有跌破1浪的高点。

2022年3月9日至4月12日为5浪，成交量再次放大，上涨动能较强。

在该股推动浪中，3浪最长，符合"3浪不会是最短的"的数浪原则；4浪没有跌破1浪的高点，符合"4浪和2浪不会重叠"的原则，同时2浪简单，4浪则较为复杂，也符合交替原则。

5.1.2　5浪推动和3浪调整

在市场以"5个推动浪+3个调整浪"的结构不断运行的过程中，波浪的每一浪在市场情绪、市场动能、成交量等方面会表现出不同的特性。

1.推动浪中的1浪

推动浪中的1浪是一波上涨趋势的起点，也是之前下跌趋势的终结点，它具有以下3个重要的特点。

第一，市场动能较弱。

当1浪刚出现的时候，市场动能较弱，成交量虽略有放大但总体仍然较低，股价一般缓缓上涨，涨幅也不会太大。而且经过前期的下跌，市场对这波涨势短期内难以确认，许多技术分析的信奉者仍在观望。但在这段时间内，市场投资价值凸显，许多长线价值投资者已经不断入市买入。

第二，悲观的市场情绪。

在1浪出现的过程中，市场情绪仍然维持着熊市时的悲观，大众对市场的利好消息充耳不闻，而对利空消息反应灵敏。面对1浪的不断上涨，许多人仍然判断市场处于下跌趋势中，而这波上涨只不过是一次小小的反弹而已。

第三，股价一般突破重要阻力位。

1浪的出现和确定，预示着上涨趋势的形成，其中一个重要的标志是，股价突破前期重要阻力位。这些阻力位的形式可以有多种，但差别并不是很大，常见的几种有：前期高点连线、60日均线、30日均线、黄金分割线、江恩角度线、下降趋势线等。

股价一旦突破重要阻力线并在上方站稳，基本就可以确定1浪已经形成。

如图5-7所示，2022年4月底至6月初，长川科技（300604）股价由原来的下跌走势转为上涨走势。5月17日，股价向上突破60日均线并在上方站稳，基本可以判断这波涨势即为推动浪的 1 浪。

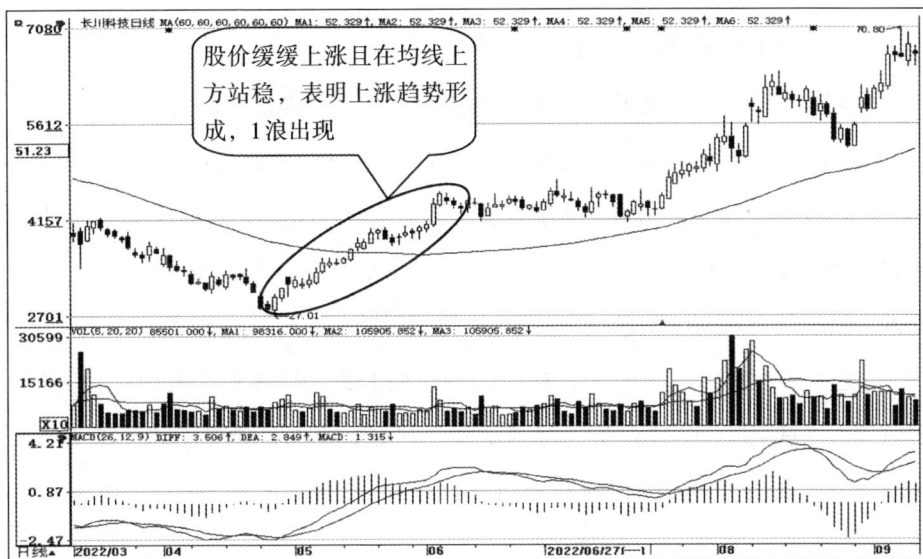

图 5-7　长川科技日 K 线 1

2. 推动浪中的 2 浪

2 浪是推动浪中的反趋势浪，是趋势反弹后的第一次回调，以测试市场真正的底部。许多技术分析者都以 2 浪是否能够破底（如果破底，就不能称为 2 浪了）判断上涨趋势能否真正出现。2 浪一般有以下 4 个特征。

第一，下跌动能一时占优。

经历了 1 浪的持续上涨之后，在底部建仓的部分投资者有了获利了结的冲动，同时前期被套牢的投资者也出现了"总算可以解套了"的卖出冲动，再加上一些继续看空者趁机卖出，市场下跌动能开始增加，并一时占据优势。

在这种背景下，股价开始回调，但长线投资者继续买入，股价无法再创新低，同时成交量逐渐萎缩。因此，在这个过程中，市场情绪分歧较大，有人看多但更多人看空，双方谁也不能占据绝对优势。

第二，股价回调一般得到支撑线支撑。

2 浪出现的过程中，股价会回调，但一般会得到支撑线的支撑而无法再创新低，该支撑线由前期重要阻力线转化而来，常见的有前期高点、60日均线、30日均线、黄金分割线等。

第三，股价回调幅度一般较大。

2浪刚出现时，市场因为久处下跌趋势中，下跌动能仍有相当的实力，所以股价的回调幅度一般较大，达到1浪涨幅的0.618倍处或0.5倍处。

如图5-8所示，2021年5月底，厦门钨业（600549）的股价在经过一波下跌趋势之后反弹向上，并突破60日均线，表明上涨趋势已经初步形成，1浪出现。

6月7日，股价冲高回落，表明推动浪的1浪已经结束。之后股价回调，并在1浪涨幅的0.618倍处附近得到支撑，同时K线形成孕育形态，表明2浪即将结束。之后股价出现一波较大的涨势。

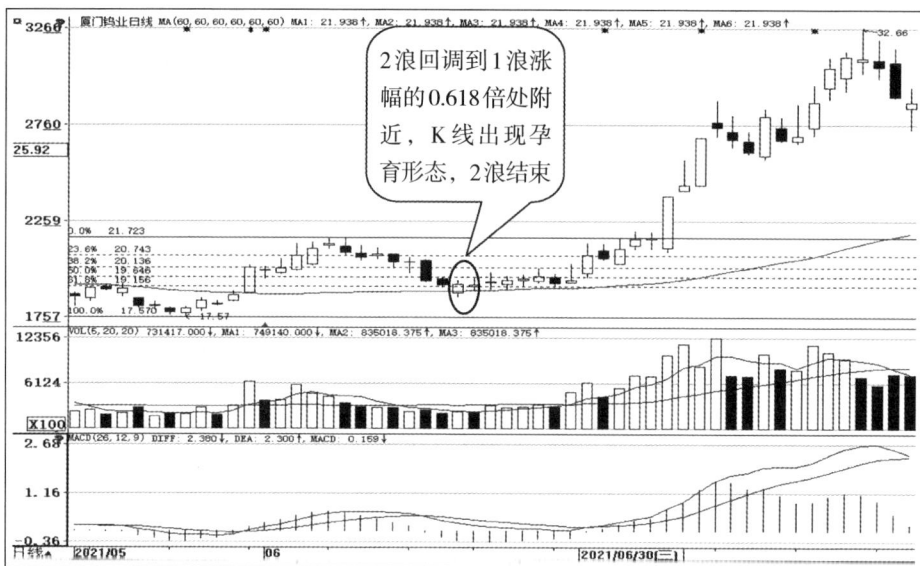

图5-8　厦门钨业日K线

第四，2浪回调有时会形成三角形、矩形、楔形等持续整理形态。

2浪的回调，有时候幅度会比较小，且持续时间较久，以一种震荡的形式来运行。这种震荡形式常表现为三角形、矩形、楔形等持续整理形态，它预示着一种更强的上涨动能产生。

如图 5-9 所示，仍以长川科技（300604）为例，在推动浪中的 1 浪出现后，从 6 月初到 7 月下旬，股价回调形成推动浪中的 2 浪，它以矩形形态持续震荡。2022 年 7 月 21 日，股价向上突破矩形上边线，2 浪调整彻底结束。

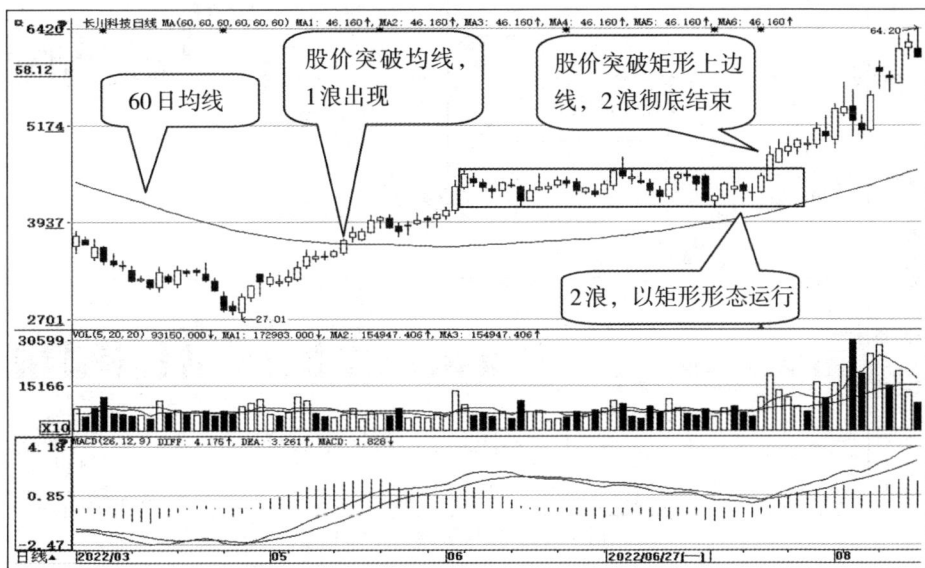

图 5-9　长川科技日 K 线 2

3.推动浪中的 3 浪

推动浪中的 3 浪是上涨趋势中最吸引人的一波走势，其涨幅令前期建仓的投资者获利巨大。具体说来，该浪一般具有如下 4 个特点。

第一，上涨动能最强。

在经过 2 浪调整之后，空方动能被消耗殆尽，市场无法再创新低，表明上涨趋势已经彻底形成。在 1 浪中看多买入的投资者大受鼓舞，将继续加仓，同时许多道氏理论的信徒因看到上涨趋势彻底形成也纷纷入市，市场上涨动能突然大幅增加。

在这种背景下，3 浪将出现一波涨幅较大的放量上涨走势，甚至以连续涨停的形式呈现。

如图5-10所示，2022年5月底至6月底，金辰股份（603396）在经过2浪
的调整震荡之后，出现推动浪中的3浪。该浪在19个交易日的时间内，涨幅
达到101.3%，其间出现4个涨停板。

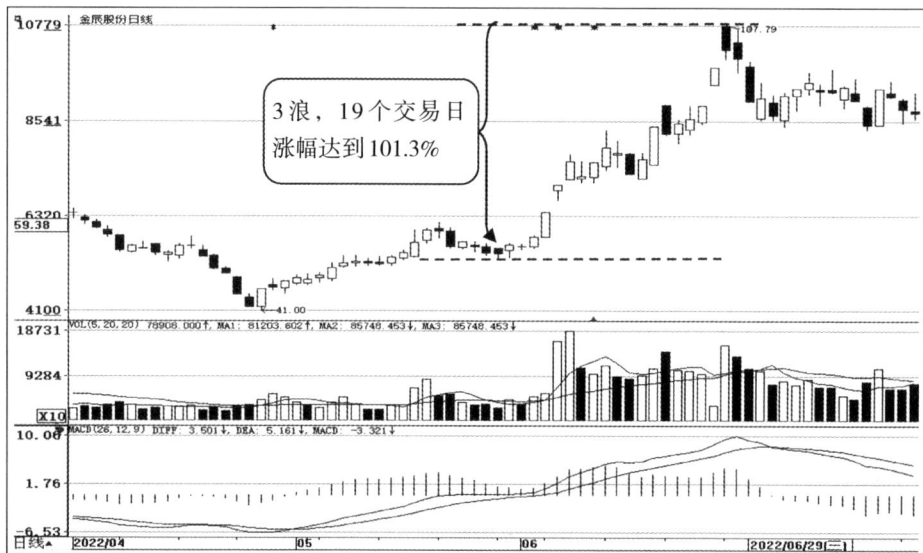

图5-10　金辰股份日K线1

第二，突破前期重要阻力位。

3浪出现时，股价一般会突破前期重要阻力位，这是2浪调整彻底结束的
重要标志，也是一个常见的买点。这些重要阻力位包括前期震荡高点、持续
整理形态的上边线等。

3浪的出现有时候会比较突然，往往出现若干放量缺口，这是股价即将大
涨的标志，投资者要注意及时把握。

第三，极为乐观的市场情绪。

在3浪出现的过程中，市场利好消息不断涌现。同时，市场情绪与1浪
和2浪相比，出现180度的大转弯，由心存犹疑到勇者无惧，由较为悲观
变为极为乐观。众多在2浪中没有入场的投资者将懊悔万分，一心等待股
价的回调买入，但往往等不到这一天，直到忍受不了而在高位追货为止。

第四，3 浪涨幅。

一般来说，3 浪的涨幅至少要达到 1 浪涨幅的 1.618 倍。短线投资者可以由此测算 3 浪的顶，进而及时逃顶。

如图 5-11 所示，仍以金辰股份（603396）为例，2022 年 4 月底至 8 月初的走势，可以用推动浪的 5 浪结构予以分解。

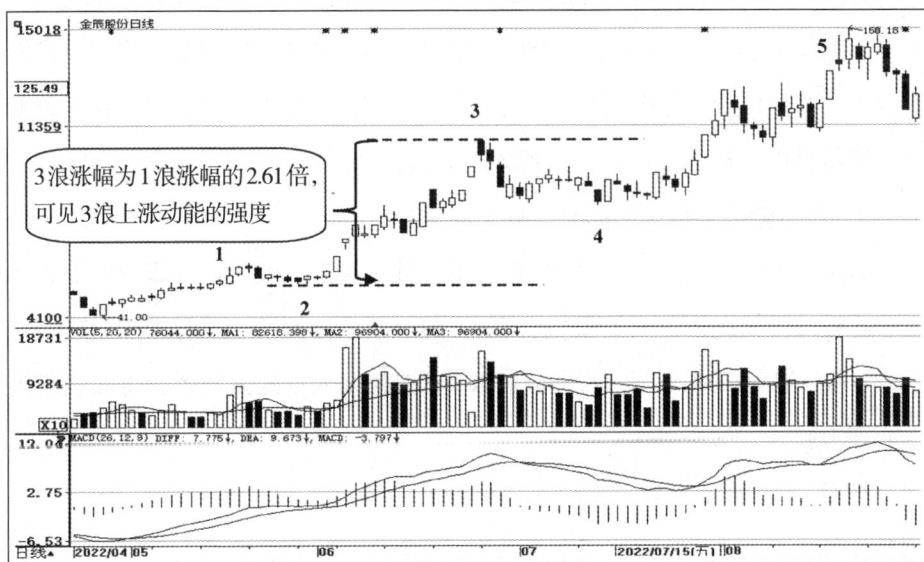

图 5-11 金辰股份日 K 线 2

2022 年 4 月 27 日到 5 月 23 日，为推动浪中的 1 浪，股价从 41 元涨到 61.76 元，涨了 20.76 元。

2022 年 5 月 30 日到 6 月 27 日，为推动浪中的 3 浪，股价从 53.53 元涨到 107.79 元，涨了 54.26 元。通过对比可知，3 浪的涨幅为 1 浪涨幅的 2.61 倍，远超 1.618 的最低值，由此可见 3 浪上涨动能的强度。

4. 推动浪中的 4 浪

4 浪是推动浪中第二个反趋势浪，它出现在股价大幅上涨的 3 浪之后。由于自身的一些特点，它成为推动浪中最令人焦虑的波浪。

第一，多空双方斗争激烈。

在经过3浪的大幅上涨之后，前期买入的投资者浮盈丰厚，具有很强的获利了结冲动，而在3浪中没有入场的投资者，一旦见到股价的回调，在懊悔心理的驱使下，将会逢低买入。在这两种力量的作用下，4浪往往出现多空双方剧烈争持的局面。

在4浪里，市场成交量会逐渐萎缩。

第二，4浪调整多以三角形、矩形、楔形、旗形等持续整理形态呈现。

4浪调整所形成的形态，对判断上涨趋势能否延续起着重要的作用。通常情况下，4浪多以三角形、矩形、楔形、旗形等持续整理形态呈现，预示着上涨动能将再次占据优势，股价将延续原来的上涨趋势。

第三，4浪调整持续时间有时候会非常长。

4浪一旦出现，多空双方如果迟迟不能分出胜负，股价将以震荡的形式持续。在极端的情况下，4浪调整震荡所占的时间，占推动浪总时间的1/2还多。这样，在3浪后期追高入场的投资者以及4浪初期入场的投资者，将面临巨大的心理考验。

如图5-12所示，仍以百合花（603823）为例，从2022年8月中旬开始，该股在经历了前期3浪的大幅上涨之后，步入4浪的调整震荡走势中。在此过程中，股价形成楔形形态，同时成交量整体上逐渐萎缩。

该股3浪的形成、持续、结束前后只经历了约1个月，而4浪就有4个多月，由此可知4浪调整震荡对投资者折磨的程度，一些没有耐心的投资者在这个过程中很容易被震荡出局。

第四，长时间震荡所造成的"失败5浪"。

在正常情况下，5浪的最高点要高于3浪的最高点，但有时候5浪出现时却没有创出新高，这被称为"失败5浪。"

"失败5浪"的出现与4浪的持续震荡密切相关。在大多情况下，"失败5浪"的出现都是因为4浪长时间震荡，以时间换空间的形式消耗掉了上涨动能。

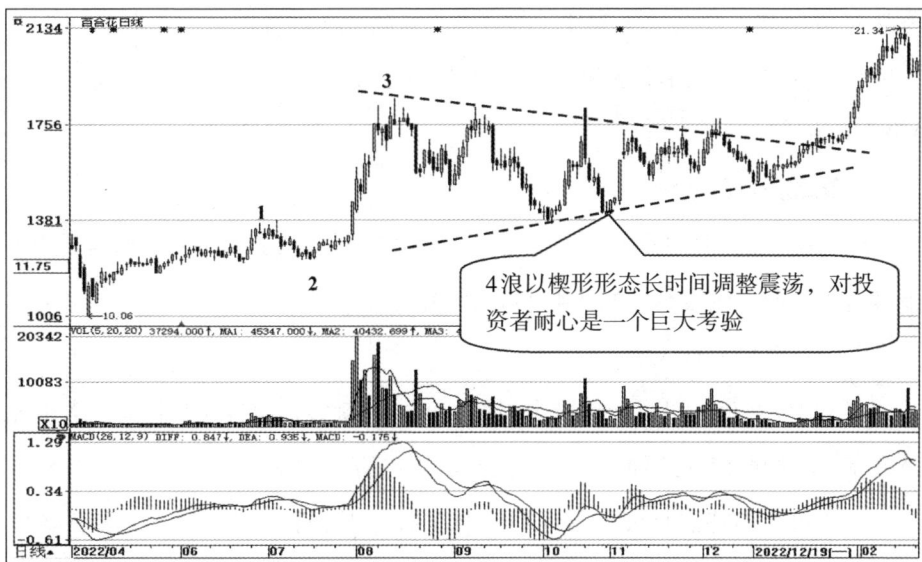

图 5-12　百合花日 K 线 2

如图 5-13 所示，2022 年 4 月到 9 月，金刚光伏（300093）出现一波上涨趋势，投资者可以用推动浪结构对其进行分解。

从 2022 年 6 月底开始，该股在经历了 3 浪的大幅上涨之后，开始出现 4

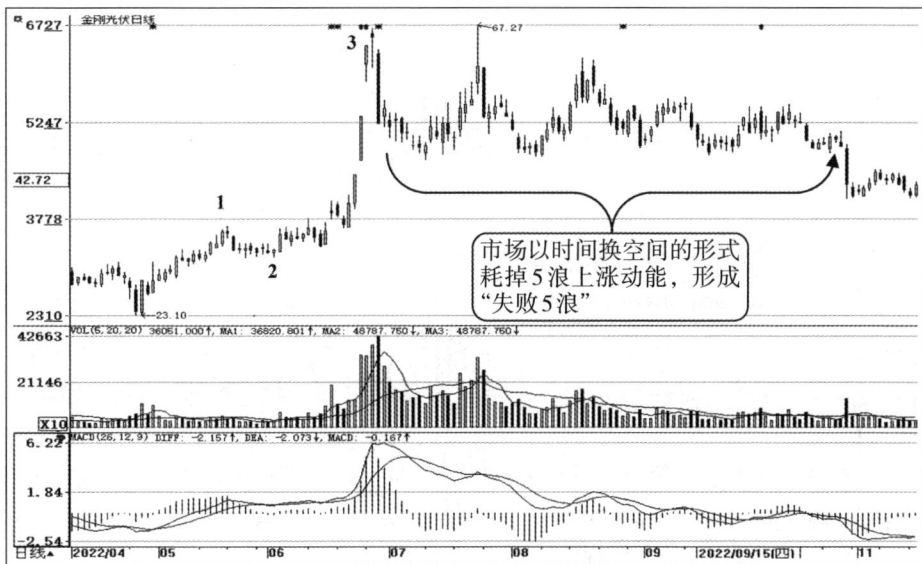

图 5-13　金刚光伏日 K 线

浪的震荡调整，时间近4个月，超过从1浪到3浪的总时间。在长时间震荡过程中，市场以时间换空间的形式消耗掉了5浪的上涨动能，形成"失败5浪"。

5.推动浪中的5浪

5浪是上涨趋势中吸引最多散户入场的时期，但也是一些主力机构开始逐步撤退的时期。该浪具有如下4个重要特点。

第一，散户大量入场。

在5浪中，市场投机气氛极为炽热，市场的赚钱效应被大肆宣扬，大量先前没有入场的散户在这种财富效应的驱使下也纷纷入场。

散户最大的特点是极易受各种消息左右，买涨不买跌。因此，其入场区域一般分布在5浪中期。

如图5-14所示，恒信东方（300081）从2021年12月7日开始，股价向上形成5浪走势。散户大多在这一时间内入场，特别是在12月14日和12月22日股价再创新高的这两天。

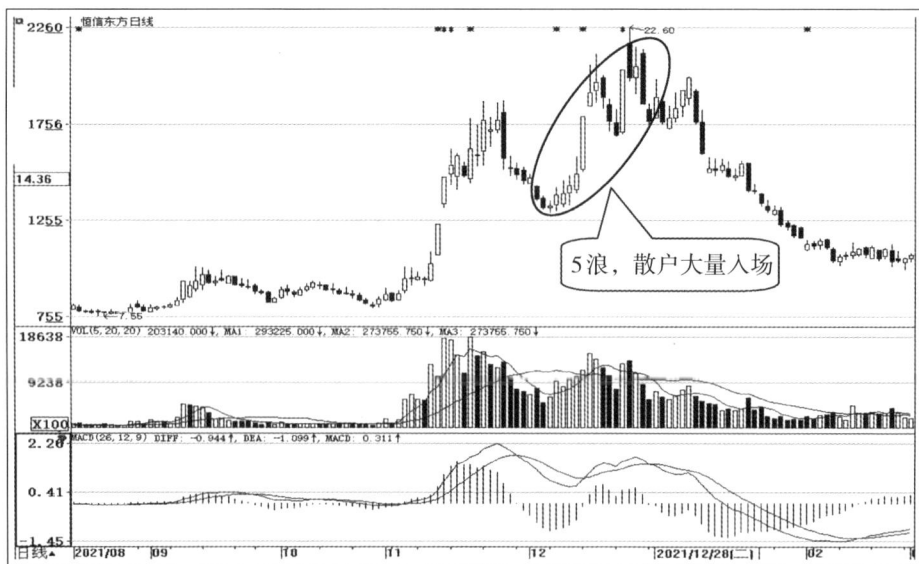

图5-14　恒信东方日K线

第二，上涨动能较强，但强度不如 3 浪。

一般来说，在 5 浪中，市场上涨动能占据优势，股价将再创新高，但其强度则不如 3 浪。这主要是因为，任何事物都有盛极而衰的规律，市场的高位上涨给早期入场的主力较大的压力，他们在 5 浪中会持续减仓，造成下跌动能的持续增加。

与此相适应，成交量在 5 浪中虽然也有所放大，但一般不如 3 浪。

如图 5-14 所示，恒信东方 5 浪的成交量小于 3 浪的成交量。同时 3 浪的上涨坡度也远较 5 浪上涨坡度陡峭，表明 3 浪的上涨动能超过 5 浪。

第三，市场情绪。

在 5 浪发展的过程中，各种利好消息频传，市场选择性地对各种利空消息"失明"，媒体推波助澜，投资者人人觉得自己是股神，市场情绪极为乐观。

与 5 浪相比，3 浪的乐观情绪是由悲观转化而来的，许多投资者在入场的同时，还有较强的患得患失心理；但 5 浪的乐观则是在持续乐观的背景下，经历了 4 浪的怀疑然后又确认的过程。此时，市场信心达到高峰，许多投资者抱着难以否认的"投资信念"，令市场进入一种非理性的狂热状态。

第四，5 浪的延伸。

有时候，5 浪出现之后，股价会持续上涨，涨幅甚至远超 1 浪和 3 浪，这被称为 5 浪的延伸。

5 浪的延伸是 5 浪上涨动能强烈而表现出的一种情形，一般出现在大牛市中，在盘整市中较少出现。一旦出现，投资者将获利巨大。

如图 5-15 所示，2021 年 7 月到 2022 年 3 月，傲农生物（603363）出现一波上涨趋势，投资者可以用推动浪 5 浪结构对其进行分解。从中可以看出，从 2022 年 1 月中旬一直到 3 月下旬，该股出现 5 浪的延伸走势。在此期间，股价持续上涨，屡创新高。

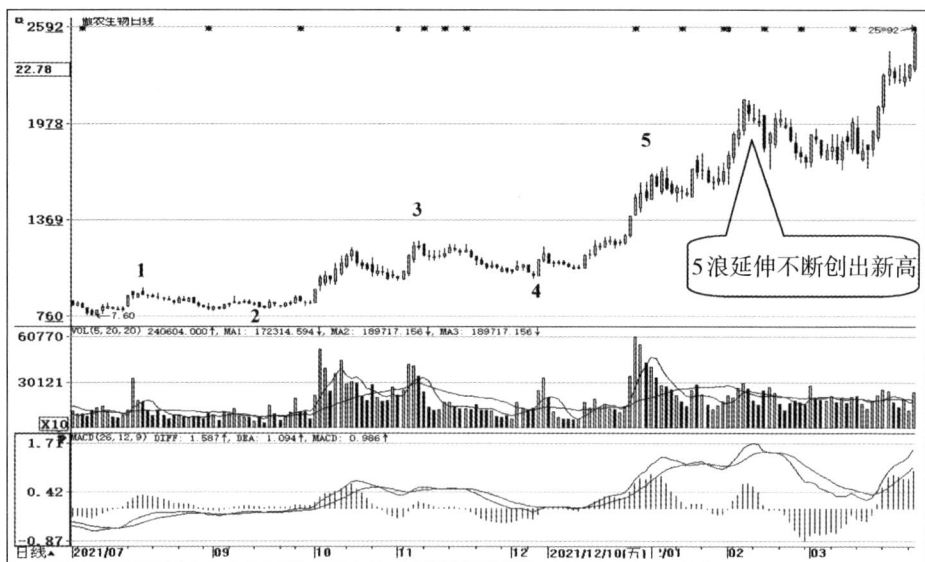

图 5-15　傲农生物日 K 线

6.调整浪中的 A 浪

当推动浪的 5 浪结束，股价即进入调整浪的 A 浪之中。该浪具有如下 3 个特征。

第一，下跌动能开始占据优势。

在 5 浪的顶点附近，由于前期买入的投资者浮盈巨大，获利了结的冲动很强，而新的入场资金则逐渐不足。在这种背景下，市场下跌动能逐渐增加，并最终占据优势，股价开始下跌。

在这个过程中，在 A 浪刚开始时市场成交量较大，之后伴随着股价下跌，成交量逐渐萎缩。

如图 5-16 所示，2022 年 4 月到 9 月，贵广网络（600996）在出现一波上涨趋势后开始下跌，符合波浪理论的结构。

2022 年 4 月底至 9 月中旬，该股推动浪呈现出经典的 5 浪结构。之后，9 月 15 日到 21 日，市场出现 A 浪回调，同时伴随着成交量的缩减，表明下跌动能已经占据优势。

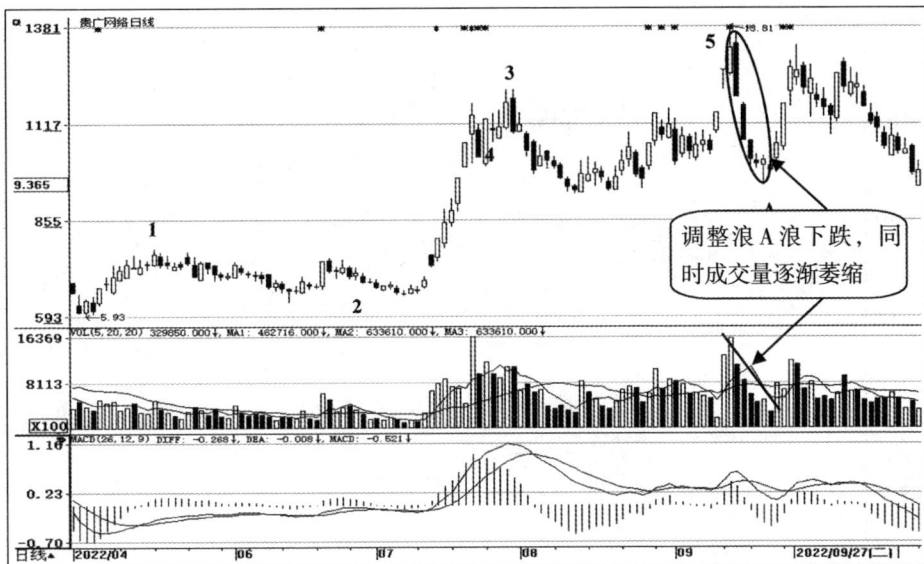

图 5-16 贵广网络日 K 线

第二，市场情绪。

调整浪 A 浪出现之后，许多人仍认为它只不过是上涨趋势的一次短暂回调，但许多长线投资者开始逐渐出场。因此，市场情绪由极度乐观转为中性，市场分歧开始增大。

第三，股价一般跌破前期重要支撑线。

A 浪是下跌趋势中的第一波顺趋势浪，股价一般要跌破前期重要阻力线，如 60 日均线、30 日均线、上升趋势线等。

如图 5-17 所示，2021 年 9 月至 2022 年 2 月，鹏鼎控股（002938）出现一波上涨趋势和下跌趋势相连的走势，符合波浪理论的结构。

从中可以看出，2021 年 9 月中旬至 12 月底为推动浪，之后为调整浪。其中，调整浪 A 浪出现在 2021 年 12 月底至 2022 年 2 月中旬这段时间。在这个过程中，股价顺利跌破上涨趋势线，表明下跌趋势已经初步形成。

7. 推动浪中的 B 浪

B 浪是另一个"高潮"阶段，许多人一般认为，在经过 A 浪的"健康

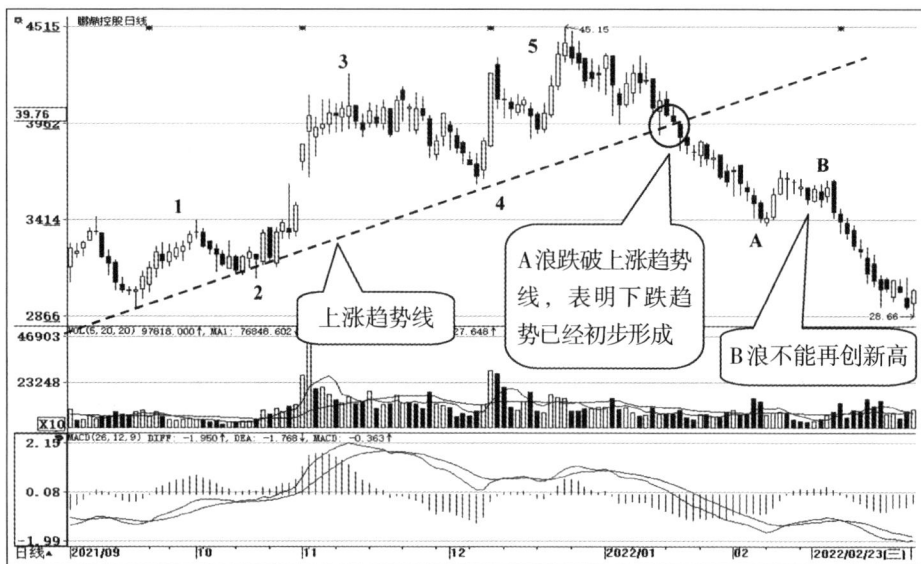

图 5-17　鹏鼎控股日 K 线 1

调整"之后，股价将再创新高，结果却大失所望。B 浪一般具有如下 4 个特征。

第一，股价一般不能再创新高。

B 浪出现之后，股价反弹向上，许多投资者期望着它再创新高，但股价上涨乏力，在受到前期高点或其他阻力线的阻力作用后，开始再次下跌。这是下跌趋势已经确立的重要标志，投资者应该放弃幻想，果断出场。

第二，市场情绪。

在 B 浪出现之后，市场情绪转为乐观，此时，大部分人仍然认为上涨趋势会延续。在这种心理预期下，短线投资者纷纷入场，长线投资者也有部分认为市场仍然向好而入场，导致市场的乐观程度甚至接近 5 浪。但这波走势毕竟只是上涨趋势的"回光返照"，之后伴随着股价的大幅下跌，市场情绪将会走向另一个极端。

第三，"失败 5 浪"之后出现的 B 浪反弹。

"失败 5 浪"表明下跌动能非常强，之后，如果出现 B 浪反弹，表明下跌趋势已经确定形成，下跌动能已经完成积聚，接下来将是一波巨大的跌势。这往往是最后的卖出时机。

如图 5-18 所示，2021 年 7 月到 2022 年 3 月，电科数字（600850）呈现"上涨+盘整"的走势。而其中的盘整走势，实际上是"4 浪+失败 5 浪"。

2022 年 2 月下旬，在 A 浪下跌跌破前期低点连线之后，出现 B 浪反弹，但反弹乏力，始终无法在前期低点连线上方站稳，表明下跌动能非常强劲。之后，股价持续下跌。

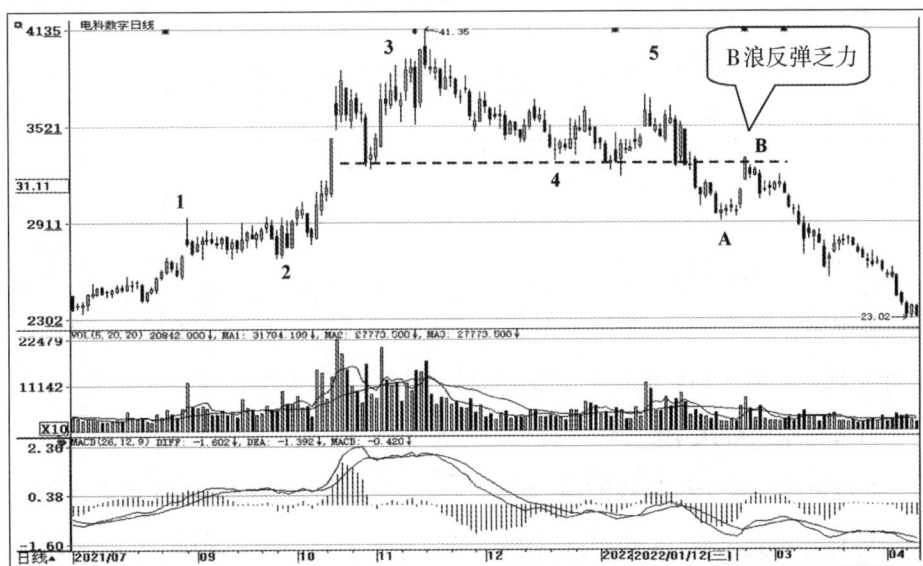

图 5-18　电科数字日 K 线

如图 5-19 所示，2022 年 3 月到 8 月，春兰股份（600854）在经过一波上涨趋势后，不断地盘整震荡，这实际上是"4 浪+失败 5 浪"。它表明上涨动能较为微弱，投资者要警惕股价的下跌。

8 月 3 日到 8 月 24 日，该股在经过了 A 浪下跌之后开始反弹，形成 B 浪。但上涨动能乏力，在受到前期趋势线阻力作用后，股价再次下跌。

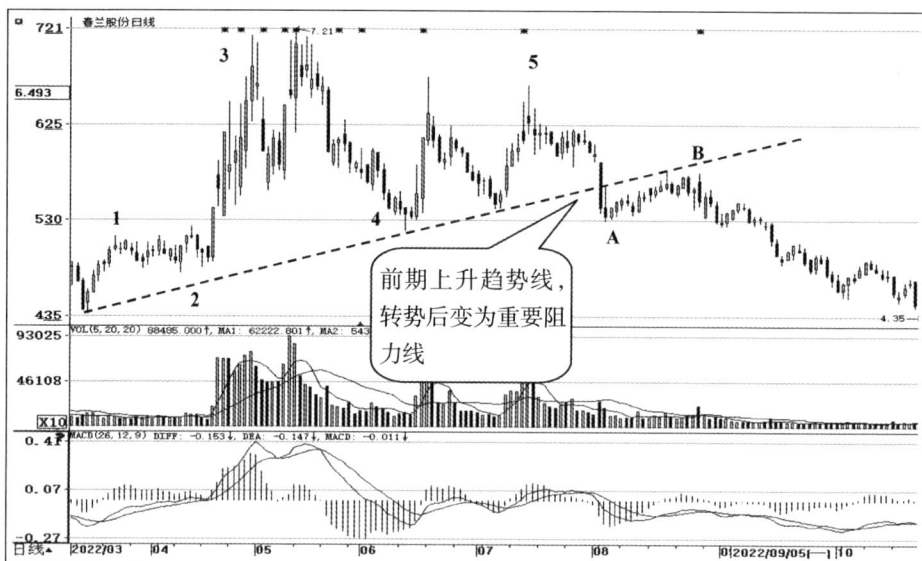

图 5-19　春兰股份日 K 线 1

第四，成交量放量。

B 浪出现的过程中，伴随着股价反弹上涨，成交量也有所放大。但这只是昙花一现，之后伴随着股价的下跌，成交量将会逐步萎缩。

8.调整浪中的 C 浪

C 浪下跌，属于调整浪的最后阶段，是最具杀伤力的一组下跌走势，通常配合各种坏消息出现，市场信心全毁。它一般具有以下 3 个特征。

第一，下跌动能强劲。

B 浪结束后，C 浪开始出现，此时上涨趋势已经确定结束，长线投资者清仓离场，而短线投资者因卖点出现也果断卖出，使市场出现一边倒的下跌局面。在这个过程中，各种利空消息涌现，市场情绪由犹疑转为悲观。

第二，许多技术指标失效。

C 浪的下跌，速度急，杀伤力较大，令人措手不及。在 C 浪后期，许多技术指标已进入超卖阶段，股价多次反弹都无法扭转下跌趋势，这些指标将出现"超卖后再超卖"的局面。此时，投资者要警惕这些指标是否会失效。

如图5-20所示，2022年9月下旬至10月初，春兰股份（600854）处于C浪下跌的后期。此时，KDJ指标在20以下几乎不动，已经不能正确反映市场，处于低位钝化状态。

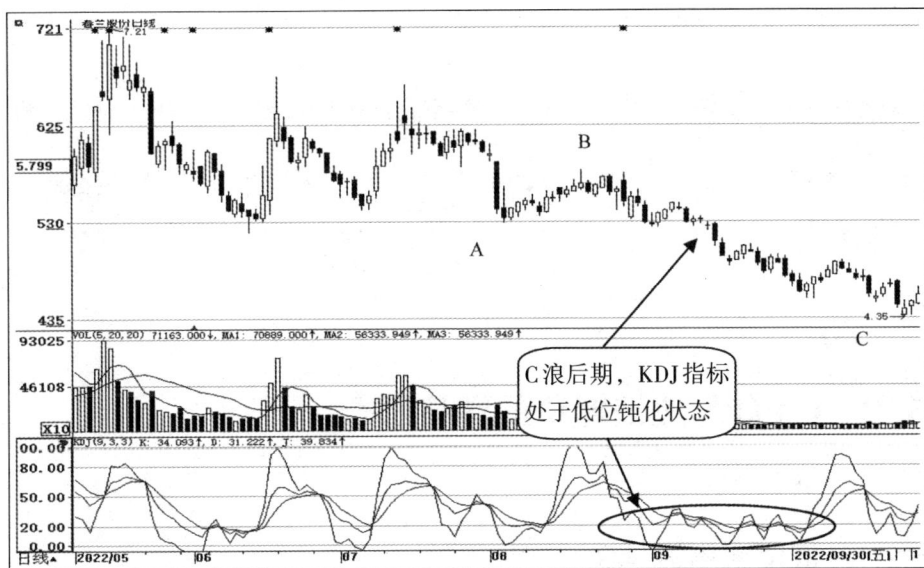

图5-20　春兰股份日K线2

第三，C浪可能会形成延伸浪。

与推动浪的5浪类似，当下跌动能非常强劲时，C浪的下跌可能会没完没了，形成C浪的延伸形态。这种走势大多出现在大熊市中。

如图5-21所示，从2022年2月底开始，伴随着大盘的下跌，鹏鼎控股（002938）也开始持续下跌，形成调整浪中的C浪。之后，C浪形成延伸走势，在半年多的时间里，股价不断创出新低。

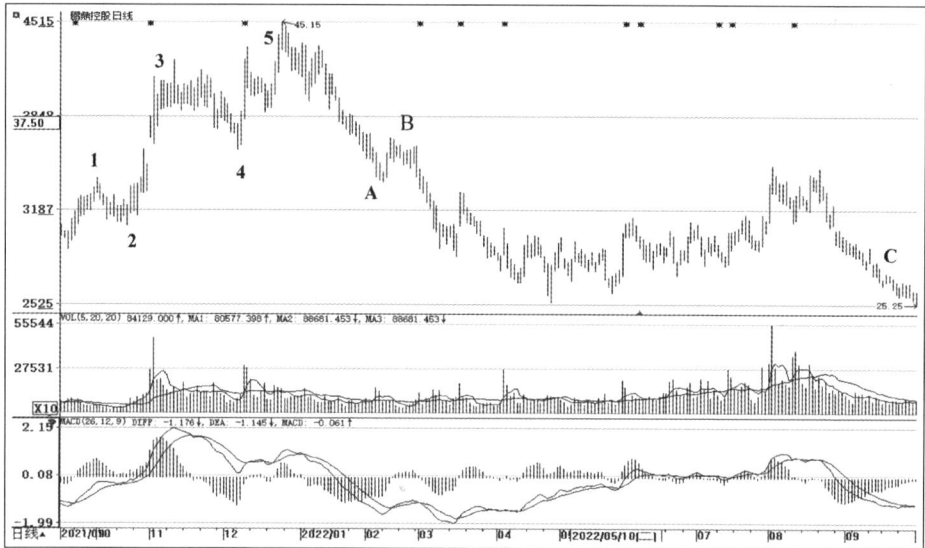

图 5-21　鹏鼎控股日 K 线 2

5.2　CYQ 与波浪理论的实战结合

5.2.1　低位密集抓 3 浪

一般来说，3 浪是推动浪中涨幅最大的一浪，所以抓 3 浪就成为投资者特别是短线投资者的重要策略。

当 2 浪结束、3 浪即将启动时，CYQ 指标和走势一般会有如下两个特征。

特征 1：筹码分布在低位（2 浪调整区域）形成密集峰。

特征 2：走势在 60 日均线上方冲高回落，但受到支撑。

这两个特征一旦出现，就表明市场上涨动能正在积聚，激进型投资者可以在此时买入；之后股价将向上突破调整区域的重要阻力位（前期高点等），表明 3 浪彻底形成，这是 3 浪最后的买入机会，投资者要注意把握。

如图 5-22 所示，2021 年 8 月 20 日，云鼎科技（000409）股价创出新低，之后该股企稳回升，出现一波上涨走势，一度向上突破60日均线。

从2021年9月中旬开始，该股回调震荡，但明显受到60日均线的支撑。它表明1浪结束，2浪形成。

到12月9日，股价在60日均线附近持续震荡了2个多月后，筹码形成明显的低位密集峰形态。它表明上涨动能正在不断积聚，激进型投资者可以在股价震荡时就逢低吸纳。

2021年12月15日，股价向上突破震荡区间的高点，表明3浪正式开始形成。还没有入场的投资者要注意积极买入。

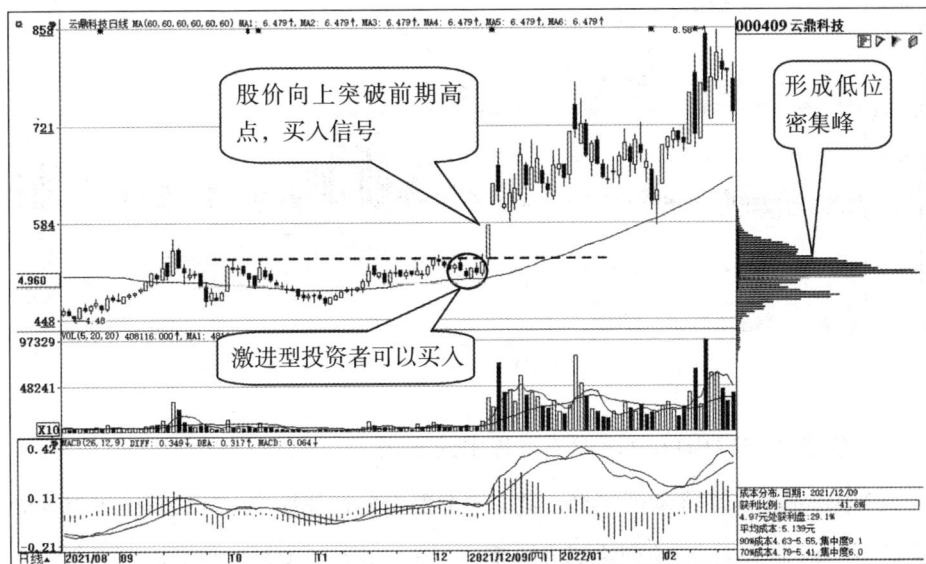

图5-22　云鼎科技日K线

投资者在通过筹码分布来抓3浪时，有两个关键点需要特别注意。

关键点1：投资者有时抓不住1浪。

有的投资者想要抓底，对推动浪的1浪特别感兴趣，但仅仅运用CYQ指标还不够，在实战中，常与MACD指标配合来抓1浪。其具体用法在第3章中介绍过，即"DIFF线与股价底背离+金叉（或K线看涨形态等）"。

但有时候，上涨趋势发动时并没有DIFF线与股价底背离形态出现，而是非常突然地上涨。此时，1浪就很难抓住。

如图5-23所示，2022年4月底到5月下旬，飞荣达（300602）形成1浪走势。但从MACD指标上来看，2022年4月，该股并没有形成DIFF线与股价底背离形态。想靠MACD指标来抓1浪的投资者将会失望。

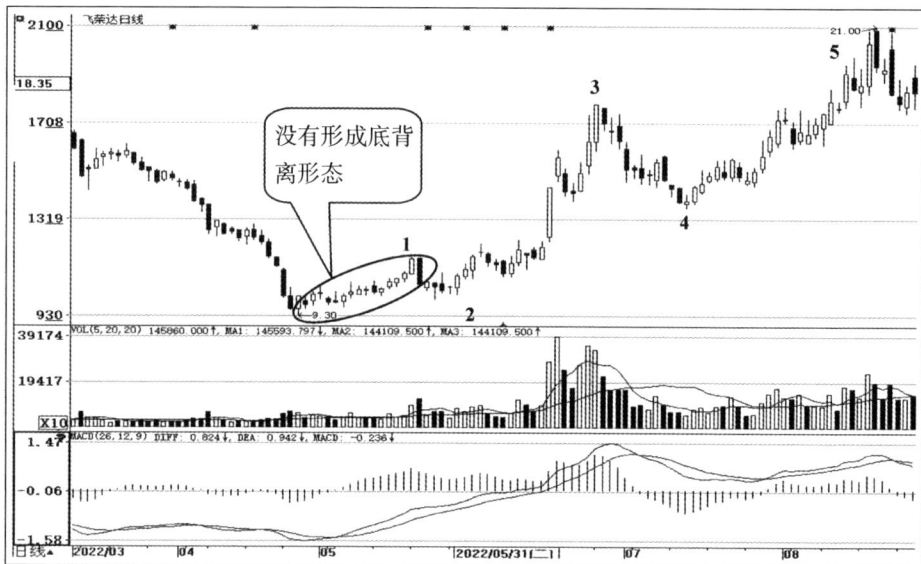

图5-23　飞荣达日K线

关键点2： MACD在3浪形成过程中的变化。

3浪形成前，上涨动能积聚，此时MACD指标往往形成"MACD柱线与股价底背离"形态，这是3浪即将形成的重要标志。之后，MACD将会出现金叉。

投资者在实战中，可以把MACD的变化作为重要的参照标准。

如图5-24所示，2021年6月中旬至7月中旬，中兵红箭（000519）的MACD指标中，DIFF线在零轴上方冲高回落，并在零轴附近上下窄幅震荡，同时MACD柱线与股价形成底背离形态。它表明上涨动能已经积聚，股价很有可能出现3浪涨势。从2021年7月7日的筹码分布图中可以看出，该股筹码已经形成低位密集峰。它表明市场上涨动能正在形成，激进型投资者可以在此时买入。

7月9日，在柱线与股价底背离之后，MACD指标出现零轴附近金叉，表明3浪彻底形成。投资者要注意积极买入。

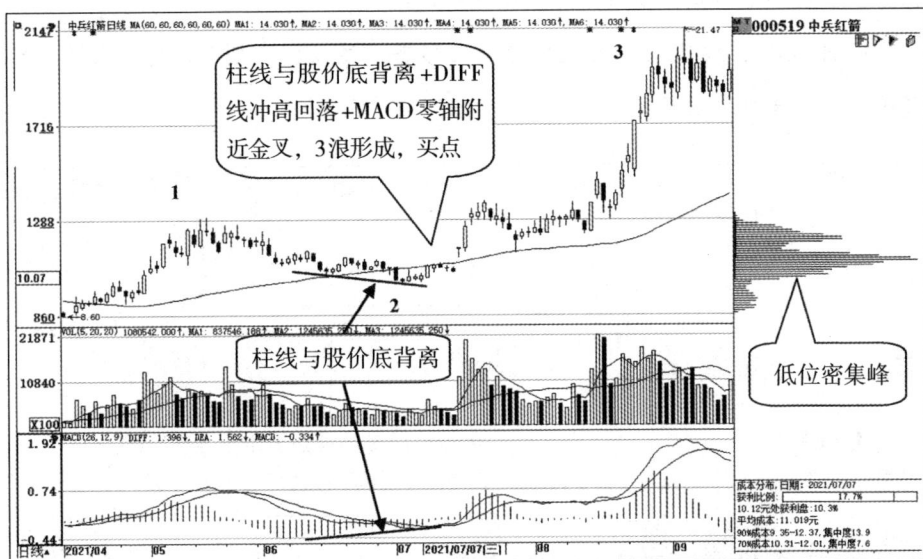

图5-24　中兵红箭日K线

5.2.2　高位密集抓5浪

3浪结束后，股价即将进入4浪调整。在4浪调整的末期，如果市场上涨动能较强，股价将出现5浪的涨势。此时，在走势和CYQ指标中一般有如下两个特征。

特征1：走势持续震荡，甚至持续很长时间。

特征2：筹码分布形成高位密集峰。

在经过3浪的大涨之后，一旦出现这两个特征，就表明上涨动能再次积聚，股价接下来出现5浪的概率较大。一旦股价向上突破震荡走势的重要阻力线，投资者就要注意积极入场。

如图5-25所示，从2021年11月初开始，华东医药（000963）在经过3浪的上涨之后，进入震荡走势（以矩形呈现）。在这个过程中，从2021年12月20日的筹码分布图中可以看出，筹码逐渐在高位形成密集峰。它表明上涨动能正在不断积聚，投资者要注意5浪的形成。

12月24日，股价向上突破矩形整理形态上边线，表明5浪走势已经开始形成。投资者要注意及时买入。

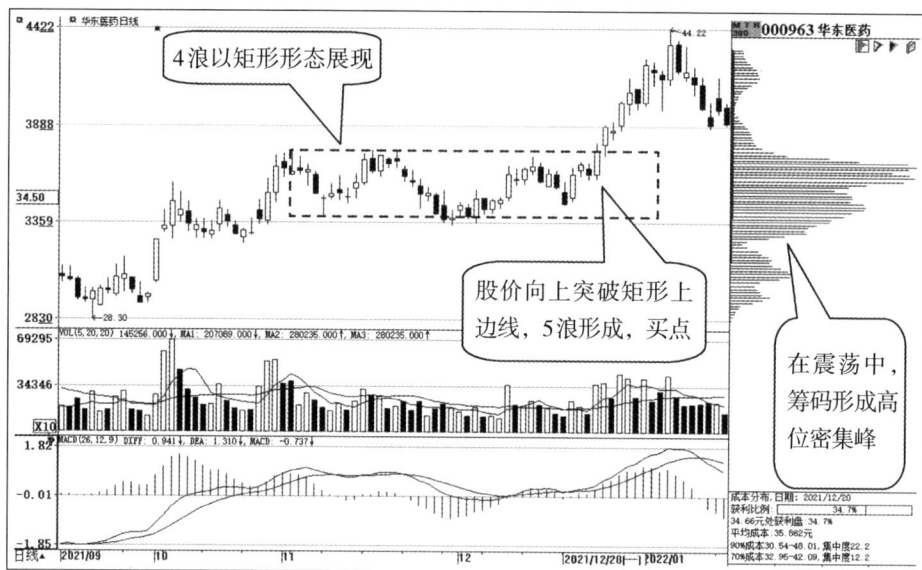

图 5-25　华东医药日 K 线

在实战中，投资者利用CYQ指标抓5浪时，要注意MACD指标的重要作用。

第一，MACD指标对5浪的指示作用。

一般来说，当4浪即将结束、5浪即将展开时，MACD指标会有以下3个特征。

特征1：DIFF线回到零轴附近。

特征2：DIFF线在零轴上下徘徊，时间不能太久，否则上涨动能很可能会以时间换空间的方式逐渐耗掉。

特征3：MACD柱线与股价有时候会形成底背离形态，表明上涨动能已经积聚。

这3个特征一旦出现，之后如果DIFF线顺利地出现零轴附近金叉，就表明5浪开始，买点出现。

如图5-26所示，2021年9月至11月，中船科技（600072）在经过3浪的大幅上涨之后开始回调，形成推动浪中的4浪走势。

在4浪中，DIFF线10月中旬回到零轴。10月底，MACD柱线与股价形成底背离形态，表明上涨动能较强。同时，从2021年11月1日的筹码分布图中可以看出，该股大量筹码聚集形成高位密集峰形态，同时下方还有部分持股待涨筹码。投资者要注意5浪的出现。

2021年11月2日，在柱线与股价底背离形态形成后，MACD指标出现零轴附近金叉，表明5浪开始启动，买点出现。

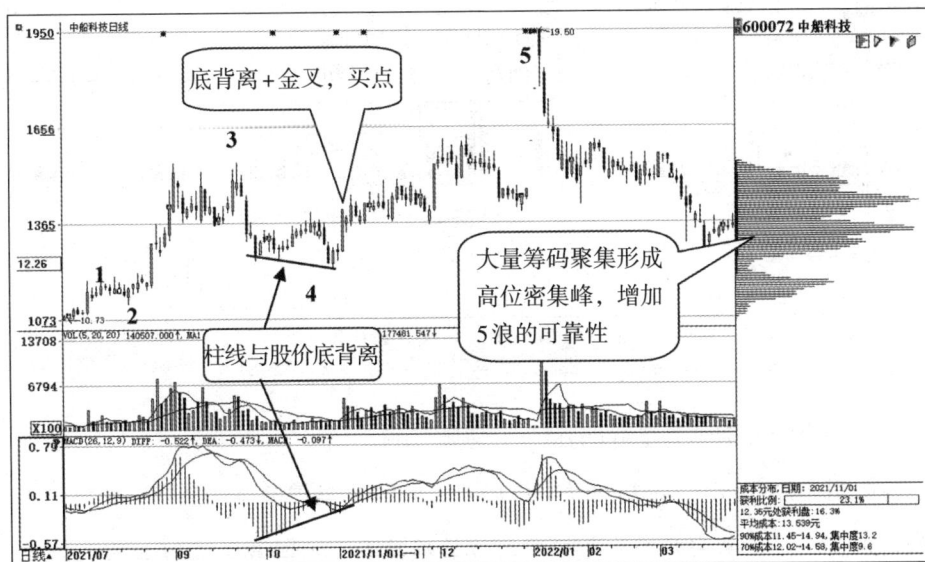

图 5-26　中船科技日 K 线 1

第二，DIFF线一定要回到零轴附近。

在推动浪中，3浪上涨动能最强，其涨幅一般最大，所以很容易形成3浪内部的5个子浪，使投资者难以判断走势当前所处的状态。

因此，这里以"DIFF线回到零轴附近"作为3浪结束的标志。否则有些投资者很容易在3浪内部追涨，以为自己抓到了5浪，但实际那只是3浪的一个子浪。下面仍以中船科技为例加以说明。

如图5-27所示，从2021年9月1日开始，中船科技（600072）的股价回调，形成一波下跌走势。但由于DIFF线始终没有回到零轴，且股价从9月15日开始又逐渐回升，可以判断该下跌只是3浪的一个子浪。

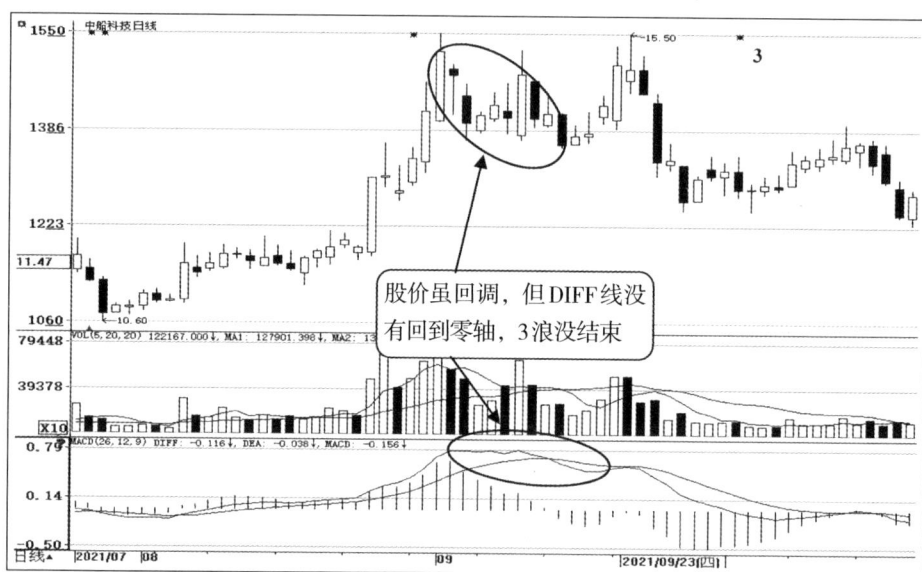

图5-27　中船科技日K线2

另一个经典例子是皇庭国际。

如图5-28所示，从2022年1月19日开始，皇庭国际（000056）的股价开始回调，在接下来的几个交易日中，该股跌幅不小。但由于DIFF线始终没有回到零轴，且股价从2月8日开始又逐渐回升，可以判断该下跌只是3浪的一个子浪。

类似的案例在60分钟图中更为明显，有兴趣的读者不妨自行查看验证。

第三，4浪的形态预示着上涨动能的强弱。

与 2 浪的调整类似，4 浪的调整如果以横向震荡甚至是以缓缓向上的方式展开，则表明上涨动能非常强，接下来的 5 浪涨幅会很大。这种走势较为少见，一旦出现，投资者不可以放过。

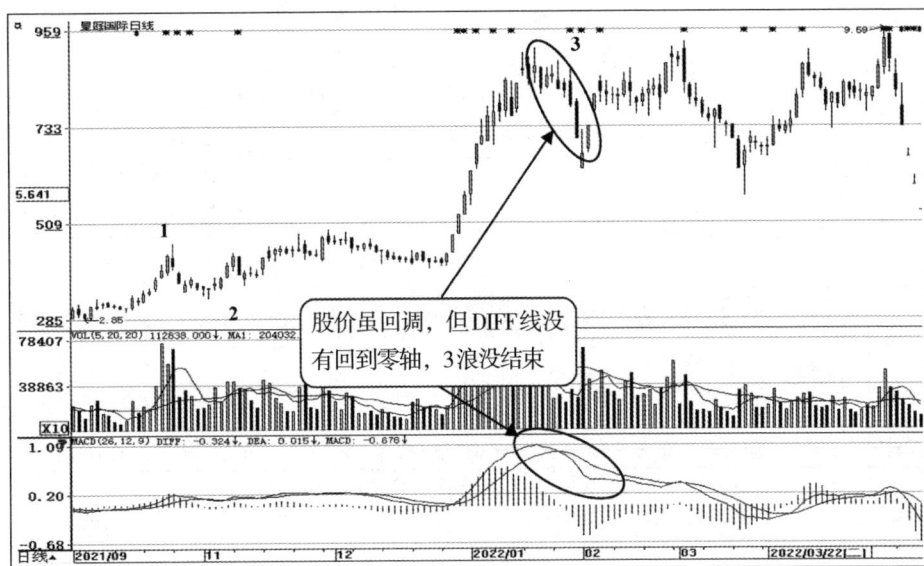

图 5-28　皇庭国际日 K 线

第四，5 浪的不确定性。

与 3 浪相比，5 浪不确定性很大，既有可能出现一波波澜壮阔的涨势（即 5 浪的延伸），也有可能连新高都不能创出（即"失败 5 浪"），而且由于 4 浪调整时间较长，陷阱也很多。所以，投资者在操作 5 浪的过程中，要注意严格控制风险。

如图 5-29 所示，2022 年 5 月底到 9 月初，应流股份（603308）在经过 3 浪的大幅上涨之后开始回调，形成推动浪中的 4 浪。

在 4 浪中，DIFF 线在 2022 年 10 月中旬回到零轴，之后明显得到零轴支撑，预示着一波上涨走势即将出现，很有可能是 5 浪的展开。2022 年 11 月 17 日，MACD 指标出现零轴附近金叉，买点出现。

但走势在经过一波窄幅震荡后下跌，在 11 月 17 日买入的投资者可能要抛掉止损。

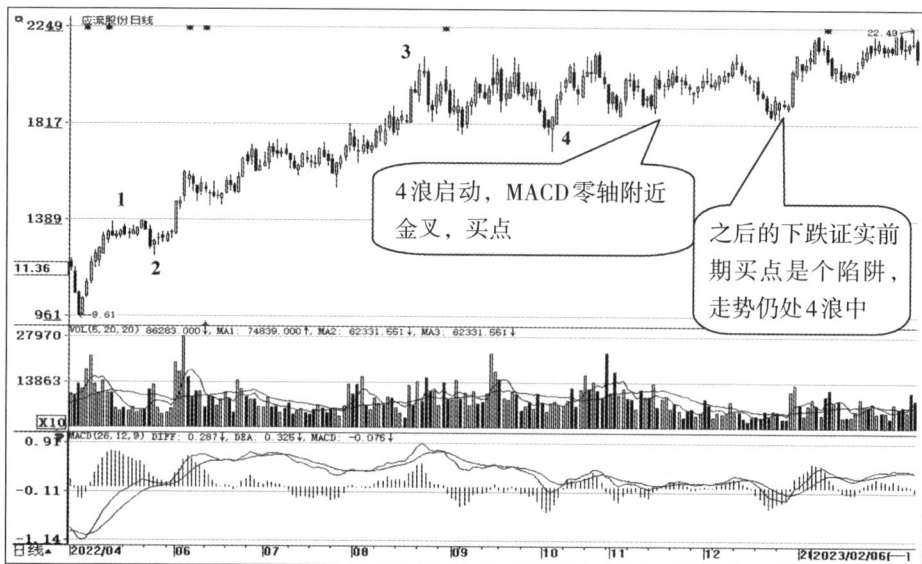

图 5-29　应流股份日 K 线

5.2.3　高位密集逃 C 浪

C 浪来临时，投资者如果仍然持有大量股票，其后果将是被深度套牢。因此，逃 C 浪就是一个重要的操作策略。

B 浪后期，走势和 CYQ 指标一般具有如下两个特征。

特征1：走势再次向上，但无法再创新高，在高位开始滞涨。

特征2：筹码分布形成高位密集形态。

这两个特征一旦形成，就表明市场下跌动能已经很强。之后，一旦走势跌破重要支撑线，投资者就要及时卖出。

如图 5-30 所示，从 2022 年 1 月 17 日开始，盛洋科技（603703）的股价在 5 浪创出新高之后开始回落并跌破 60 日均线，形成 A 浪。经过回调之后该股再次向上形成 B 浪，但已经无法再创新高，并在 60 日均线处受阻。从 2022 年 3 月 2

日的筹码分布图中可以看出，筹码已经在高位形成密集峰。它表明上涨动能正在衰竭，而下跌动能正在不断积聚。投资者要警惕C浪的出现，及时出场。

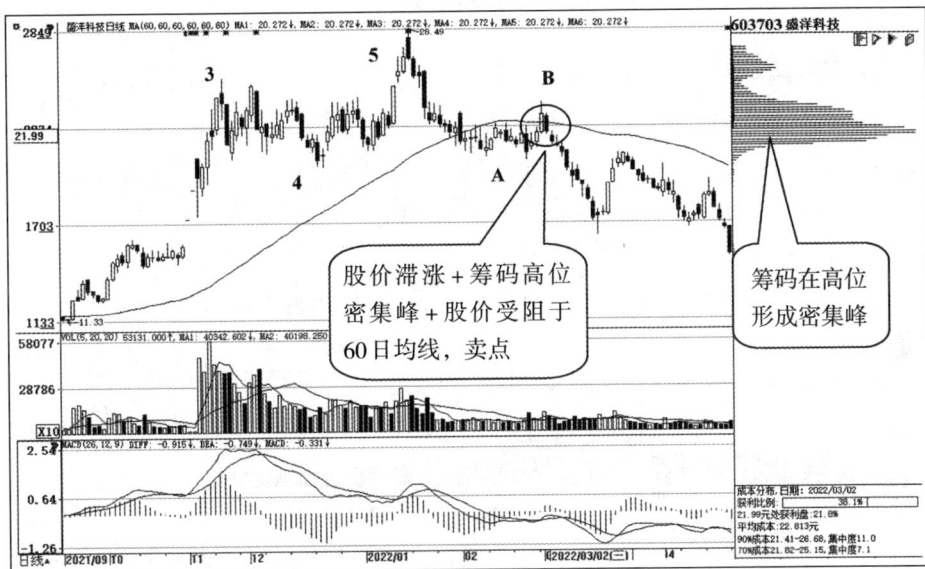

图 5-30 盛洋科技日 K 线

在实战中，为更准确地把握C浪的卖点，投资者还要注意以下两个方面。

第一，MACD指标的配合。

C浪即将开始时，在B浪中MACD指标有时候会形成"MACD柱线与股价顶背离"的看跌形态，之后一旦出现死叉，就表明下跌动能启动。投资者要果断卖出。

如图5-31所示，2021年9月初到11月下旬，苏州固锝（002079）处于调整浪的A浪、B浪阶段。从2021年11月23日的筹码分布图中可以看出，筹码在高位堆积，形成高位密集峰。

11月25日，MACD指标出现"MACD柱线与股价顶背离＋死叉"的强烈看跌信号。投资者要注意及时卖出。

第二，顶背离形态。

B浪形成之后，一旦C浪展开，股价将跌破前期重要支撑线，这个过程往往以头肩顶形态呈现。相应地，当C浪股价跌破前期重要支撑线时，股价将在头肩顶形态里跌破头肩顶形态的颈线。

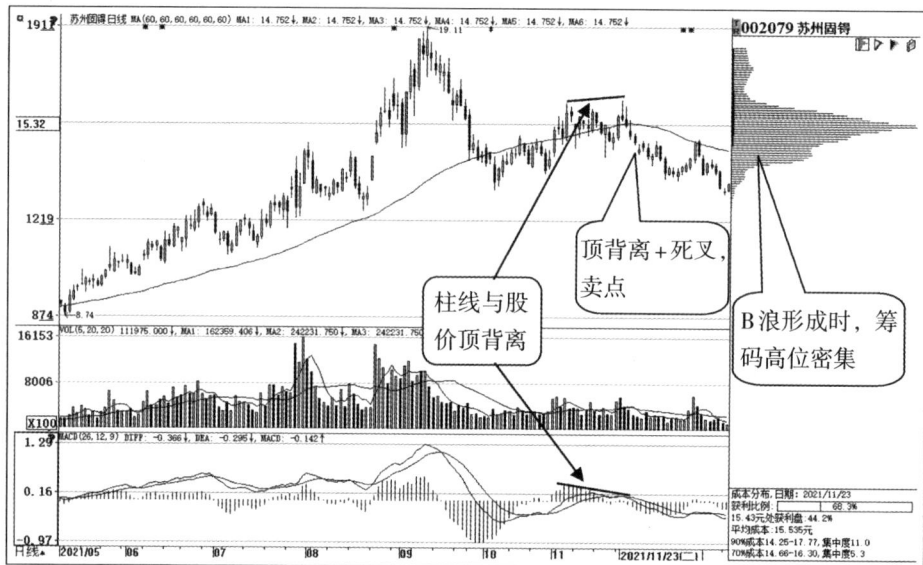

图5-31　苏州固锝日K线

如图5-32所示，2022年6月到10月，华阳集团（002906）走势形成头肩顶形态。该形态实际上是推动浪的3浪、4浪、5浪以及调整浪的A浪、B浪、C浪。

从2022年9月13日的筹码分布图中可以看出，B浪形成时，筹码已经高度集中，形成经典的高位密集峰。它表明下跌动能已经积聚，投资者要警惕C浪的出现。

9月23日，股价跌破头肩顶形态颈线，C浪展开。投资者要注意及时卖出。

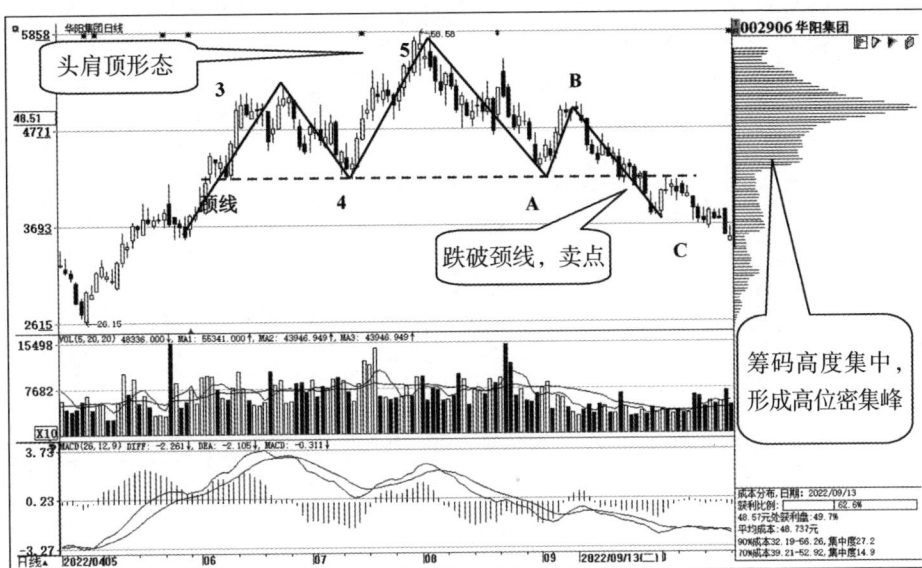

图 5-32　华阳集团日 K 线

![实战经验]

如果推动浪 3 浪、4 浪、5 浪以头肩顶形态呈现，那么股价跌破颈线几乎就是 C 浪的最后一个卖点（之后可能会有一个反弹确认）。投资者一旦错过这个卖点，就将被深度套牢。

第 6 章

筹码分布与主力动向

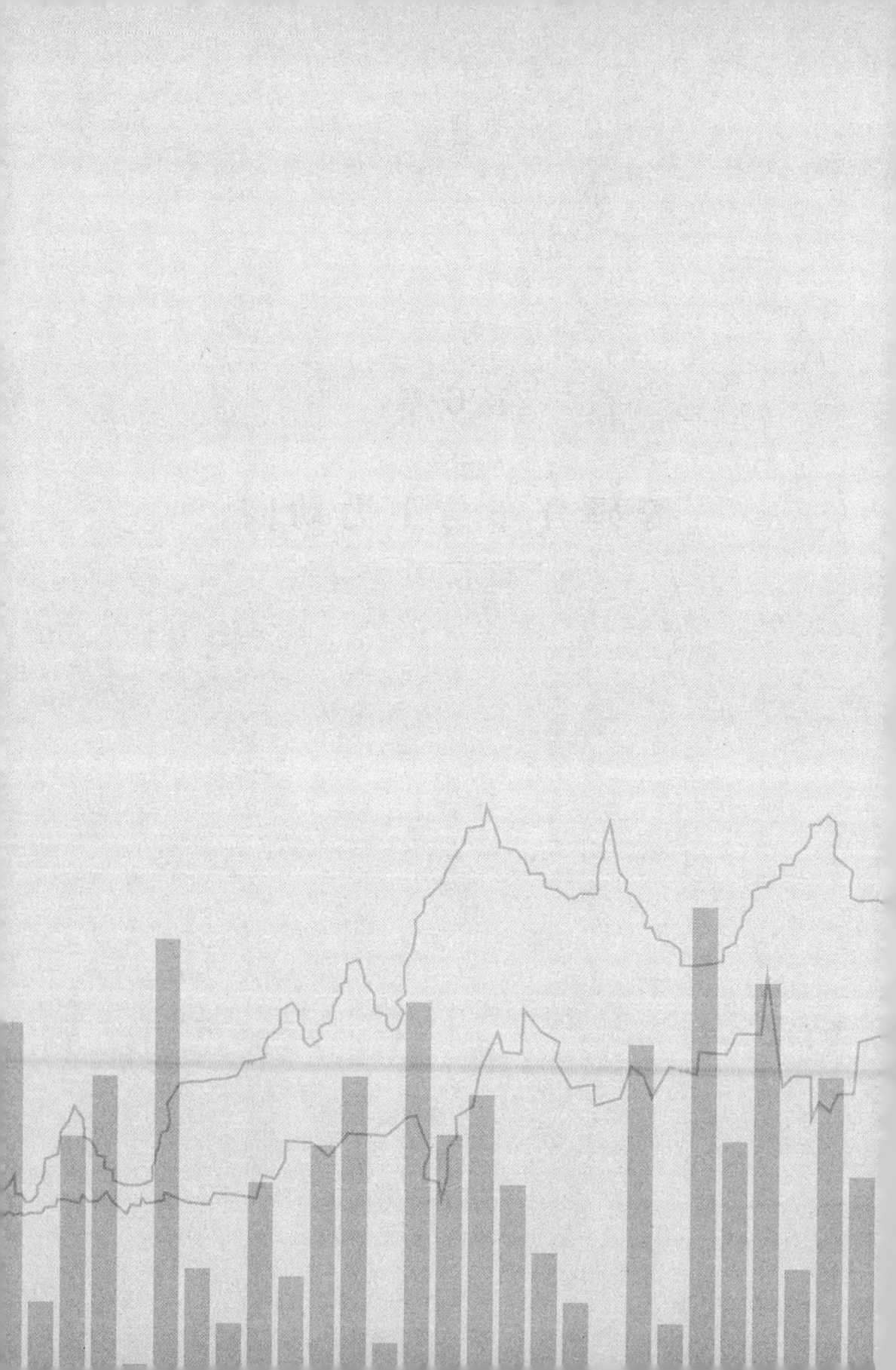

6.1　认识主力筹码

主力是指在证券市场上，有意愿并且有能力操纵股价涨跌的机构或个人。他们通过大量买卖股票来影响股价的波动，并利用这种股价的波动，影响其他投资者的买卖行为。在实战中，他们一般具有精密的交易计划、高超的交易技术、严格的交易纪律以及独特的信息渠道，其获利能力要远远超过普通投资者。

主力在运作一只股票时，一般要经历"建仓、洗盘、拉升、出货"这四个步骤。

如图 6-1 所示，2022 年 4 月到 8 月，联诚精密（002921）的股价经历了一波上涨趋势。这波上涨趋势包含了明显的"建仓、洗盘、拉升、出货"四个阶段。

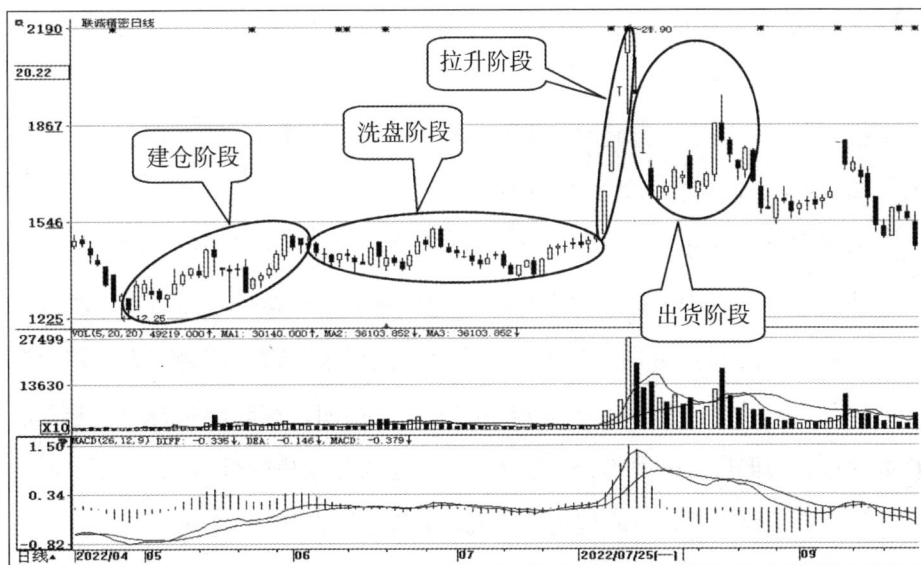

图 6-1　联诚精密日 K 线

运用筹码分布揭秘主力运作，就是要通过筹码分布视角来判断主力运作一只股票所处的阶段，然后找到合适的买入卖出时机。

实战经验

投资者需要注意的是，主力也并不是百战百胜的，同样要承担市场风险。主力有时也会因为资金链断裂、经济政策的变化、大盘行情转弱等原因投资失败，轻则损失即将到手的利润，重则满仓被套。还有的主力虽然账面上浮盈较多，但因为股价虚高缺乏买盘，只能自己苦苦支撑股价，盈利只能停留在账面上。

因此，当投资者根据主力动向操作股票时，应该注意对风险的控制，防止主力操盘失败给自己带来额外损失。

6.1.1   监测主力筹码的3个关键点

在实战中，"跟随主力"是一个重要的策略。"跟随主力"的一个重要方法，就是监测主力筹码。

投资者在监测主力筹码时，需要了解以下3个关键点。

关键点1：监测主力筹码的原理。

监测主力筹码可以从两个方面入手，分别为主力筹码和散户筹码。

从主力筹码入手，首先要总结出主力筹码的诸多特征，然后在市场运行中一一对照，之后锁定主力筹码。但这个方法很难奏效，因为主力往往会快速变化其行为特征，造成投资者判断的失误。例如，有时候主力为了避开散户的追踪，会把自己的筹码分作很多份，故意误导散户的行动。

从散户筹码入手，可靠性更高，其基础在于散户的持股特征。

散户最大的心理特征就是"追涨杀跌"。一只股票只有在其涨势达到一定程度时，散户才会买入；同理，也只有在其跌幅达到一定程度时，散户才会"割肉"出场。在上涨趋势中，他们总是太早卖出：大约70%的散户会在10%的浮盈时卖出；只有少数人会愿意等到20%的浮盈时再卖出；敢于等到30%乃至更高浮盈再卖出的散户少之又少。

因此，我们可以判定：在上涨趋势中，如果有筹码在20%、30%乃至更高获利水平的情况下仍然没有出局，那么这些筹码基本上就是主力的筹码。因为散户很难做到获利巨大而不抛掉。

图6-2和图6-3分别是润建股份（002929）2022年12月26日和2023年1月19日的筹码分布图。

2022年12月26日，股价在经过近2个月的持续震荡之后，多次在35.2元附近受到强力支撑，表明上涨趋势已经形成。此时，大部分筹码都在底部，形成低位密集峰。

之后，股价持续大幅上涨，到2023年1月19日，其涨幅已经超过30%。但此时在低位仍然留有大量的筹码，面对30%的涨势毫不动摇，基本可以断定这是主力筹码。

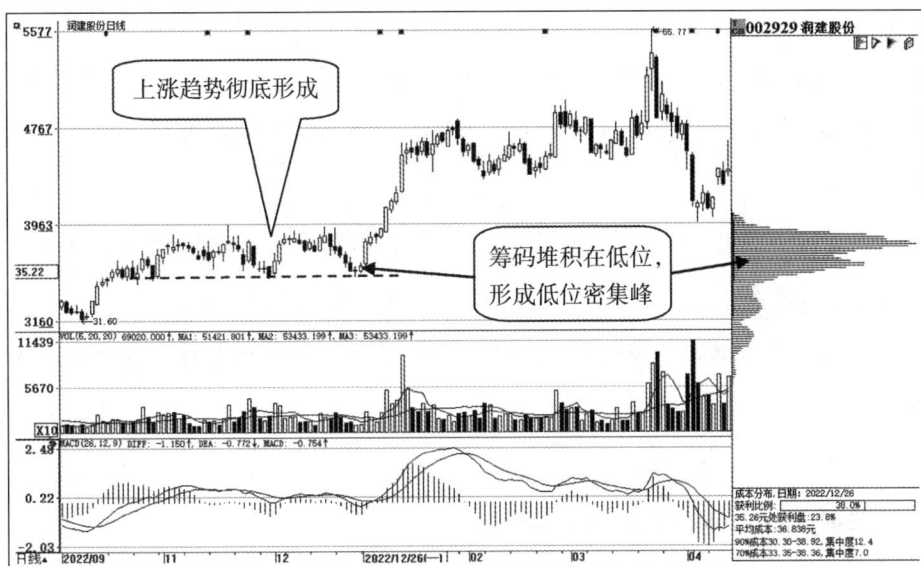

图6-2　润建股份日K线1

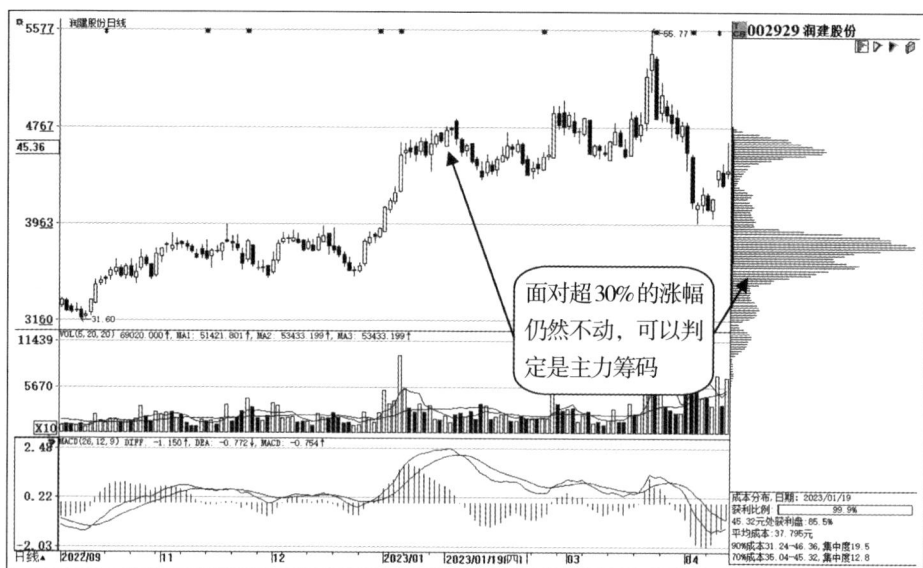

图6-3　润建股份日K线2

实战经验

在实战中，投资者要注意以下3个方面。

1.主力的行为特征是不断变化的，这是主力与散户的显著区别。在20世纪90年代初期，主力的操作策略与2000年时相比，有很大的不同；而现在，主力的操作策略与2000年时也有很大的不同。但散户的操作策略基本没有什么大的变化。

2.警惕小道消息。小道消息很容易泛滥，因为散户很喜欢通过这种简便的方式了解主力的情况。事实表明，小道消息往往是误导散户的消息。

3.监测主力筹码还有其他许多方法。投资者可以借助各种工具进行深入挖掘。

关键点2：下移法测量主力筹码。

下移法测量主力筹码有1个重要假设，即"获利25%仍然没有抛出的筹码为主力筹码"。

因此，投资者要想测定某一日的主力筹码，可以将光标定位在该股收盘价下方25%的位置，看该位置的获利筹码有多少，即为主力筹码。

投资者需要注意的是，下移法一般只能用于股价正在强劲拉升上扬的个股。

图6-4为新乳业（002946）2023年2月16日的筹码分布图。

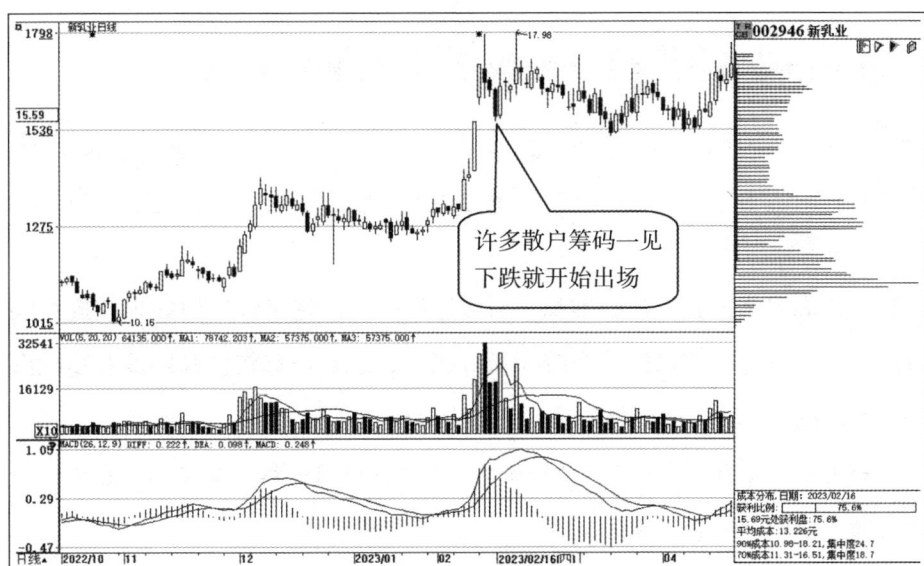

图6-4　新乳业日K线1

2月16日前后，股价在经过一波大幅上涨之后开始回落，许多筹码正在向上转移，但2月16日的筹码分布图表明，下方仍有筹码在持股待涨。那么其中的主力筹码有多少呢？

2月16日，该股收盘价为15.73元，跌幅25%的价格为11.8元。投资者移动光标可以看到26.1%的筹码处于获利状态，即主力筹码约为流通盘的26.1%，如图6-5所示。

关键点3：横盘法测量主力筹码。

在长期震荡走势中，大量低位筹码向上转移，同时许多高位筹码也向下

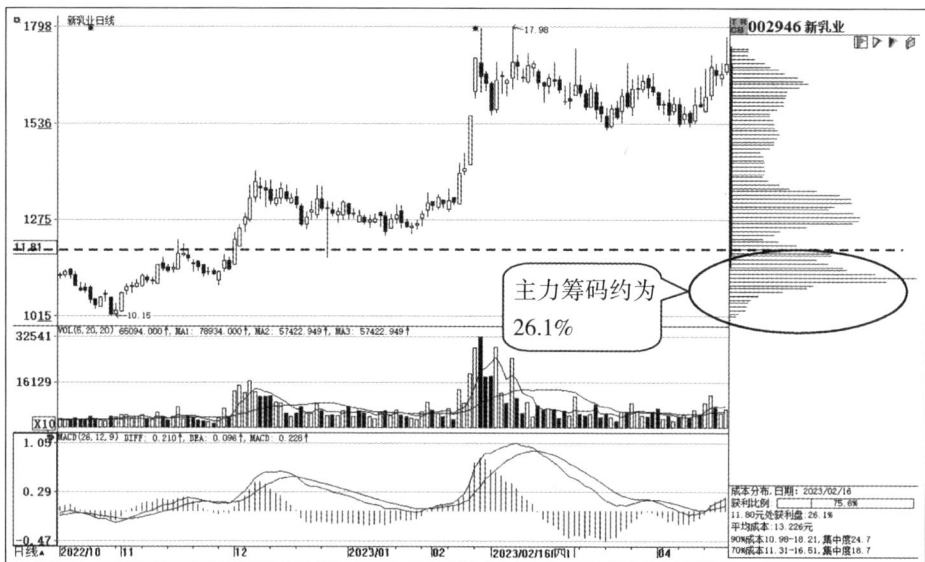

图 6-5　新乳业日 K 线 2

转移，造成震荡区域的筹码堆积，形成筹码分布的密集峰。但如果在震荡区域的下方或下方一档仍然分布着大量筹码，就表明仍有较多筹码没有趁机出场，而是持股待涨。这部分筹码就是主力筹码。

如图 6-6 所示，2022 年 6 月初到 7 月下旬，中国天楹（000035）在经过一波上涨之后处于矩形震荡中。

7 月中旬，经过 1 个多月的震荡，大部分筹码都已经转移到整理区域。此时，从 7 月 15 日的筹码分布图中可以看出，矩形下边线 5.05 元下方的筹码为流通盘的 29.8%。这部分筹码在 1 个多月的震荡中持股不动，大概率属于主力筹码。

实战经验

在实战中，投资者使用横盘法要注意以下两个方面。

1.横盘法使用的前提是，股价需要在一个矩形箱体内震荡较长一段时间。否则对散户的考验强度达不到，就显示不出主力的耐心。

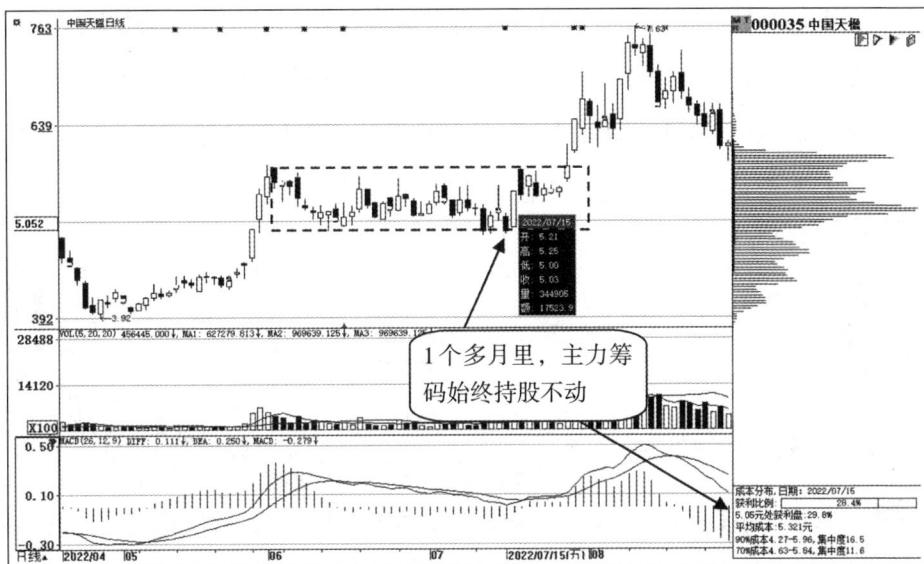

图6-6 中国天楹日K线

2.投资者要警惕重要支撑线的作用。

6.1.2 主力吸筹的6种量价表现

吸筹建仓，是主力运作一只股票的第一步，主力往往会选择下跌一段时间之后的股票介入建仓。在这个过程中，投资者可以通过以下的量价表现来判断市场所处的阶段。

1.无量止跌

在下跌趋势后期，当股价经过前期大幅下跌之后开始止跌甚至逐步回升，与此同时成交量极度萎缩，即为无量止跌现象。它表明随着股价的不断下跌，做空动能逐步释放，上涨动能逐步积聚，股价有较大可能即将结束单边下跌行情，有望迎来反弹甚至是反转行情。

投资者一旦发现股价走势中出现无量止跌现象，就要注意，这只股票往往会成为主力建仓的对象。

如图6-7所示，2022年10月中下旬，深纺织A（000045）的股价在经历了一波较大的下跌走势之后，逐渐止跌回升，同时成交量极低，形成无量止跌态势。之后，伴随着主力的建仓，股价出现了一波上涨走势。

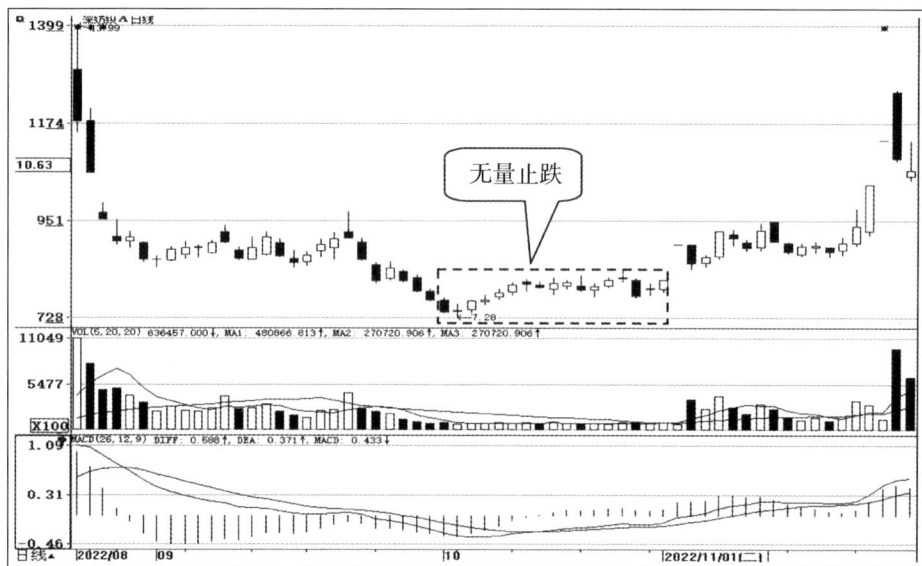

图6-7　深纺织A日K线

精讲提高

在把握无量止跌态势时，投资者要注意以下两个方面。

1.股价经过长期下跌之后，出现这种无量止跌现象，并不代表股价马上就会迎来一波上涨趋势。股价有可能接下来出现一波长时间的震荡走势，在震荡中不断地筑底。

2.无量止跌之后的走势，投资者可以结合其他技术分析工具进行综合研判。

2.地量之后的放量

地量之后的放量是指，股价经过一波较大的下跌趋势之后，在低位缓缓震荡，同时成交量极度萎缩，之后，伴随着股价的缓缓上涨，成交量也逐渐放量的过程。它表明市场做空动能越来越弱，上涨动能正在逐步积聚，主力正在逐步建仓。股价接下来有较大可能出现一波上涨走势。

　　如图6-8所示，2023年1月中旬到2月下旬，华锦股份（000059）的股价在经历一波较大的下跌趋势之后，成交量也出现地量。2023年1月16日之后的一个多月里，该股成交量明显放量，形成地量之后的放量态势。它表明市场上涨动能正在积聚，主力正在积极建仓。

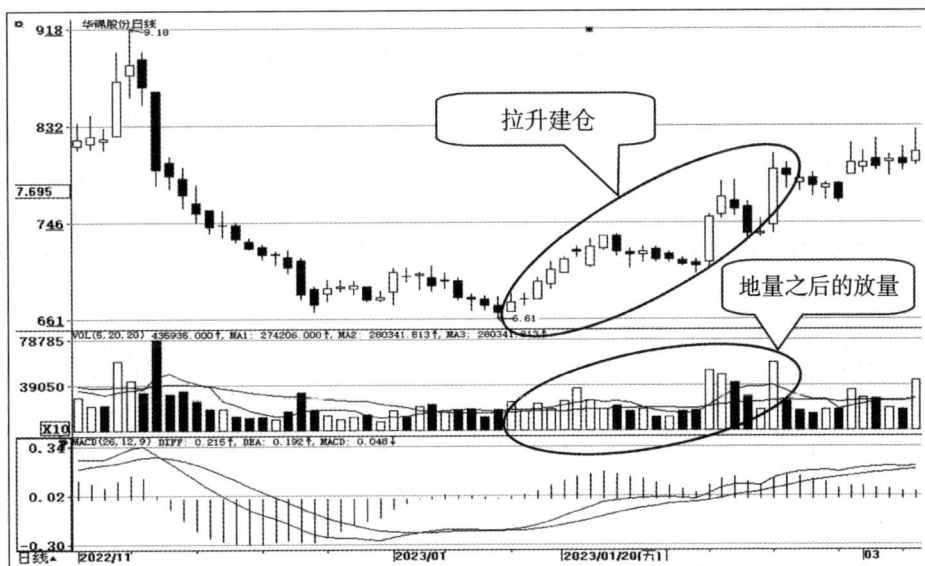

图6-8　华锦股份日K线

实战经验

　　地量之后放量，往往出现在股价低位震荡筑底的过程中。投资者在实战中，要注意该量价表现形成之后股价的走势。如果股价回调但得到强力支撑，则上涨趋势彻底形成的概率较大，投资者可以及时入场。

3.无规则放量

　　当股价运行到市场底部区域时，成交量时大时小，毫无规律可循，同时股价也随之出现大幅度的震荡，即为无规则放量态势。这种态势，往往是主力在建仓过程中的试盘所致，其主要目的是测试盘中持股者的持股信心和场外投资者的跟风情况。在这个过程中，成交量的放大多是主力资金自买自卖所产生的。

当主力资金完成建仓并试盘之后，如果该主力已经基本达到控盘的目的，股价接下来有较大可能出现一波上涨趋势。

如图6-9所示，2022年4月到7月，莱茵体育（000558）的股价经历了前期的下跌之后，在低位上下震荡，同时成交量在这段时间内时大时小，形成无规则放量的态势。它表明主力正在积极建仓和试盘，市场有较大可能出现一波上涨趋势。2022年8月下旬之后，该股股价出现一波上涨趋势。

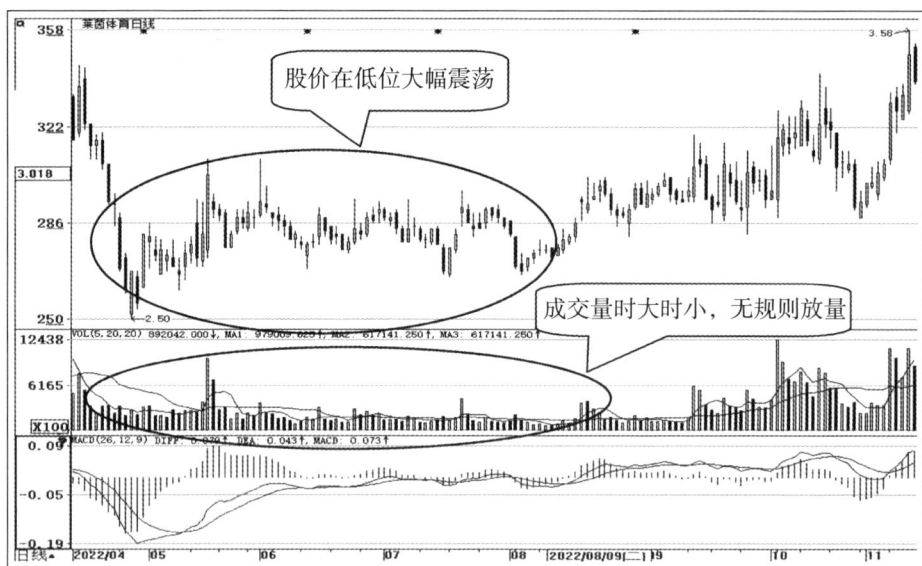

图6-9　莱茵体育日K线

如图6-10所示，2021年2月到5月，万向钱潮（000559）的成交量时大时小，呈现无规则放量的态势，同时股价经历了前期的下跌之后，在低位开始震荡筑底。它表明市场上涨动能正在积聚，主力正在不断地收集筹码，并不断试盘。从6月开始，该股明显放量上涨。

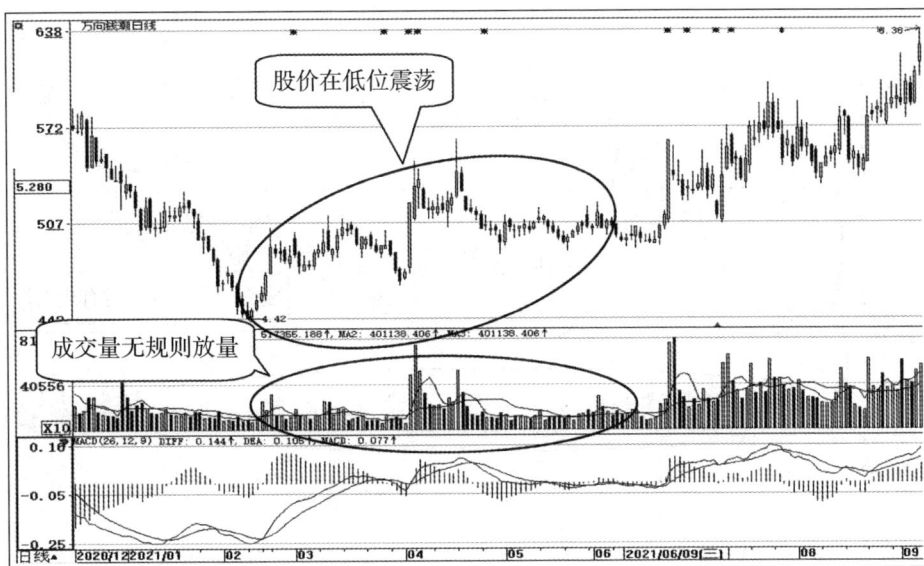

图 6-10 万向钱潮日 K 线

📖 **实战经验**

投资者需要注意的是，当股价在底部不断震荡时，成交量虽然时大时小，但与前期相比，总体上处于放量状态。对这种底部无规则放量，投资者一旦见到，就要注意。

4. 横盘之后放量破位

在下跌趋势后期，股价经过前期下跌之后，开始在底部震荡筑底。如果股价的震荡筑底持续时间很长，同时成交量不断增长，就表明主力在这个过程中不断地震荡吸筹，市场有较大可能以时间换空间的形式来消耗掉上涨趋势的第一波涨幅。而股价一旦选择向上，就会很快放量突破前期震荡高点，出现一波波澜壮阔的上涨趋势。

如图 6-11 所示，2022 年 4 月到 12 月，生物股份（600201）的股价经过前期下跌之后，在低位经过了 8 个多月的震荡，同时成交量时有放大。2023 年 1

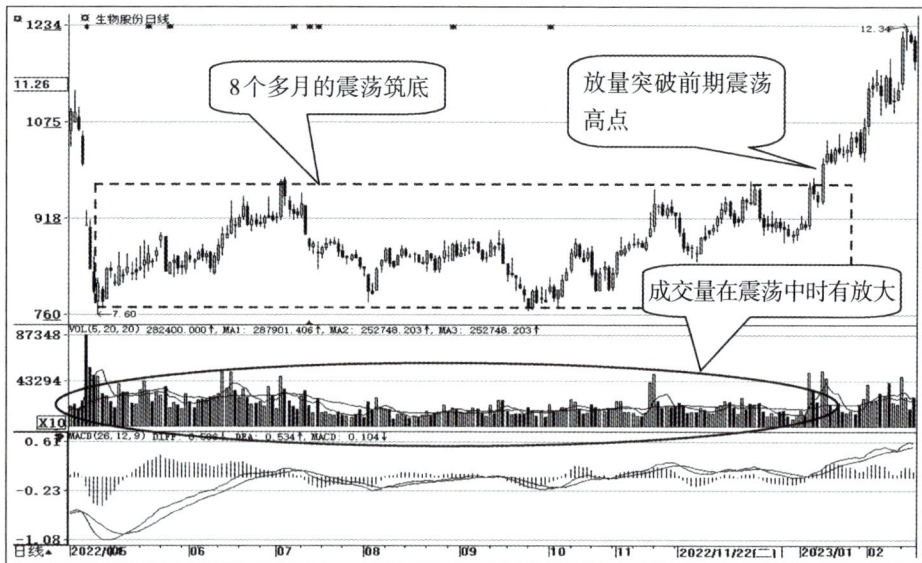

图 6-11　生物股份日 K 线

月 10 日，该股股价向上突破前期震荡高点，市场上涨趋势形成，之后该股涨幅巨大。

实战经验

在前面的章节中已经对该价量关系进行过介绍。一般来说，股价横盘一旦超过 3 个月，就很有可能是以时间换空间的形式在积聚动能，而一旦抉择了最终的方向，就将有一波较大幅度的涨跌。因此，投资者对这种量价关系要十分警惕。

5. 股价启动初期单日放量

股价低位震荡之后，在上涨趋势启动之前，有时候会出现一个放量上涨的大阳线，甚至是以涨停板的形式出现，即股价启动初期的单日放量。它表明主力在经过了较长时间的建仓之后，进行最后的试盘。如果市场抛盘较弱，主力已经掌握了大部分筹码，紧接着一波上涨趋势就将出现。

如图 6-12 所示，2022 年 10 月 31 日，皖通高速（600012）的股价在经历了下跌企稳后，出现一根巨量大阳线，一举向上突破前期高点。它表明主力经过建仓之后，正在进行最后的试盘。之后股价继续上涨，表明抛盘较弱，主力控盘程度已经很高。

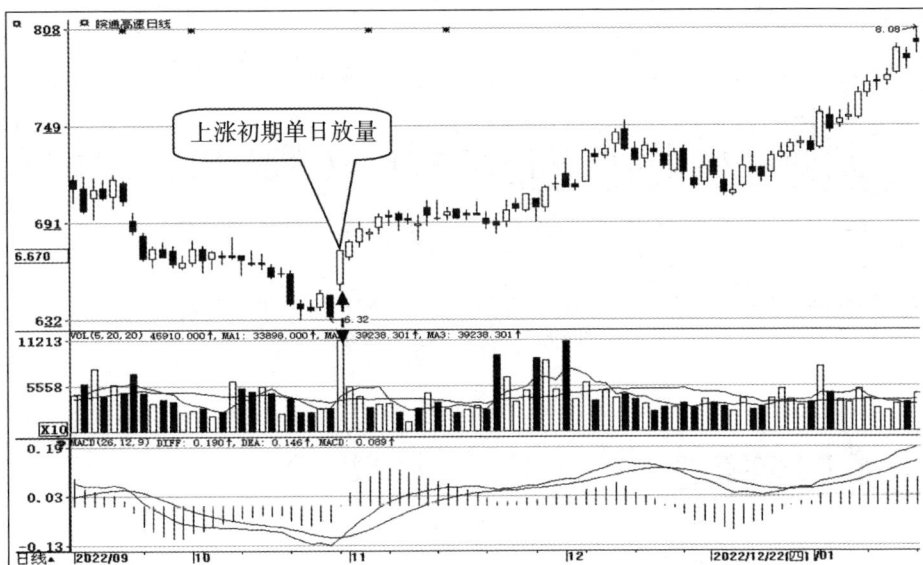

图 6-12　皖通高速日 K 线

6.底部放量滞涨

底部放量滞涨是指，当股价在底部区域震荡运行时，在成交量明显放量的情况下，股价并没有上涨多少，在滞涨之后出现一波下跌走势并重新回到原来震荡区域。这种量价表现往往是主力在底部建仓时试盘所造成的。当主力试盘发现市场抛压仍然很严重时，就会将股价打压下去，继续在震荡中吸筹。

如图 6-13 所示，从 2022 年 11 月开始，华能水电（600025）的股价在经历了一波下跌走势之后，开始在底部震荡。11 月 23 日，股价放量上涨突破前期震荡高点，但随后就开始滞涨，高位横盘十几个交易日后跌回前期震荡区域。它表明主力在试盘后发现抛压依然严重，又开始在震荡中吸筹。

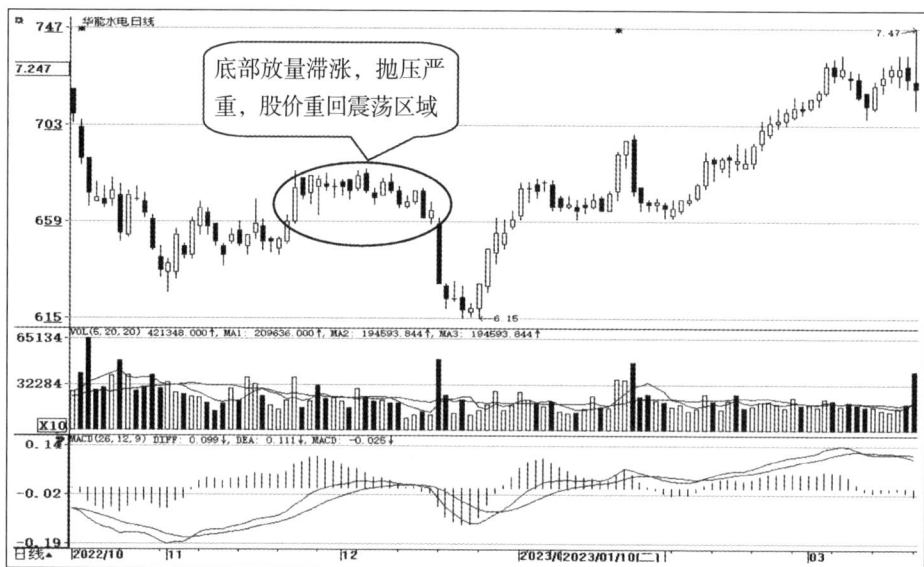

底部放量滞涨，抛压严重，股价重回震荡区域

图 6-13　华能水电日 K 线

实战经验

在实战中，投资者要注意以下两点。

1.底部放量滞涨往往出现在一段时间内，而不是在单一交易日中出现。

2.一般来说，底部放量滞涨之后，股价仍将有一段时间的震荡，投资者要密切注意市场之后的动向。

6.1.3　主力洗盘的2种方式

在洗盘阶段，主力一般通过两种方式来诱使投资者卖出股票。一种是通过短期内打压的方式洗盘，另一种是不断震荡的方式洗盘。

1.打压洗盘

打压洗盘就是主力不断抛售股票，使股票走势形态变坏，最终诱使投资者卖出股票的一种洗盘手法。这种洗盘手法往往被用在投机氛围比较浓的股票上。投资大众对这类股票大多是抱着投机的心态，一旦走势变坏就会有大量筹码出逃，这样主力通过打压的方式洗盘的效果会比较理想。

一般主力的打压都会借助大盘的弱势或者利空消息来造势，此时向下打压会事半功倍。在打压过程中，股价会跌破一些重要的技术点位，以此来制造恐慌效应。

随着股价下跌，成交量会不断缩减甚至出现地量，筹码逐渐转移到主力手中。这就说明新进入的投资者并不急于卖出股票，也就验证了主力洗盘的策略。等成交量降低到一定水平时，主力洗盘的目标已经达成，股价就会被继续拉升。

如图6-14所示，从2022年11月开始，京基智农（000048）的股价在经历了主力的拉升之后，开始高位震荡。在这个过程中，股价先是平行移动，12月19日，股价向下跌破前期低位，显示出较强的下跌动能，同时成交量持续缩减。从2022年12月29日的筹码分布图中投资者还可以看出，筹码已经集中且转移到主力手中，表明这只是主力的打压洗盘。之后，股价继续快速上涨。

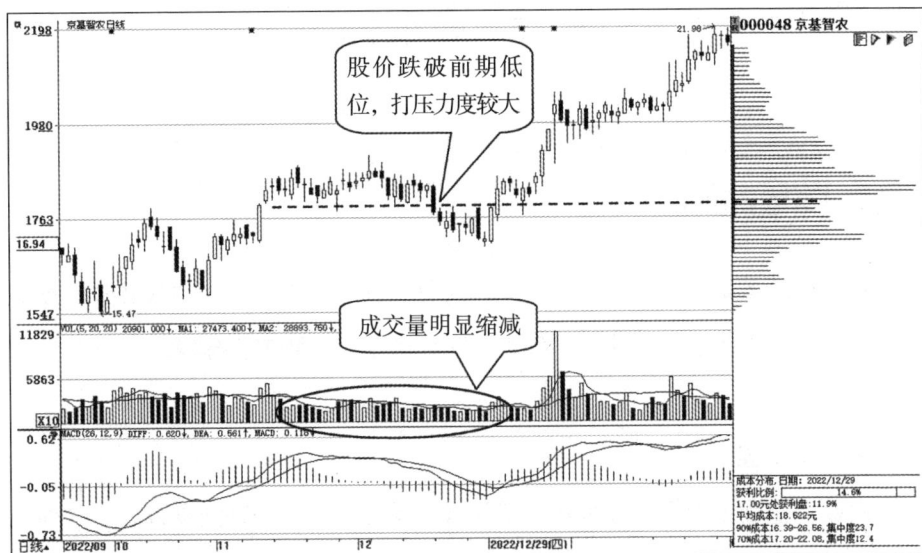

图6-14　京基智农日K线

如图6-15所示，2022年2月到4月，恒源煤电（600971）一直处于上涨趋势中。在这个过程中，3月15日，主力在回调过程中以近乎跌停的方式进行打压洗盘，一度跌破60日均线。

打压洗盘之后，从2022年3月16日的筹码分布图中可以看出，筹码的集中度已经较高。

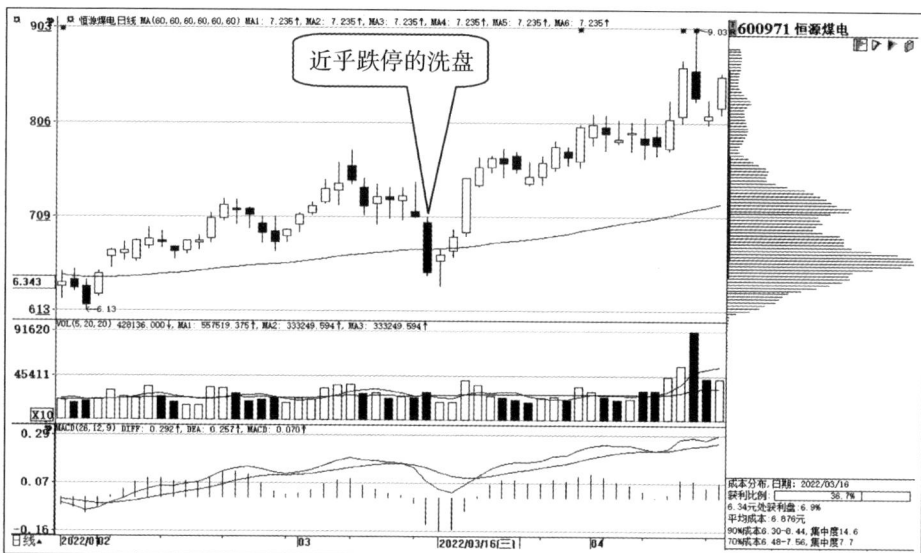

图6-15　恒源煤电日K线

📖 实战经验

股价价跌量缩，到底只是主力的一次打压洗盘还是市场的彻底转势，投资者可以结合一些技术指标进行研判，常用的有均线、MACD指标等。

2.震荡洗盘

震荡洗盘是主力操纵股价在一定区域内反复波动的一种洗盘方式。这种洗盘方式一般被使用在一段较大幅度的上涨之后。此时市场中的获利盘、短线盘较

多，主力通过较长时间的反复震荡，促使失去耐心的短线盘出局。通过震荡洗盘
的方式，主力可以很好地抬高市场平均成本，为下一步拉升做好充分准备。

　　震荡洗盘的盘面特征有两个，如图6-16所示。

> **第一，股价走势往往会呈现某种整理形态。**
>
> 例如三角形、旗形、矩形、楔形等整理形态，这预示着股价仍将延续原来的上涨趋势。
>
> **第二，筹码分布逐渐集中，成交量整体呈现逐渐缩减的态势。**
>
> 随着获利筹码的不断出局，新进入的筹码不断沉淀下来，成交量也相应地逐步缩减。这是震荡洗盘的最大特征。

图6-16　震荡洗盘的盘面特征

　　震荡洗盘结束后，股价在主力的拉动下，将向上突破整理形态，同时伴
随着成交量的放大。

　　如图6-17和图6-18所示，2021年9月下旬到12月下旬，华东医药
（000963）的股价经过一波涨势之后开始盘整。2个多月的时间里，该股在
34.5元上下震荡，同时伴随着筹码的逐渐集中，主力洗盘的意图十分明显。

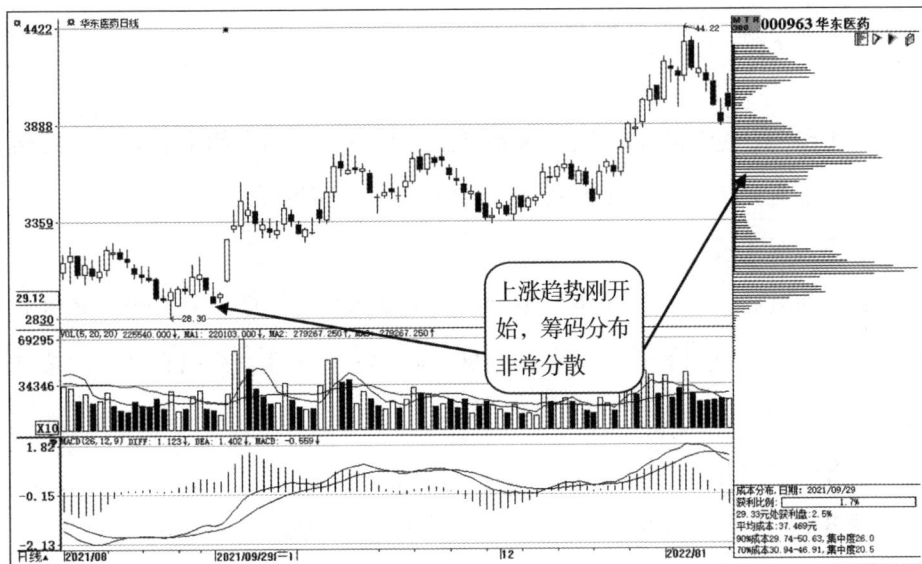

图6-17　华东医药日K线1

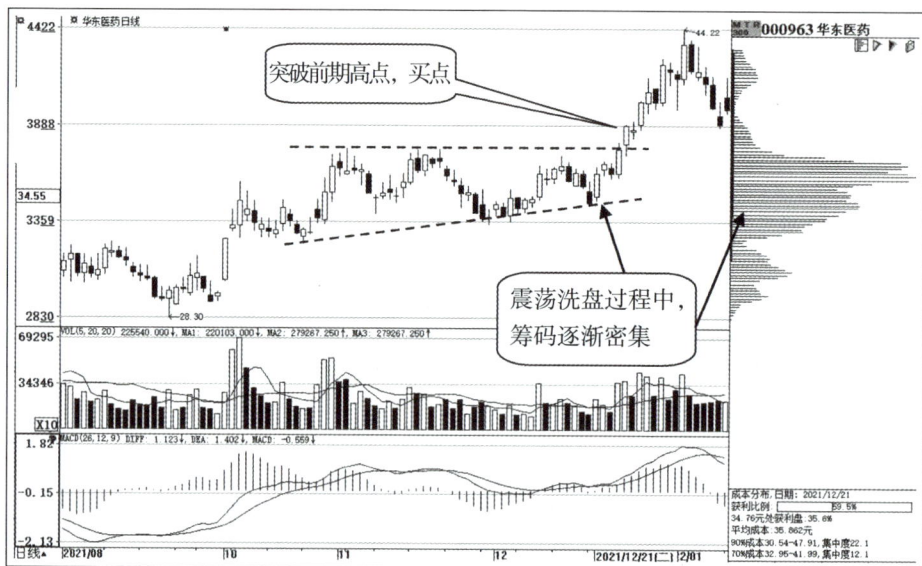

图6-18　华东医药日K线2

　　2021年12月27日，股价向上放量突破前期震荡高点，表明主力的震荡洗盘已经结束。之后，该股快速上涨。

6.1.4　主力拉升的3种形态

　　主力吸筹建仓完毕后，就要准备洗盘和拉升。前面介绍了主力洗盘的两种方式，这里介绍主力拉升的3种形态及其筹码分布特征。

1.直升机式拉升

　　直升机式拉升，是指股价在短时间内被主力连续大幅拉升。股票经过充分的洗盘，同时又有着重大的利好题材，此时主力往往会采取直升机式拉升的方式，将股价快速拉高。

　　直升机式拉升有3个特点。

　　特点1：沿着5日均线连续上涨，在拉升过程中基本不会跌破5日均线。

　　特点2：一般需要大盘走势的配合，或者个股出现突发性利好。

特点3：股价在这个过程中不会出现明显回调，一旦投资者抛出股票，就只能以更高的价格买回（即踏空）。

直升机式拉升开始后，上方一部分筹码被扫，同时低位散户筹码面对股价的大涨也会逐渐抛出，造成筹码的不断分散。

图6-19和图6-20分别为重庆路桥（600106）2021年11月22日和12月10日的筹码分布图。

11月22日，股价经过震荡调整之后，筹码已经较为集中，低位密集峰十分经典。之后，股价出现直升机式拉升，价格沿着5日均线迅速上涨。到12月10日，部分筹码已经转移到上方。这表明在直升机式拉升的过程中，筹码分布的分散程度大大增加。

2.推土机式拉升

推土机式拉升，又称慢牛式拉升，是指K线保持一定的上扬角度，较缓慢但是很持续地向右上方推进，像推土机一样将股价慢慢推高。这种拉升方式虽然较慢，但是主力会比较省力。

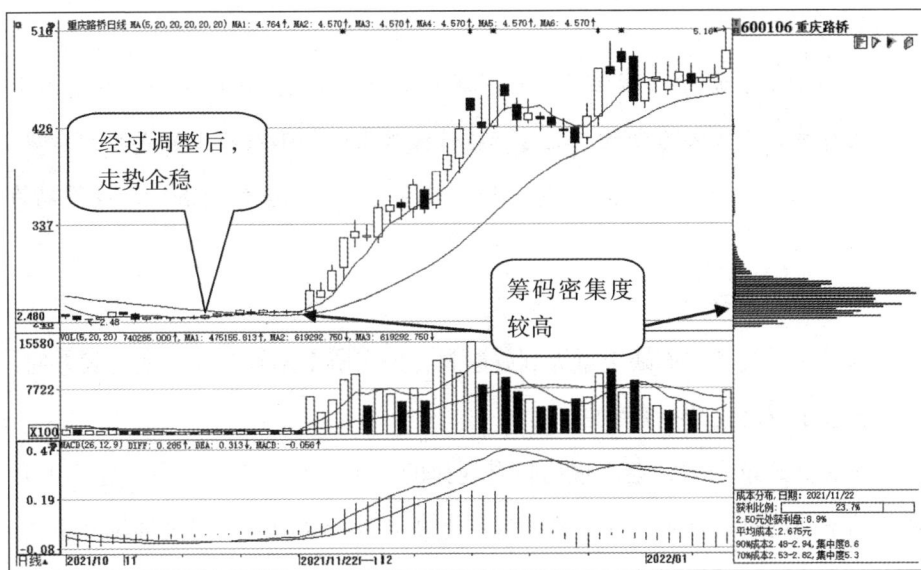

图6-19　重庆路桥日K线1

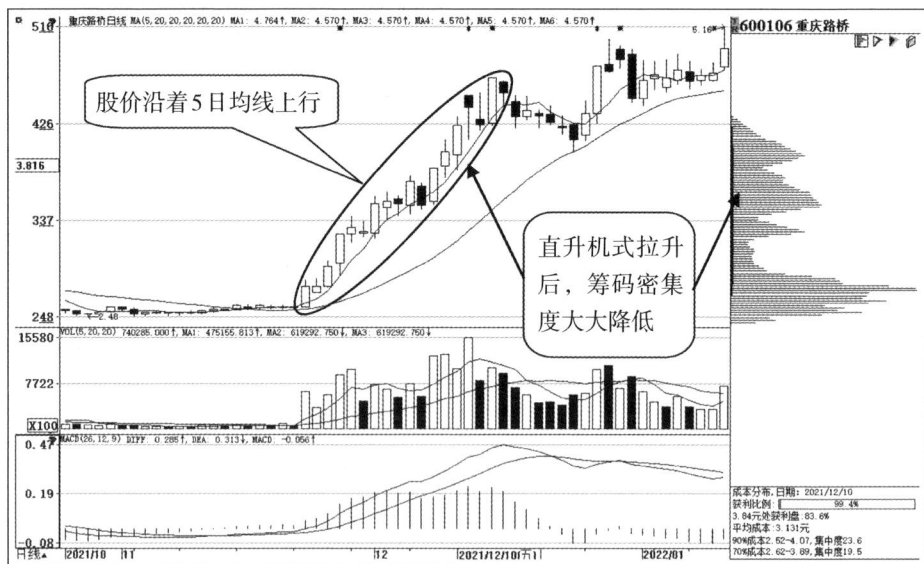

图 6-20　重庆路桥日 K 线 2

推土机式拉升表明市场主力的拉升意愿不强，即上涨动能不是很强。在这个过程中，高位筹码也会逐渐向下方移动，而主力则趁机继续吸纳。

图 6-21 和图 6-22 分别为波导股份（600130）2022 年 10 月 31 日和 11 月 17 日的筹码分布图。

10 月 31 日，股价回调但无法再创新低，同时 K 线形成低位孕育的看涨形态，此时筹码分布较为分散。之后，股价缓缓上涨，形成推土机式拉升态势。到 11 月 17 日，许多高位筹码纷纷出场，而主力则趁机全部接下，形成筹码的密集峰。

3.震荡式拉升

当运作个股基本面缺乏重大利好题材，或者资金不够充裕、实力较差时，主力多采用震荡式的拉升手法。

在震荡式拉升中，会出现比较有规律的宽幅上升通道，主力在这个上升通道的下轨处进行低吸，在上升通道的上轨处进行高抛。使用这种拉升手法，主力既可以通过反复地高抛低吸，实现丰厚的波段利润，又可以减少拉升的

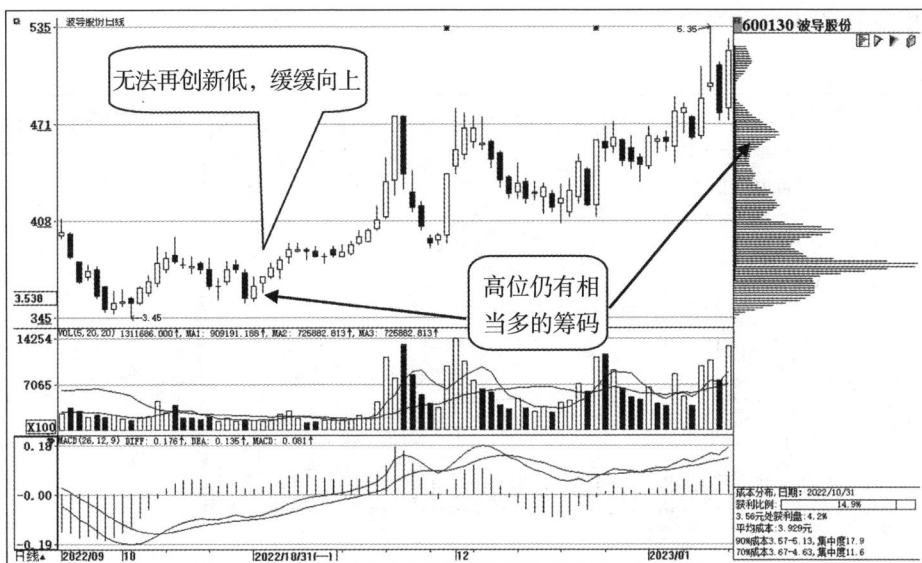

图 6-21　波导股份日 K 线 1

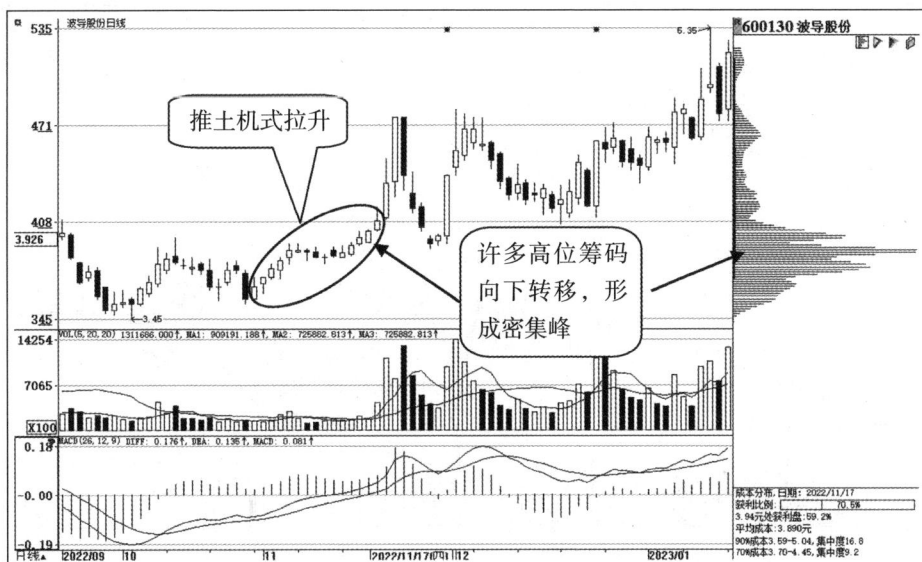

图 6-22　波导股份日 K 线 2

资金压力。

在震荡式拉升中，相对低位密集峰将逐渐向上方转移。

图 6-23、图 6-24 分别为兰花科创（600123）2022 年 2 月 7 日和 2022 年 4

197

月11日的筹码分布图。

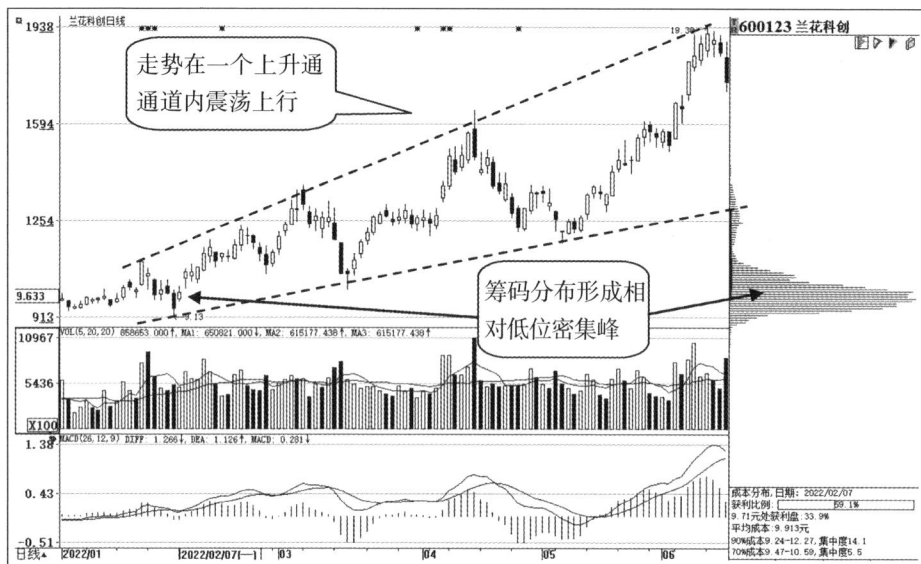

图6-23 兰花科创日K线1

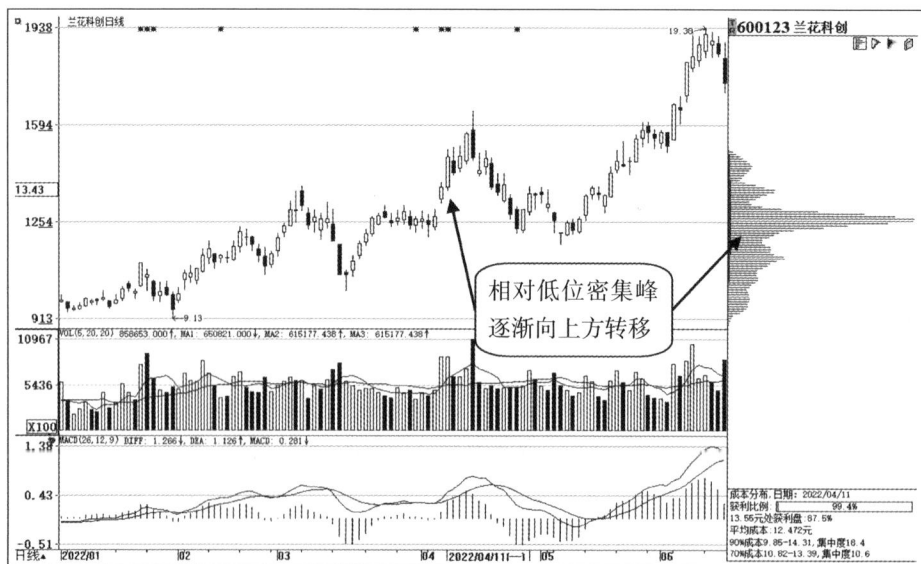

图6-24 兰花科创日K线2

2022年1月到6月，该股在一个上升通道内持续地震荡上涨。从这两日的筹码分布图中可以看出，筹码的相对低位密集峰逐渐向上移动。

当看到震荡式拉升手法时，中长线投资者可以持股不动，短线投资者可以在通道内进行波段操作，低买高卖，博取波段收益。

6.1.5　主力出货的8种手法

出货阶段，是主力运作一只股票中最为重要的阶段，它关系到主力是否能够成功兑现账面利润。主力以前所做的一切，包括建仓、洗盘和拉升，都是为最后阶段的出货做准备，出货是否顺利，决定了主力本次运作的成功与否。

按照主力出货的方式，可以将出货分为拉高出货、借利好集中出货、打压出货、借反弹出货、震荡市缓慢出货、盘中钓鱼线出货、涨停板出货和假突破出货。

1.拉高出货

拉高出货是指主力出货前要将股价快速拉升，吸引买盘加入，当承接盘大量出现后，主力开始在高位出货。当股价开始大幅回落时，就说明主力基本出货完毕。在拉高出货时，筹码将大量地向高位转移，这大多是散户追高所造成的。

如图6-25所示，2022年6月1日，金健米业（600127）在经过两个放量涨停板的快速拉升之后，大量筹码开始蜂拥而出。当天该股成交量创出新高，K线收出一根阴线，表明主力正在疯狂出货。从2022年6月7日的筹码分布图中可以看出，在主力拉高出货过程中许多筹码转移到上方。

2.借利好集中出货

主力出货的一个常用方式，就是将股价拉升至高位，利用个股的利好消息或者利好预期吸引大量买盘入场，自己则趁机集中出货。

有时主力急于出货，或者出货困难，即使股价阶段性涨幅不大，主力仍

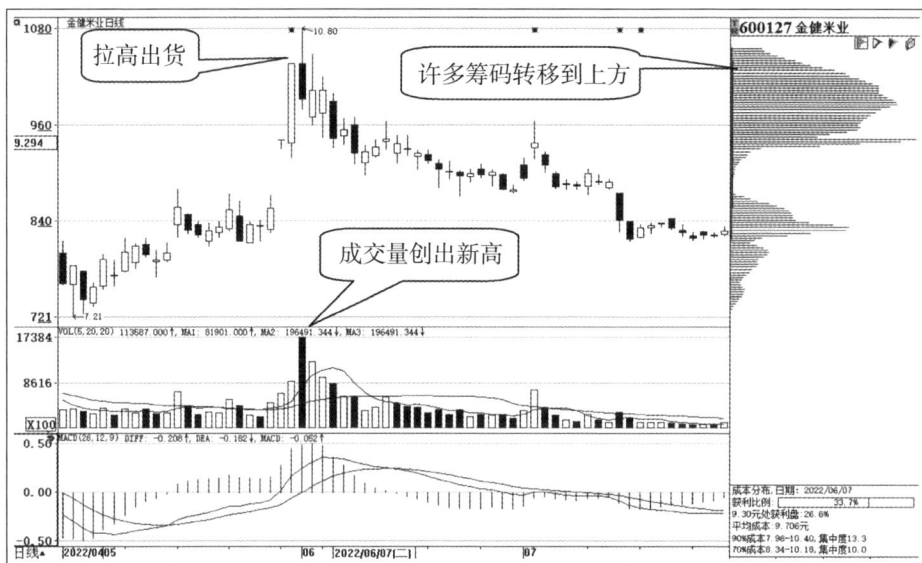

图6-25　金健米业日K线

会借助利好大力出货。

如图6-26所示，2023年2月至3月，市场传闻博菲电气（001255）将要进行重大投资活动。在该股尚未公布的利好消息的刺激下，股价出现明显上涨。3月16日，消息正式公布之后，该股股价放量涨停，主力借利好出货，股价随之在高位滞涨，很快就出现一波下跌走势。

3.打压出货

打压出货，又称杀跌出货，一般出现在大势已经走弱的时候，此时市场人气不足，投资者买入的积极性不高，主力无法通过震荡或者拉高的方式卖出股票，只能采取向下打压的方式，寻找逢低买盘来出货，结果是股价在主力的出货压力下频频走低。

如图6-27所示，2021年12月底，股价在高位震荡的中直股份（600038）开始快速下跌，并伴随着成交量的迅速放大，主力出货意图明显，此时投资者应尽快清仓离场。

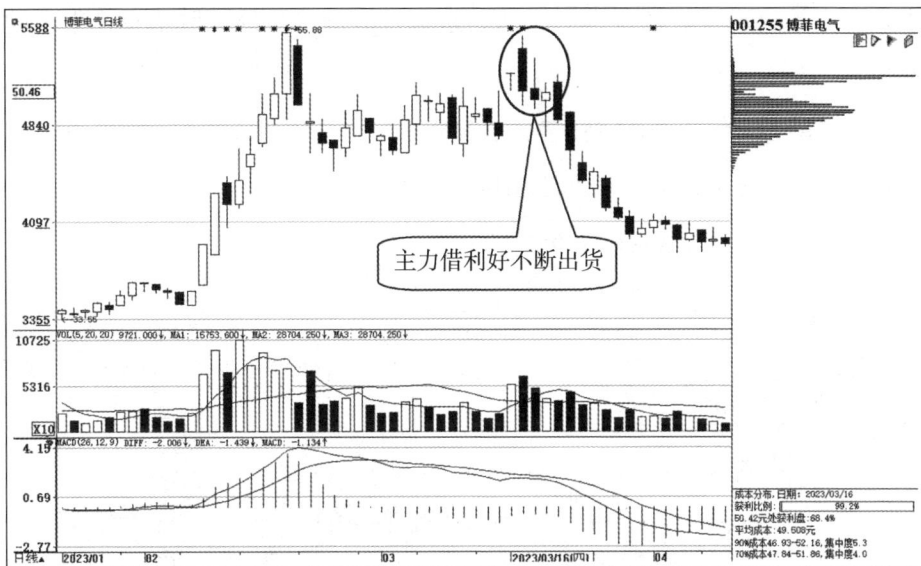

图 6-26　博菲电气日 K 线

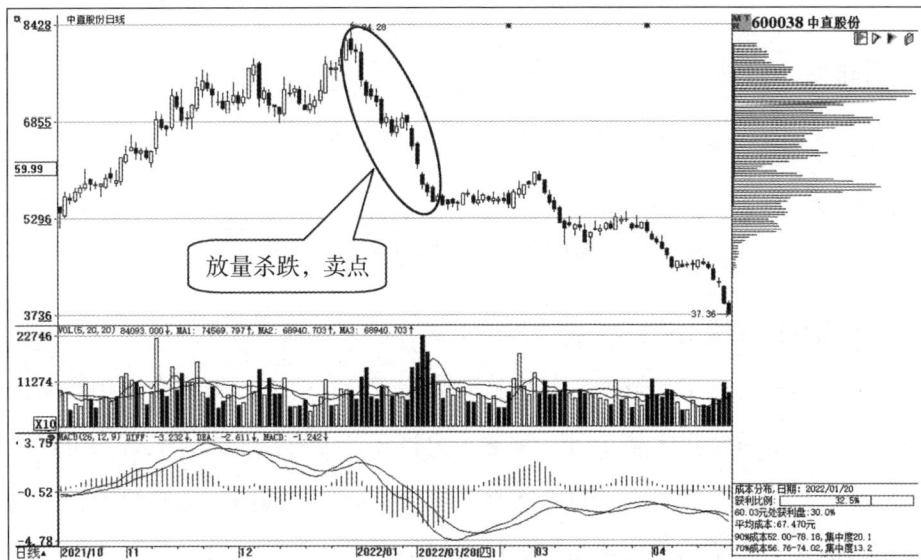

图 6-27　中直股份日 K 线

4.借反弹出货

在下跌趋势已经形成之后，当主力因为对行情判断错误，或者出现巨大利空而没有及时出货时，往往会在大盘反弹时趁机推高股价，然后将手中筹码卖给进场抄底的投资者，从而避免日后进一步的下跌给自己带来的损失。

如图 6-28 所示，2022 年 8 月，已经处于下跌趋势中的深桑达 A（000032）出现一波反弹走势，同时成交量也放大，主力趁机将手中筹码悉数出掉。之后，股价再次出现大幅度的下跌。

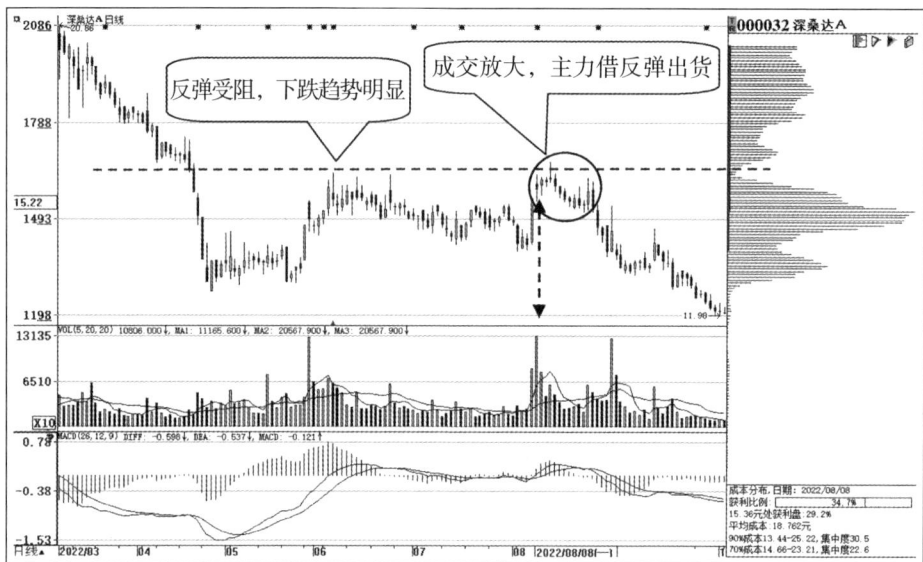

图 6-28　深桑达 A 日 K 线

5.震荡市缓慢出货

当主力的持仓量比较大，且出货时间比较充足时，一般都会采用震荡出货的手法。股价经过大幅拉升，到达主力目标价位后，主力开始将股价控制在一个区域内上下震荡，在这个震荡区域内，股价上涨时主力顺势出货，股价下跌时主力为了不让股价出现破位进行护盘，从而稳住其他的投资者，在震荡中出掉手中所有筹码。

主力震荡出货结束后，散户筹码一般集中在高位震荡区域，成为接下来下跌趋势中的套牢盘。

如图 6-29 所示，2022 年 11 月中旬到 12 月中旬，人民同泰（600829）的股价在经过前期大幅上涨后进入高位震荡阶段。随后股价开始表现出弱势，此时验证了震荡期间主力出货的意图。

从 2022 年 12 月 16 日的筹码分布图中可以看出，散户筹码已经集中在高位震荡区域，并且大部分已经处于被套的状态。

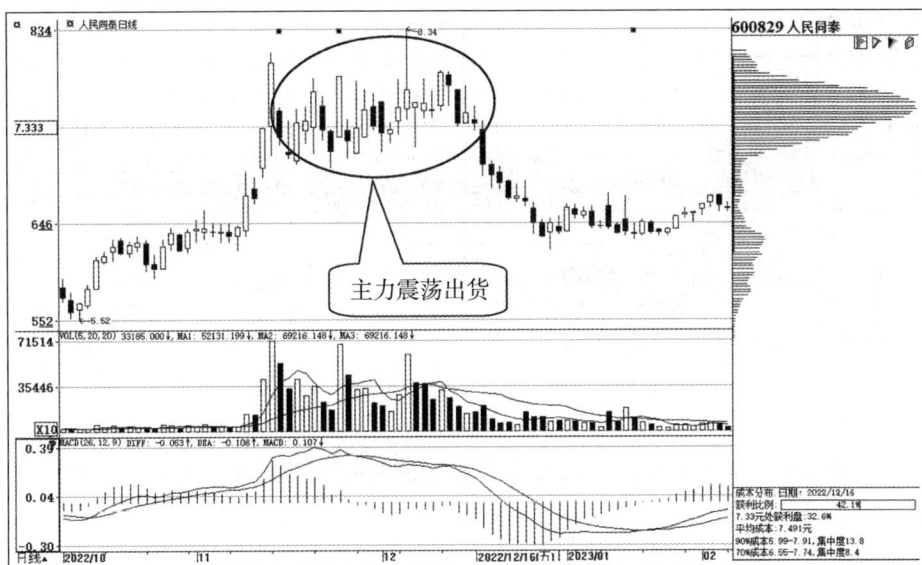

图 6-29　人民同泰日 K 线

6.盘中钓鱼线出货

盘中钓鱼线，是指在当天的分时走势图中出现股价短时间内快速拉升，随后又快速回落，形态上类似鱼竿和鱼线的一种走势。这种走势显示出主力的意图凶险，先制造出拉升的假象，诱使投资者跟进，随后开始进行出货操作。

图 6-30 为中泰证券（600918）2021 年 9 月 8 日的分时走势。

从图中可以看出，该股当日开盘后即放量拉升，但量能没能持续多长时间，股价也跟随成交量回落，形成一个倒 V 字形形态。此时投资者可以结合定义判定此为钓鱼线出货手法。

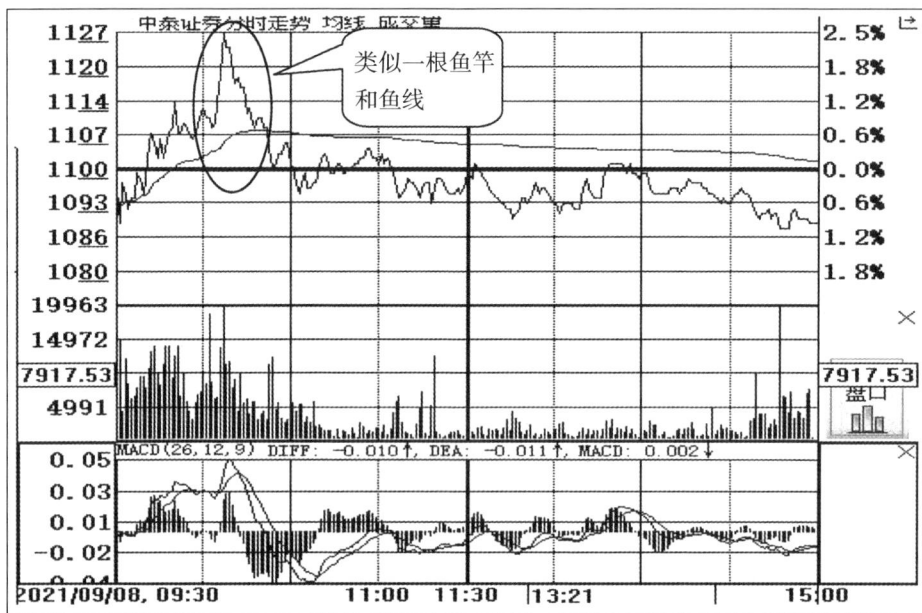

图6-30　中泰证券2021年9月8日分时走势

从图6-31可以看出，该股当日收出一根射击之星K线，显示空方动能更强，之后不久股价开始持续下滑。

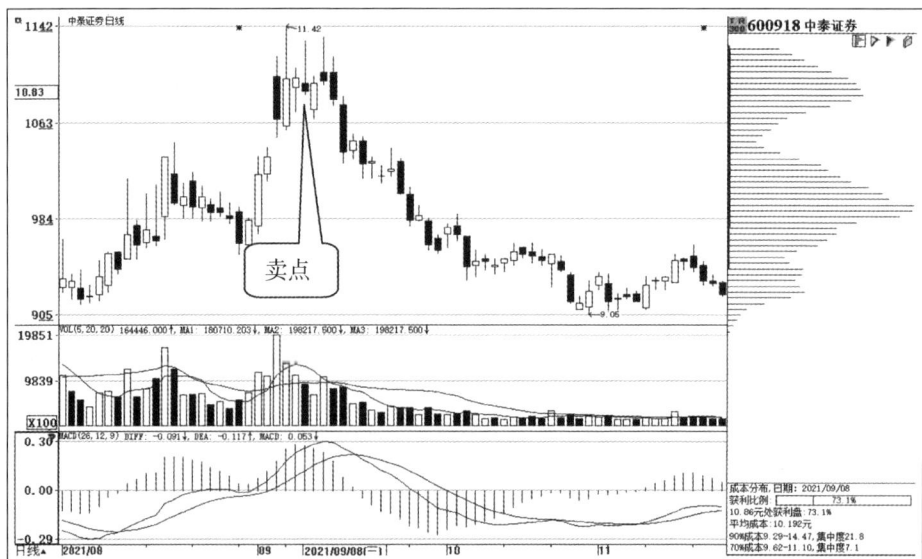

图6-31　中泰证券日K线

7.涨停板出货

一些较为明显的出货方式容易导致跟风盘，使股价在庄家出货期间大幅下滑，为了避免由此带来的损失，一些主力会采取涨停板出货手法。因为一般投资者会认为能涨停的股票会保持强势，后市依然能够看涨，所以部分投资者会挂涨停价排队买入，或者等打开涨停后在相对低位买入，此时庄家进行出货操作不会引起股价的大幅下跌，从而保住利润。

图6-32为渤海汽车（600960）2022年6月2日的分时走势。当天该股在开盘后17分钟里大幅放量下跌，但在低位震荡一刻钟后迅速被拉至涨停。接下来的时间里，股价一直停留在涨停位置上。

如图6-33所示，当日K线形成上吊线形态，显示出较强的下跌动能。第二个交易日，该股高开低走，走势疲软，盘中虽一度大幅上涨，但收盘时几乎跌停，表明有大量卖盘正在趁机卖出。显然这正是主力趁着涨停板在出货。

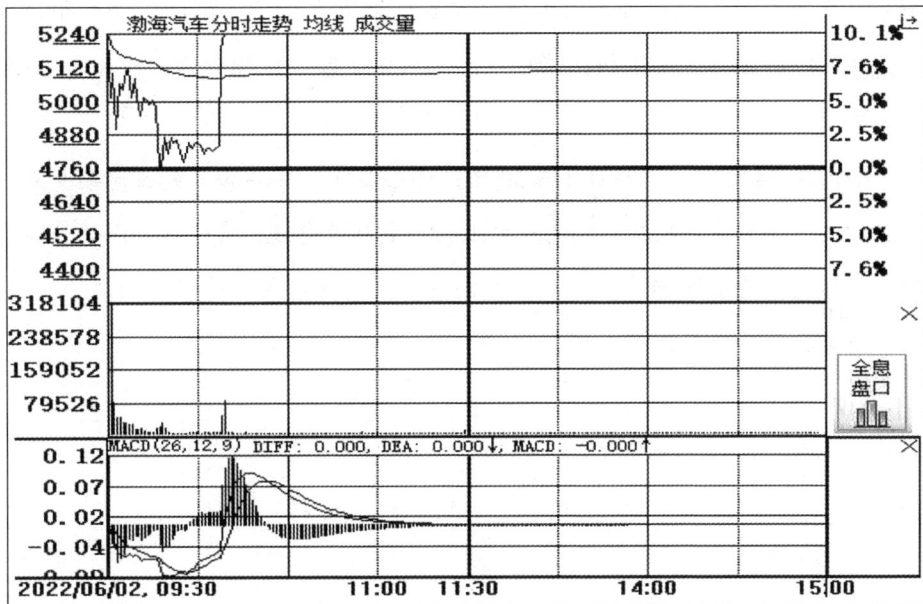

图6-32　渤海汽车2022年6月2日分时走势

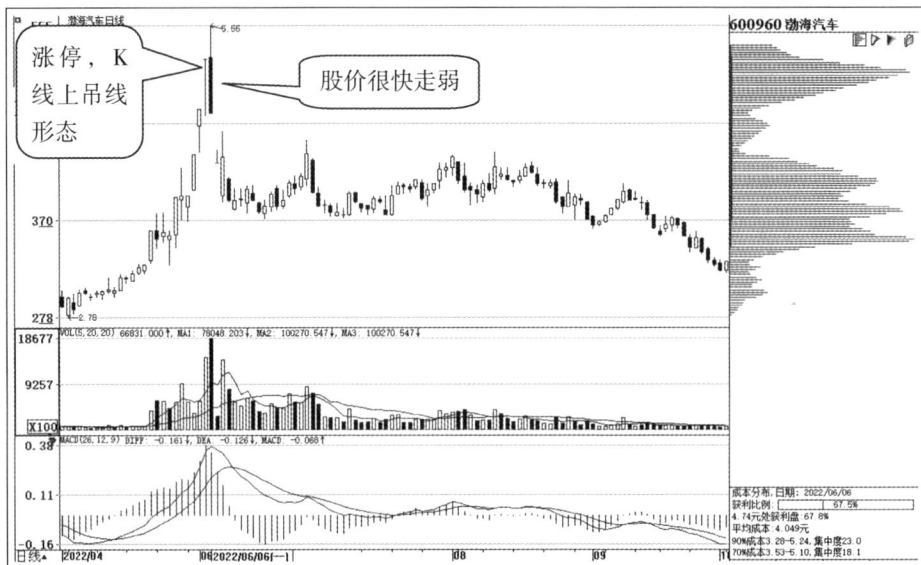

图6-33　渤海汽车日K线

8.假突破出货

假突破出货是指，主力为了造成股价将要继续上冲的假象，将股价推高至先前高点之上，让投资者以为已经突破前期高点，后市可期，匆忙跟进。而此后庄家开始不断地进行出货操作，等股价下跌一定幅度后，投资者才恍然大悟。

如图6-34所示，2023年1月30日，郴电国际（600969）突破前期高点，并且连续多个交易日收在前期高点之上，形成有效突破，有继续上涨的可能。但随后该股股价快速回落，跌破前期高点，证明此前主力借假突破出货的意图。随后股价一路下跌。

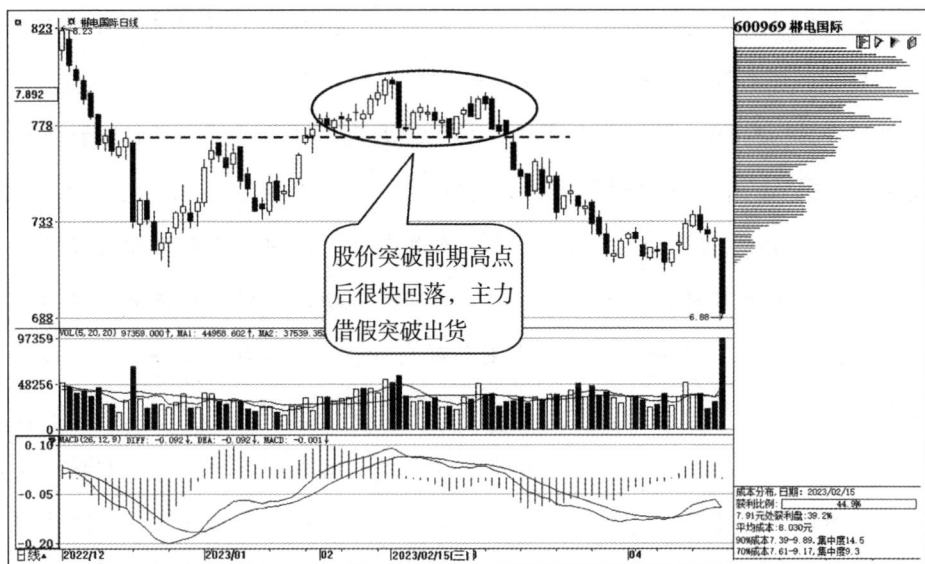

图 6-34　彬电国际日 K 线

6.2　运用筹码分布跟随主力

6.2.1　买在建仓结束时

上节介绍了 6 种主力建仓阶段的量价表现。根据这些量价运行特征，结合筹码分布指标，投资者在实战中可以注意把握以下 2 种买入时机。

1.股价在震荡阶段的突然下跌

在熊市后期，股价在底部不断震荡，主力在这个过程中不断建仓。此时股价突然下跌甚至跌破前期震荡低点，往往是主力恐吓散户、逼他们交出筹码的一种打压手段，当散户以为市场即将出现新一轮下跌走势而纷纷抛出筹码的时候，主力则迅速入场，收集散户的筹码，并很快将股价重新拉回前期震荡区间。尽管如此，市场上方可能仍会有不少散户筹码，在筹码分布图上表现为上方的密集峰形态。

为了验证主力的这种建仓手法并确定买点，投资者可以结合MACD指标作出判断。在实战中，投资者如果发现股价在底部震荡阶段突然下跌，并伴随着MACD指标DIFF线与股价的底背离，就要高度注意。一旦股价止跌并出现MACD指标的金叉，就可以大胆买入。

如图6-35所示，2022年9月下旬，健民集团（600976）的股价经过前期下跌之后，在底部经过1个多月的震荡，再次下跌甚至创下新低点。在这个过程中，MACD指标出现DIFF线与股价的底背离。这表明主力正在打压股价以获取散户手中的筹码，投资者要高度注意。从2022年10月11日的筹码分布图中可以看出，主力所掌握的筹码已经在低位形成密集峰。它表明该股主力的实力还是比较强大的，且上方压力较小。10月12日，股价止跌并且出现MACD指标的金叉，投资者可以果断买入。之后，主力迅速拉升，股价出现了一波较大的上涨趋势。10月12日买入的投资者可以耐心持股待涨。

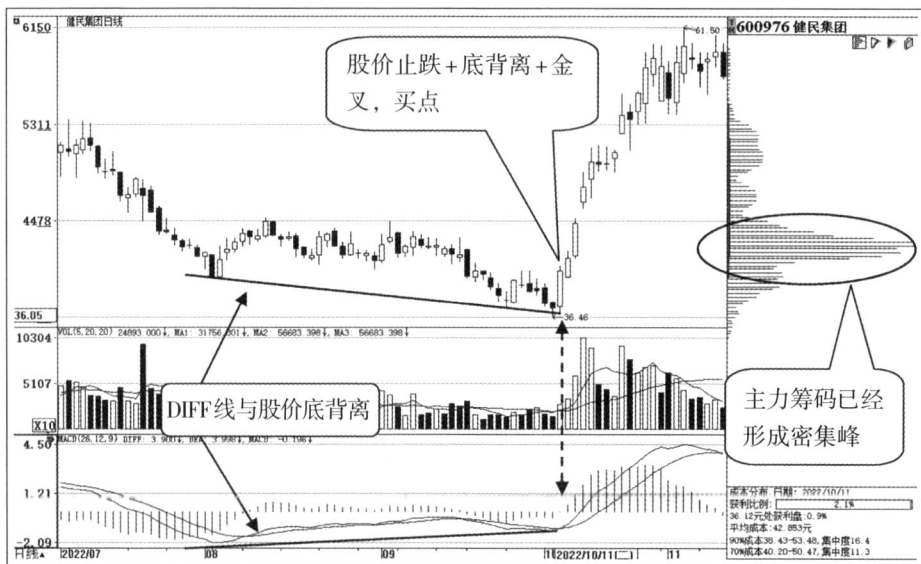

图6-35　健民集团日K线

精讲提高

在把握这个买点时，投资者要注意以下5个方面。

1.用MACD指标的底背离来狙击主力，实际上是与主力争抢筹码的过程。当主力在震荡走势中把股价打压下去后，因为其真实目的是要收集筹码，所以股价将很快再次上涨。在这个过程中，投资者要注意速度，不能害怕和犹豫不决。

2. DIFF线与股价底背离之后，一般有K线反转形态和MACD金叉两个重要的配合信号。一般来说，走势中总是先出现K线反转形态，然后出现金叉。因此，激进型的投资者甚至可以在底背离形成后出现K线反转形态时，就果断买入。

3.买入后，股价至少将重新回到原来的盘整震荡走势中。之后，如果主力的控盘程度已经很高，股价将很快出现一波上涨趋势；如果主力的控盘程度还不是很高，股价将很有可能延续原来的震荡走势。因此，投资者要注意判断主力的控盘程度。

4.成交量在这个过程中，跟前期下跌趋势比起来，可能会略有放大，但总体来说，并不是很大。

5.主力在震荡走势中通过打压的方式来建仓，所以这个过程又称打压建仓。

2.股价放量突破前期震荡高点

主力在建仓过程中，常常以震荡的方式来不断地收集筹码，即震荡建仓。在这个过程中，主力将股价维持在低位的狭窄区间内，不断地拉高下砸，并持续相当长时间，以消耗散户的耐心，从而逐步增加自己的持股量。当股价向上放量突破前期震荡区间的高点时，就表明主力已经完成筹码收集工作，股价即将出现一波上涨走势。投资者可以及时买入。

在震荡过程中，筹码将会逐渐密集，甚至形成相对低位密集峰形态，投资者要注意把握。

如图6-36所示，2022年10月底到2023年3月初，新五丰（600975）的股价经过一波下跌趋势后，一直在低位盘整震荡。主力在这个过程中不断收集筹码，从2023年3月3日的筹码分布图中可以看出，筹码已经在低位形成密集峰。2023年3月13日，股价放量向上突破前期震荡高点，表明主力建仓过程已经结束，股价即将出现一波上涨走势。投资者可以积极买入。

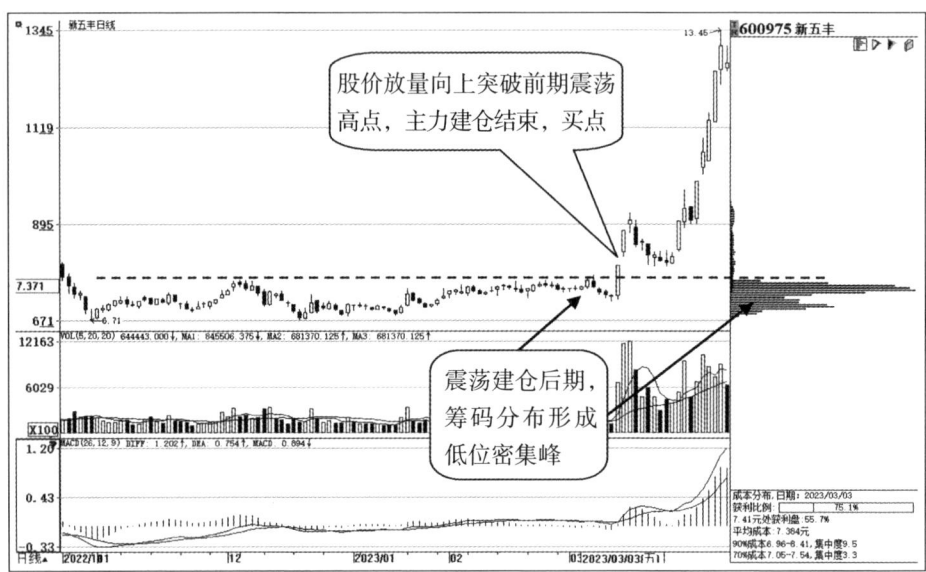

图6-36　新五丰日K线

精讲提高

在把握这个买点时，投资者要注意以下两个方面。

1.有时候，股价放量突破前期震荡高点时，会有一个冲高回落的过程，然后得到支撑再次向上，也可以算作买点。

2.在震荡建仓的过程中，有时候随着主力仓位的增大，股价重心可能会逐渐上移，因此震荡建仓区间往往会呈现略向上倾斜的形态。

6.2.2　买在洗盘结束时

洗盘结束之后，股价一般将出现一波上涨走势。因此，投资者要注意抓住洗盘结束的买入时机。

1.打压洗盘的买入时机

打压洗盘的最大特征是，股价在上涨趋势中突然下跌回调，同时伴随着成交量的缩减。投资者一旦遇到这种突然下跌的走势，可以冷静观察成交量及后续走势，如果成交量缩减，后续股价不再下跌，且得到支撑线的有力支撑，那么可以判断是主力在打压洗盘。此时还持有股票的投资者应继续持股，还没有入场的投资者可以逢低买入，而更加谨慎的投资者可以等股价放量突破前期高点时买入。

如图 6-37 所示，2022 年 1 月下旬，处于上涨趋势中的杭钢股份（600126）股价冲高回落，但没有创出新低，而是在 60 日均线附近得到支撑。2022 年 2 月 7 日，K 线在 60 日均线附近形成低位孕育的看涨形态。在这个过程中，筹

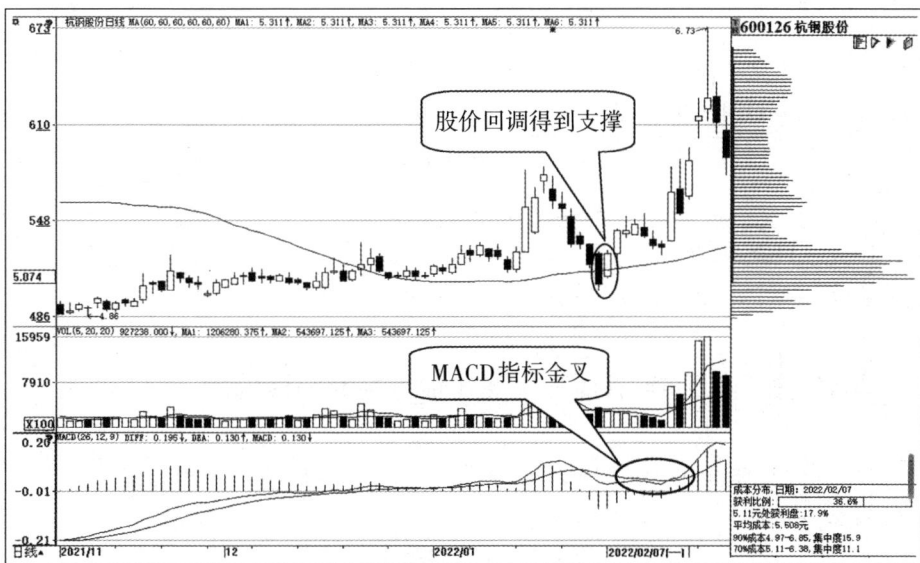

图 6-37　杭钢股份日 K 线

码分布形成低位密集峰（从2022年2月7日的筹码分布图中可以看出），同时MACD指标始终处于零轴上方。这表明这次下跌只是主力的一次打压洗盘，市场仍处于上涨趋势中。

2月16日，MACD指标在零轴上方出现DIFF线向上突破DEA线，表明市场上涨动能再次发动，买点出现。

2.震荡洗盘的买入时机

对震荡洗盘来说，筹码形成低位密集峰后，一旦股价放量向上突破震荡区间，就是最好的买入时机。有时候，股价突破震荡区间后，会有一个回抽确认的过程，也可以将此当作买点。

如图6-38所示，2022年5月中旬到6月底，华电国际（600027）在经过一波上涨走势后不断震荡，同时成交量在这个过程中时大时小，但整体上呈现出不断缩减的态势。它表明这波震荡走势只是主力的持续震荡洗盘，筹码密集度不断上升，市场上涨趋势没有改变。2022年7月4日，该股股价向上突破前期震荡区间高点，投资者可以果断买入。

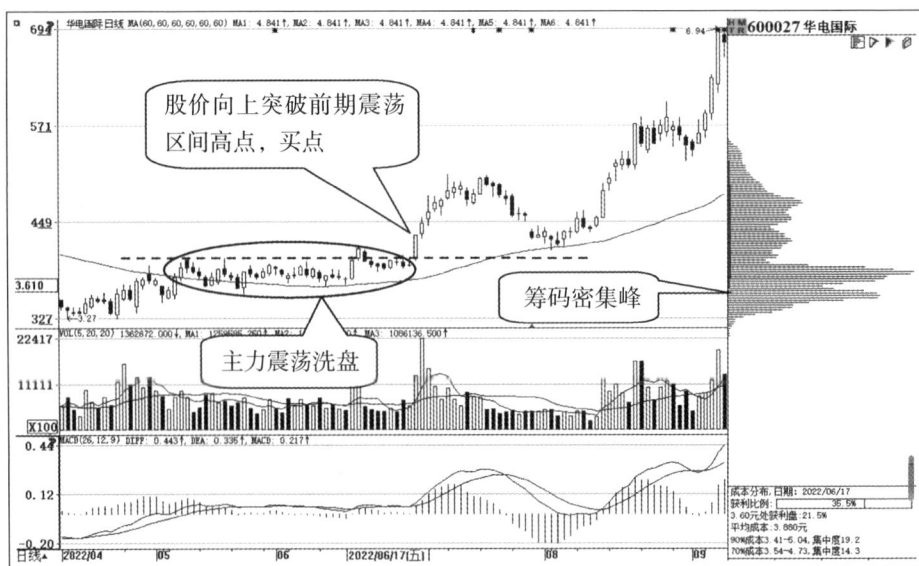

图6-38　华电国际日K线

第 7 章

筹码分布实战案例

7.1　根据筹码分布找买卖点

7.1.1　歌华有线（600037）：一气呵成的2个买点

图7-1、图7-2分别为歌华有线（600037）2022年10月26日和2023年2月28日的筹码分布图。

2022年10月26日，该股MACD指标形成"DIFF线与股价底背离"的看涨形态，但在筹码分布图中显示上方仍然有相当多的筹码，表明上方阻力较强。由此投资者可以判断，股价上涨动能暂时占优，但上方阻力仍然存在，投资者可以先行买入，然后观察上涨趋势是否能够彻底形成。

2022年10月27日，MACD指标出现金叉，加上前期的底背离形态，上涨

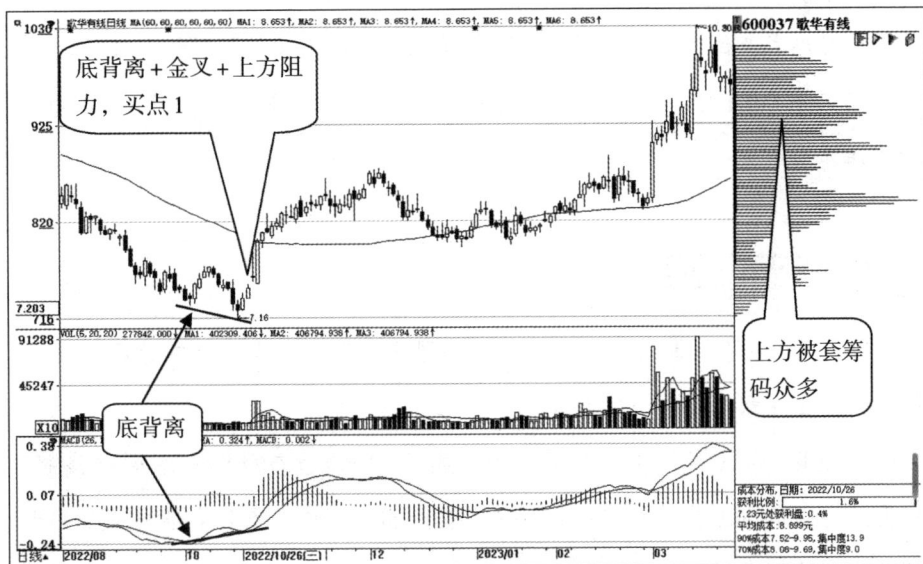

图7-1　歌华有线日K线1

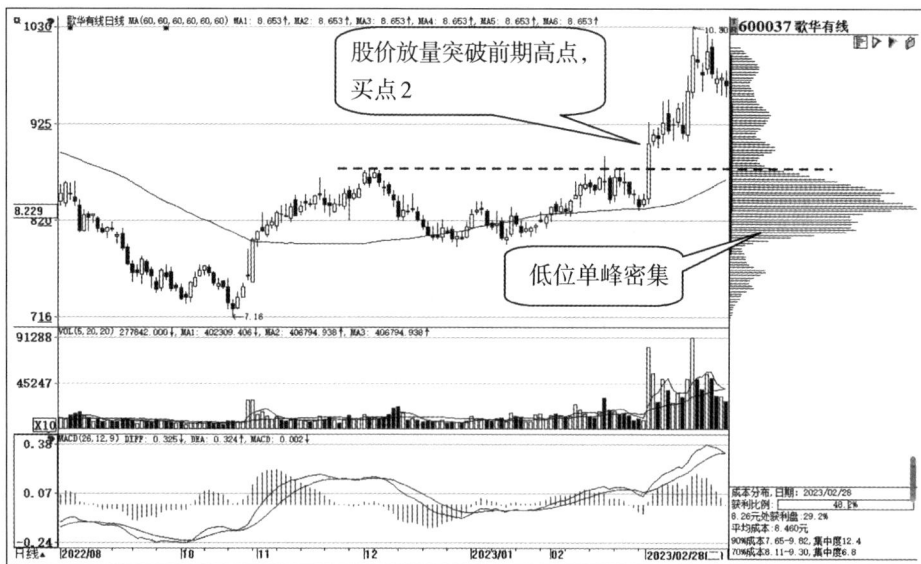

图7-2　歌华有线日K线2

信号可靠性大大增加，投资者要注意积极买入。

到12月初，该股股价受到上方阻力的影响，开始冲高回落。在回调震荡的过程中，大量筹码开始堆积，从2023年2月28日的筹码分布图中可以看出，该股已经形成低位单峰密集形态，预示着上涨动能已经积聚到相当程度。

2023年3月1日，该股股价向上突破前期高点，上涨趋势彻底形成。投资者要注意果断买入。

📖 实战经验

2022年10月下旬到2023年3月，该股出现两个买点。针对这两个买点，投资者还要注意以下两个方面。

1. 2022年10月26日，该股股价形成了"DIFF线与股价底背离+K线旭日东升形态"的看涨信号，与次日的买入信号相比，该买点可靠性虽不如后者，但激进型的投资者可以大胆买入。

2. 2023 年 3 月 1 日，该股股价向上突破前期高点时，实际上也突破了低位单峰密集所代表的大部分筹码的心理价位。

这两个买点紧密地连接在一起，一气呵成地促使下跌趋势转为上涨趋势，是投资者理想的买入时机。但这种买点并不经常出现。有时候，第一个买点出现之后，股价虽然出现上涨，但涨幅太小，之后再次向下，延续原来的下跌趋势；有时候，第一个买点出现之后，股价大幅上涨，连回调也没有，根本就不出现第二个买点。所以，投资者必须根据不同的市场环境制定不同的交易策略，才能立于不败之地。

如图 7-3 所示，2022 年 11 月 7 日金浦钛业（000545）形成"DIFF 线与股价底背离＋金叉"的看涨形态，同时上方也有许多筹码被套。它表明上涨动能在短期内暂时占据优势，但上方阻力仍很强。此时第一个买点出现，投资者要注意及时入场。

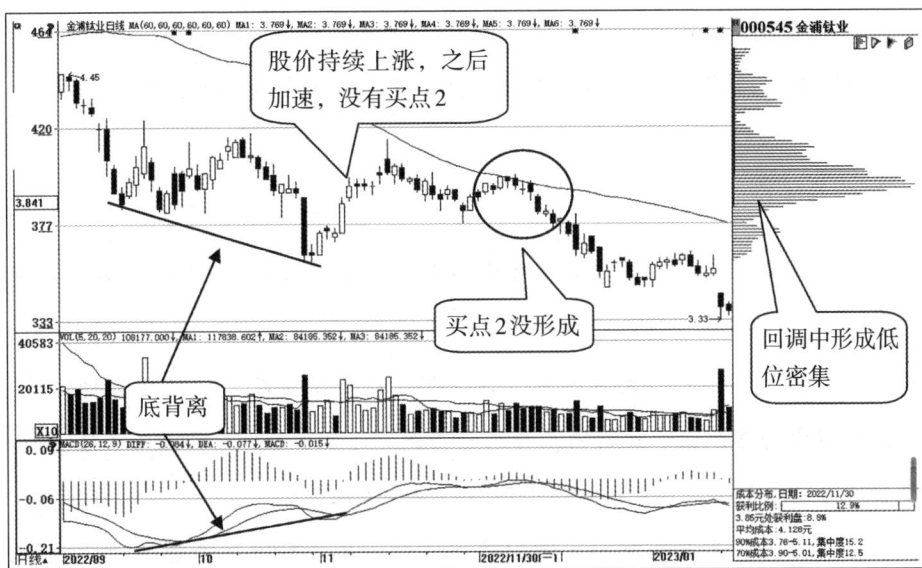

图 7-3　金浦钛业日 K 线

之后到 11 月中旬，股价在经过一波上涨后，受到上方阻力的作用开始回落，从2022年11月30日的筹码分布图中可以看出，该股已经在相对低位形成密集峰，与图7-2歌华有线的第2个买点出现前的情形十分类似。但此时，该股股价却在60日均线附近受到明显阻力作用，始终无法向上突破60日均线或前期高点，且该股MACD指标中DIFF线在零轴下方运行，表明下跌动能占据优势，第2个买点将不会出现，股价延续原来下跌趋势的概率大大增加。

12月13日，该股形成MACD指标零轴附近死叉的看跌信号，在第1个买点入场的投资者要注意果断出场。

实战经验

实战中，各种情况层出不穷，投资者要注意以下两点。

1.千万不能把"实战技巧"教条化。本书所说的每一个技巧都有其先决条件，离开这些条件，拿学到的知识去套实际走势，其结局往往是可悲的。

2.歌华有线的例子中，在股价冲高回落时，MACD指标实际上也形成了"DIFF线与股价顶背离"的看跌形态。投资者若卖出的话，要注意在之后再次买入。

如图7-4所示，2022年10月底至11月初，经纬纺机（000666）在下跌趋势中出现"DIFF线与股价底背离"的看涨形态，同时2022年11月1日的筹码分布图显示上方仍然有大量筹码。这表明市场短期上涨动能已经占据优势，但上方阻力仍然存在。此时的市场态势与图7-1歌华有线的买点1十分类似，投资者可以在11月1日K线启明星形态出现时买入。

之后，与歌华有线案例不同的是，该股几乎没有出现像样的回调走势，而是直接向上，买点2没有出现。在买点1入场的投资者将获利巨大。

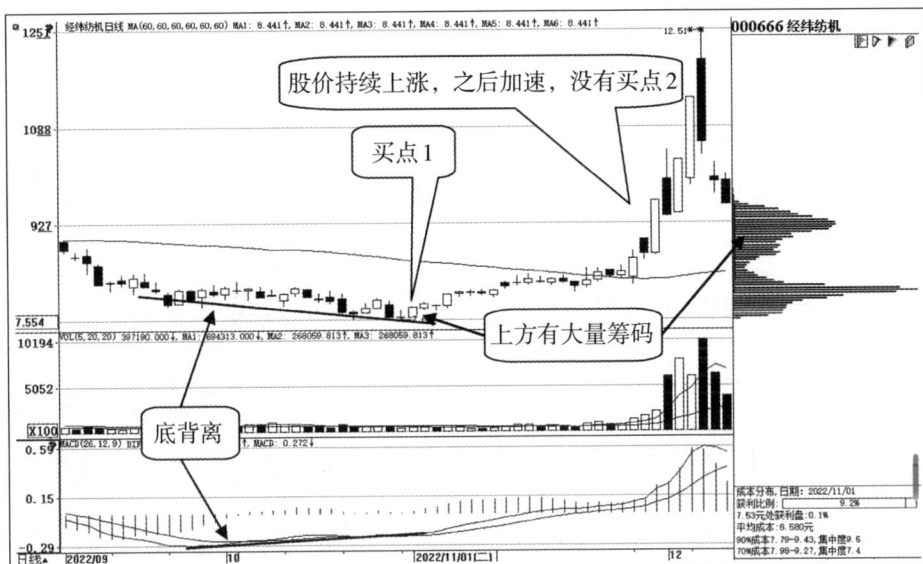

图 7-4 经纬纺机日 K 线

如图 7-5 所示，与图 7-4 经纬纺机的买点相似，2022 年 5 月 6 日，京泉华（002885）在下跌趋势中也出现"DIFF 线与股价底背离＋金叉"的看涨信号。同时，从 2022 年 5 月 6 日的筹码分布图中可以看出，该股上方虽然有不少筹

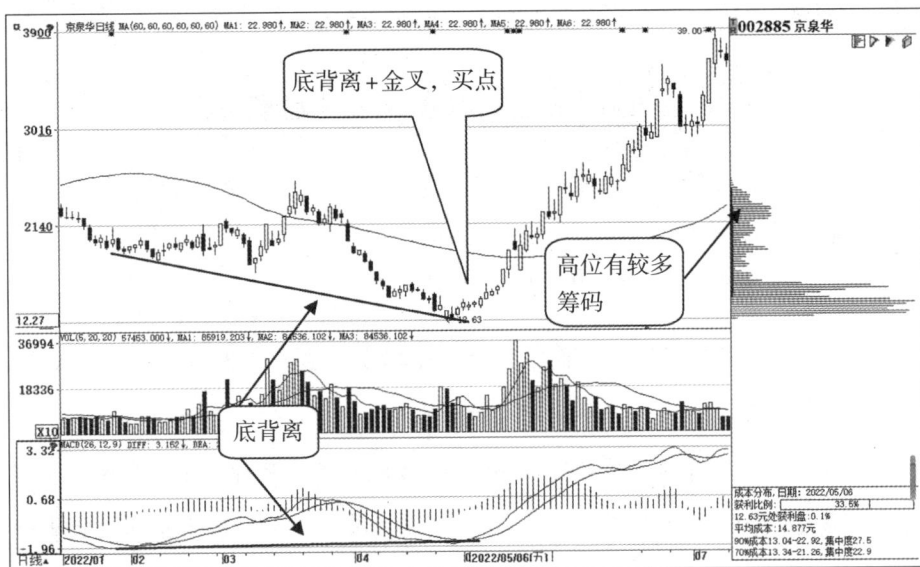

图 7-5 京泉华日 K 线

码，但下方筹码更加密集，它表明虽有不少上方阻力，但上涨动能暂时占据优势。

之后该股的上涨非常强势，没有经过回调而迅速上涨，买点2没有出现。在2022年5月6日入场的投资者将获利巨大。

7.1.2　东睦股份（600114）：2个卖点之外的卖点

如图7-6所示，2022年1月19日，东睦股份（600114）在高位缓缓震荡，从筹码分布图上可以看出，该股下方筹码极少，在震荡区域形成单峰密集形态。

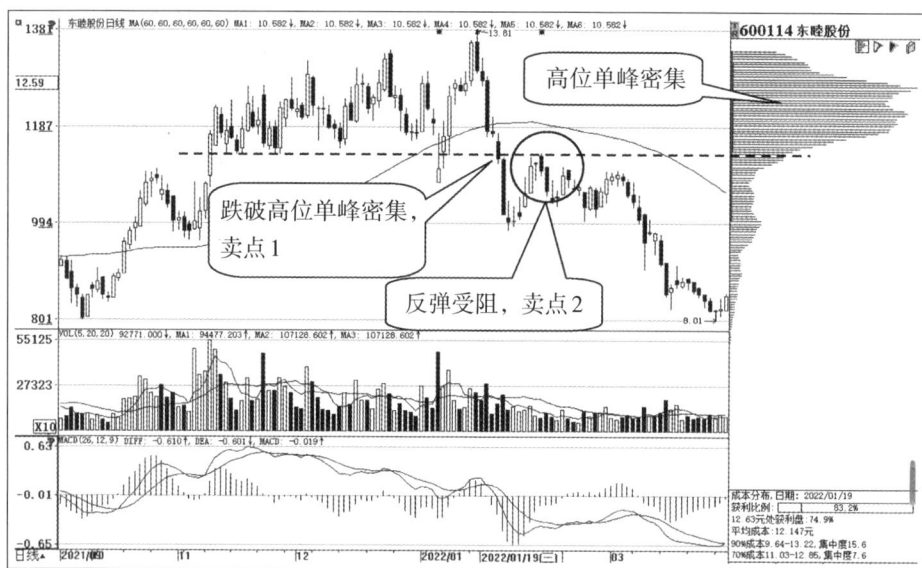

图7-6　东睦股份日K线

1月24日，该股股价大幅向下，跌破前期高位单峰密集形态和前期低点，下跌趋势初步形成。投资者要注意及时卖出。

之后该股股价持续下跌。2月上旬，该股股价虽有反弹向上，但由于受到前期低点连线和高位单峰密集的阻力作用而再次向下。还没有出场的投资者要注意及时卖出，否则将在之后的大幅下跌中被深度套牢。

这两个卖点主要是运用筹码分布指标找到的，围绕着高位单峰密集形成。跌破高位单峰密集为卖点1，反弹确认为卖点2。这在前两章中已经介绍过，这里着重要说的是卖点1、卖点2形成前后的其他卖点。

如图7-7所示，卖点1出现之前，2022年1月20日，该股MACD指标形成"DIFF线与股价顶背离＋死叉"的看跌信号。此时，从筹码分布图上可以看出，该股下方筹码已经所剩无几。这表明市场下跌动能已经暂时占据优势，之后的走势也证明了这一判断。

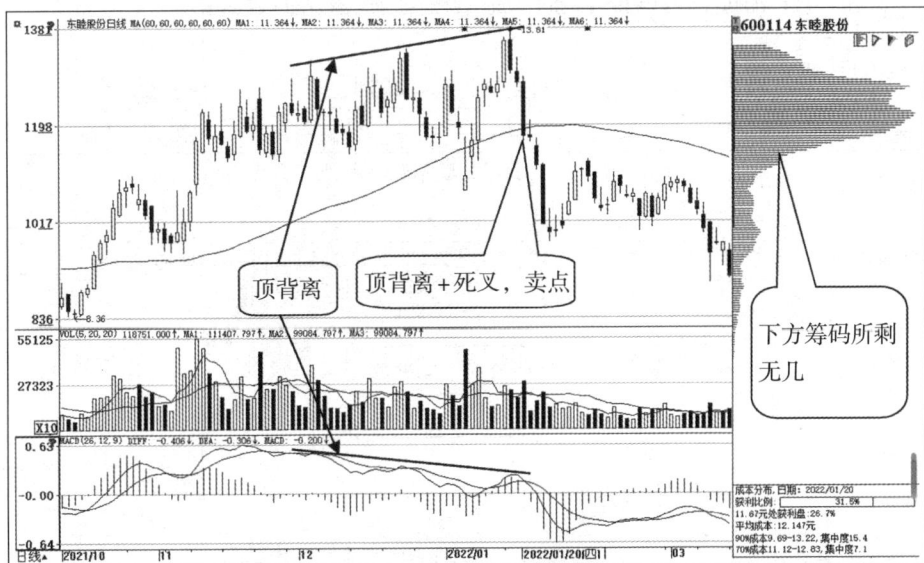

图7-7　卖点1形成时的走势

如图7-8所示，在卖点2形成的过程中，走势形成楔形整理形态。2022年3月9日，该股股价向下跌破楔形下边线，卖点出现。

7.1.3　东方钽业（000962）：突如其来的买点

如图7-9所示，2022年10月至2023年1月中旬，东方钽业（000962）经过一波下跌走势之后，在低位不断震荡。在经过一波震荡走势之后，从

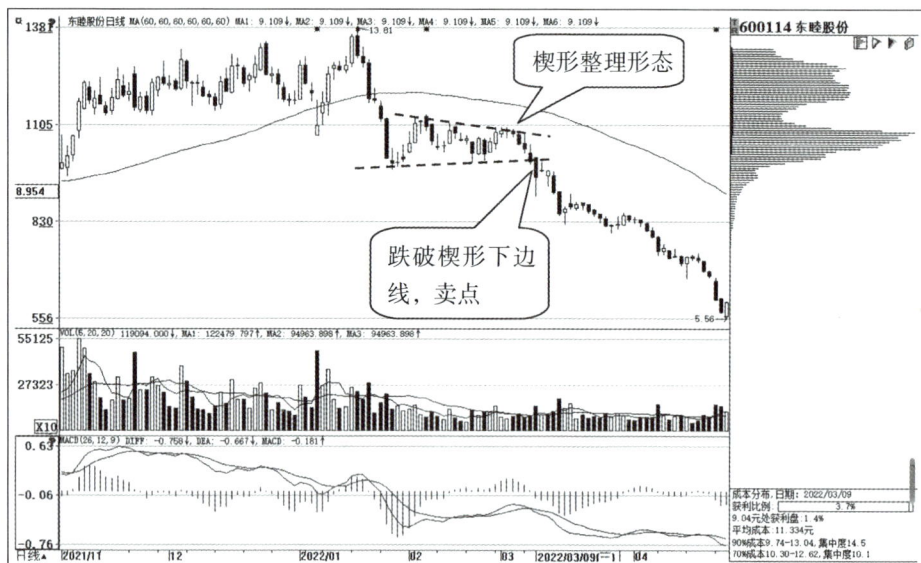

图7-8 卖点2形成后的走势

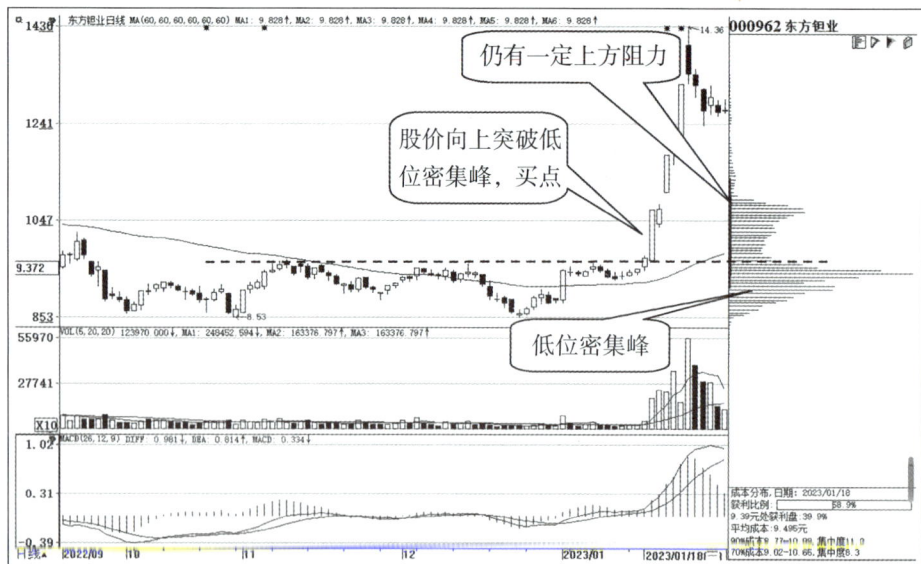

图7-9 东方钽业日K线

2023年1月18日的筹码分布图中可以看出，该股筹码已经在低位积聚，形成低位密集峰。这表明上涨动能正在积聚，上方虽然有一定的阻力，但并不是很强。

2023 年 1 月 19 日，该股股价突然向上突破低位密集峰，买点出现。

该买点在形成之初，并没有其他太明显的看涨迹象，只在筹码分布中显示有一定的上涨动能。之后，该股在几个交易日内连续上涨，但很快就又再次下跌。

面对这种走势，投资者应该采取短线买入或持币观望的策略。

实战经验

在实战中，许多贪心的投资者面对这种"突如其来"的走势，会产生两种心理状态和行为。

1.因为涨幅较大但自己"没份"，这些投资者将会对这波走势产生痛恨，继而"报复性交易"，陷入情绪陷阱中。

2.羡慕、嫉妒那些盈利的人，继而怀疑自己的交易系统，修改自己已经定型的交易方法；更甚者，对自己的交易能力变得没有信心。

投资者要竭力避免这两种心理状态。

7.1.4 利欧股份（002131）：3种震荡之后的上涨

如图 7-10 所示，2023 年 1 月中旬到 2 月上旬，利欧股份（002131）整体上一直处于震荡走势中。在这个过程中，股价的震荡以缓缓上涨的方式展现出来，同时筹码逐渐集中。从 2 月 9 日的筹码分布图中可以看出，在震荡走势后期，筹码分布已经高度集中。

之后，该股迅速上涨，形成一波较大的上涨走势，投资者要注意把握。

本书前 6 章中多次谈到这种"较长时间的震荡+筹码分布在震荡中集中"的形态。在上涨趋势确立之后，一旦持续该形态，就表明上涨动能正在迅速积聚，一旦股价选择向上，其涨幅一般较大。

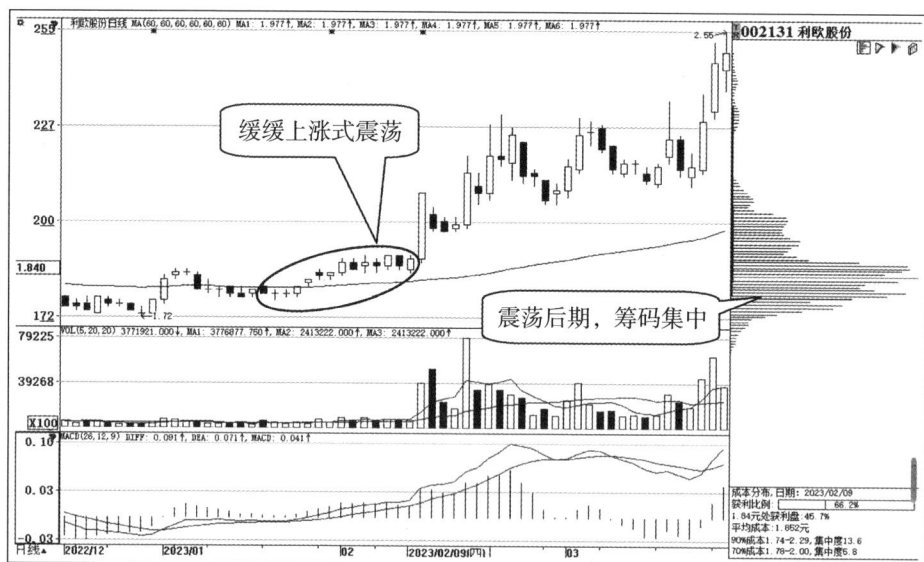

图 7-10　利欧股份日 K 线

在实战中，"较长时间的震荡"常常有3种呈现方式，投资者要加以注意。

方式1：缓缓上涨式。

震荡以缓缓上涨的方式来展现，它表明即便在震荡阶段，上涨动能也表现得咄咄逼人并略微占据优势。因此，这是上涨动能最强的一种震荡方式。投资者一旦见到股价突然冲破低位密集峰，就要立即买入，否则将错过之后的大涨走势。利欧股份就是该方式的一个典型例子。

方式2：平移式。

平移式震荡是另外一种表明上涨动能较强的震荡方式，与缓缓上涨式相比更为常见。在形成过程中，多空双方基本势均力敌，股价则缓缓平移，筹码在不断地集中。等筹码集中到一定程度，股价将延续原来的上涨趋势，出现一波较大的上涨走势。投资者可以在股价向上突破前期高点或低位密集峰时果断买入。

如图7-11所示，2023年1月中旬到3月初，九牧王（601566）一直处于上涨趋势中。从1月17日开始，该股开始回调震荡。

在震荡过程中，股价缓缓平移，从2023年2月16日的筹码分布图中可以看出，该股筹码已经高度集中。这表明上涨动能已经积聚到一定程度。2月24日，该股股价放量大涨，向上突破震荡高点，买点出现。

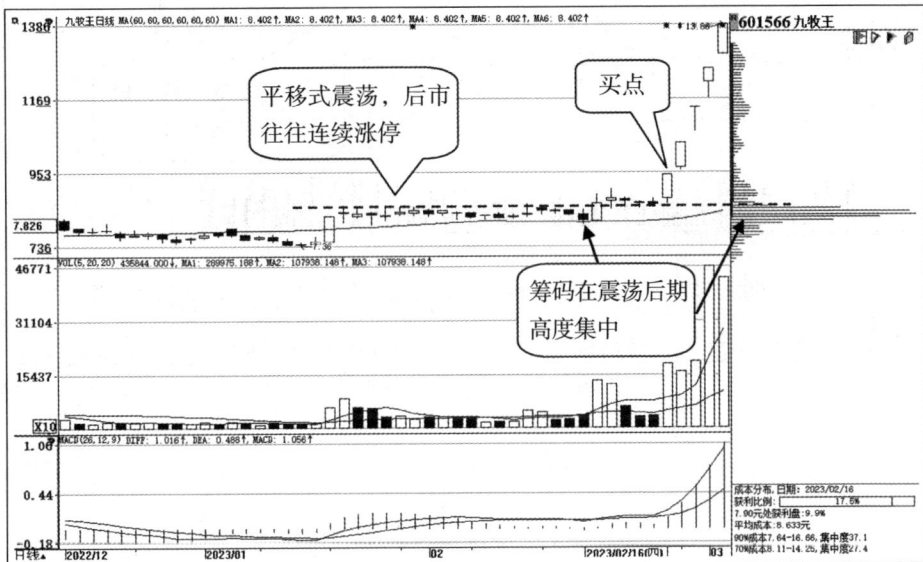

图7-11　九牧王日K线

如图7-12所示，2023年1月初到3月初，建设银行（601939）冲高回落，该股股价整体上以平移的方式缓缓震荡。从2月27日的筹码分布图上可以看出，该股在震荡中筹码已经高度密集，但上方仍有相当部分被套筹码持股不动，形成后期上涨的压力。

3月3日，该股股价向上突破前期震荡高点，买点出现。之后，该股出现一波明显的上涨走势。

方式3：回调式。

回调式震荡更为常见。此时，股价冲高回落，但一般不再创新低，而是受到支撑后进入盘整阶段。在这个过程中，筹码也有逐渐集中之势，但其代表的上涨动能一般弱于前两种震荡方式。

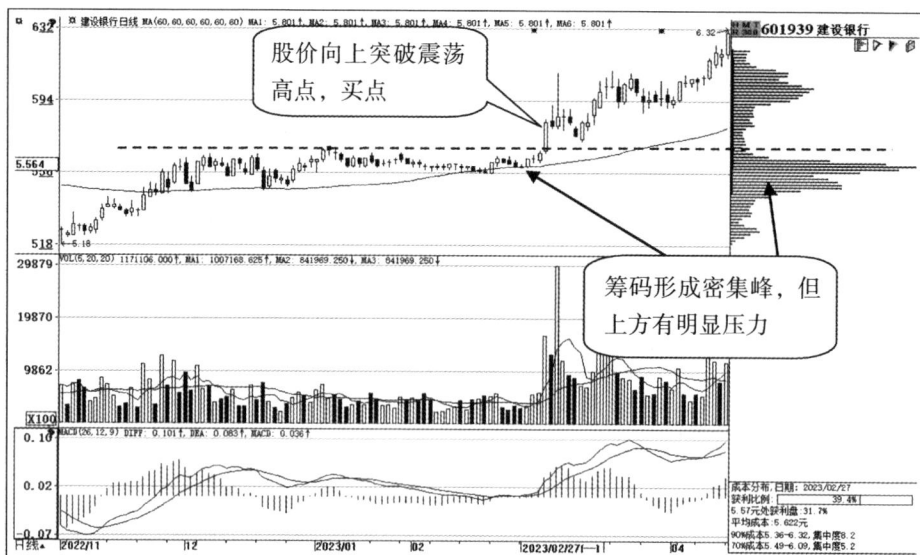

图 7-12　建设银行日 K 线

7.2　筹码分布与中长线操作

7.2.1　招商南油（601975）：筹码分布把握中长线的机会

图 7-13、图 7-14、图 7-15、图 7-16 分别为招商南油（601975）2022 年 4 月 27 日、5 月 26 日、6 月 29 日和 9 月 1 日的筹码分布图。

2022 年 4 月 27 日，筹码分布已经形成低位密集峰，上方阻力已经非常弱。同时，当日 K 线形成低位锤子线形态，且 MACD 指标形成"DIFF 线与股价底背离"形态，表明上涨动能较强。投资者可以在 4 月 27 日或次日重仓买入。

之后股价出现一波上涨走势，5 月 17 日开始，该股冲高回落，缓缓平移。从 5 月 26 日的筹码分布图中可以看出，股价经过震荡之后，在震荡区间堆积大量筹码，但下方仍有不少低位筹码持股待涨，表明上涨动能仍然强势，投

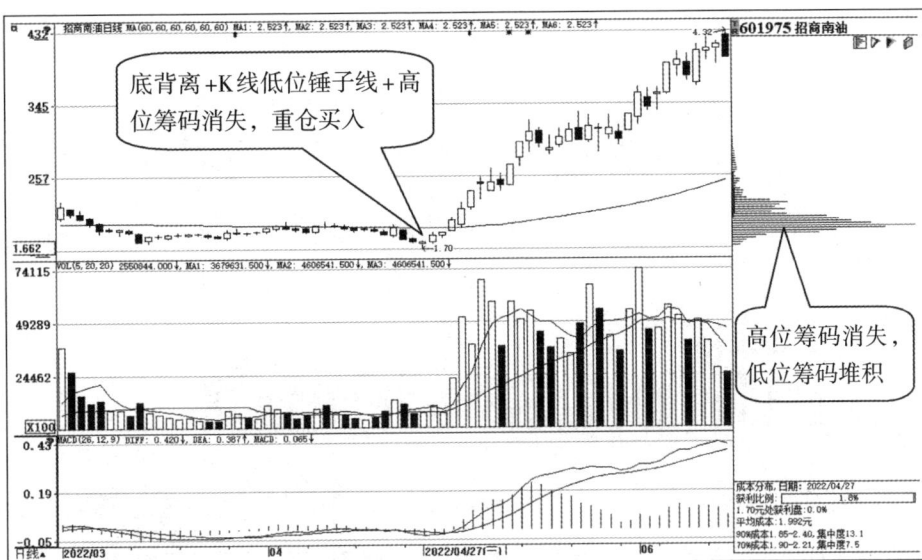

图 7-13　招商南油日 K 线 1

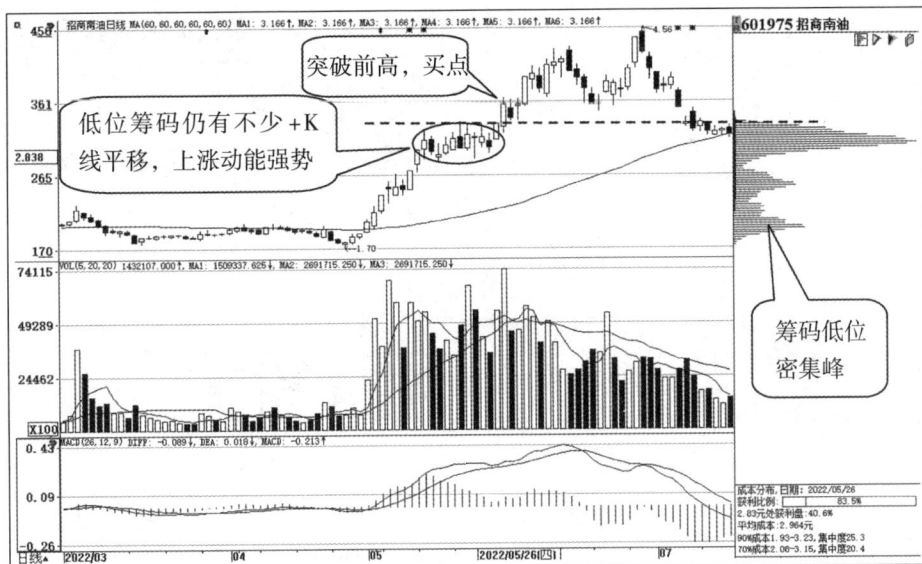

图 7-14　招商南油日 K 线 2

资者可以在股价突破前期高点或出现高位密集峰时加仓买入。

　　之后该股再创新高。从 6 月 29 日的筹码分布图中可以看出，该股在高位形成密集峰，大部分筹码都已经转移到顶部区域，说明市场投机性非常强。

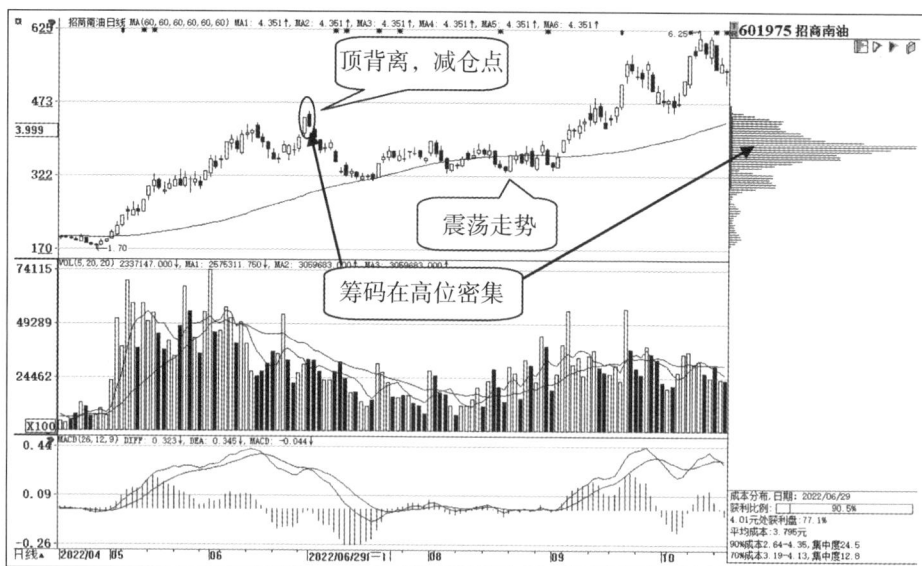

图7-15 招商南油日K线3

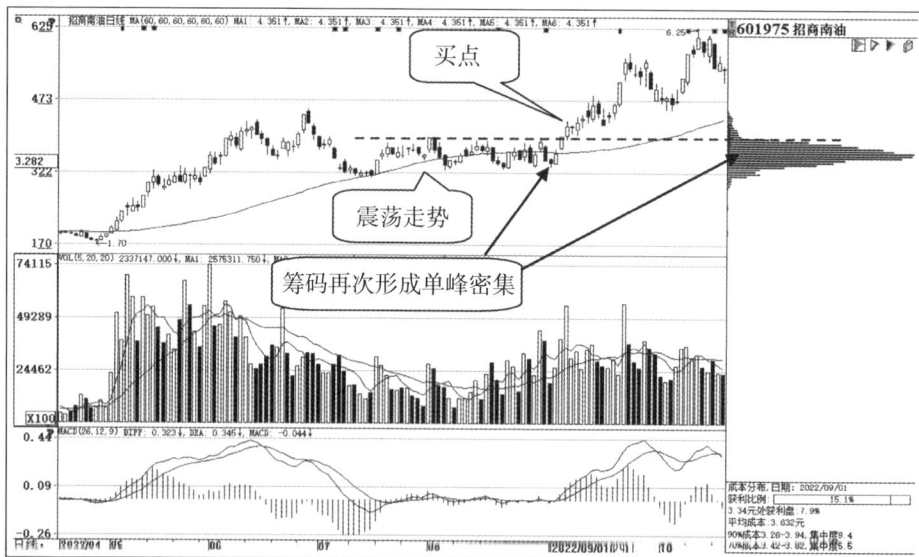

图7-16 招商南油日K线4

同时，MACD指标形成"DIFF线与股价顶背离＋乌云盖顶"的看跌形态，它表明市场下跌动能较强。投资者可以减仓以适当规避风险。

减仓后，股价出现一波下跌走势，到60日均线附近企稳。之后，该股股价震荡平移1个多月。从9月1日的筹码分布图中可以看出，绝大部分筹码已经再次转移阵地，堆积到3.6元附近。9月6日，该股股价彻底向上突破震荡区域，形成新买点。投资者可以继续加仓，直至满仓。

7.2.2　新通联（603022）：注意高位套牢盘的影响

图7-17、图7-18、图7-19分别为新通联（603022）2022年4月27日、8月5日和9月15日的筹码分布图。从走势可以看出，2022年4月底到9月该股一直处于上涨趋势中。

4月27日，该股MACD指标出现"DIFF线与股价底背离＋低位锤子线"形态，预示上涨动能的积聚。次日K线形成经典的启明星形态更增上涨概率。从4月27日的筹码分布图中可以看出，该股在高位仍堆积着大量的筹码。这表明该股上涨动能虽然暂时较强，但上方阻力仍不可小觑。投资者可以部分买入。止损位设置在前期低点6.82元或其下一档。

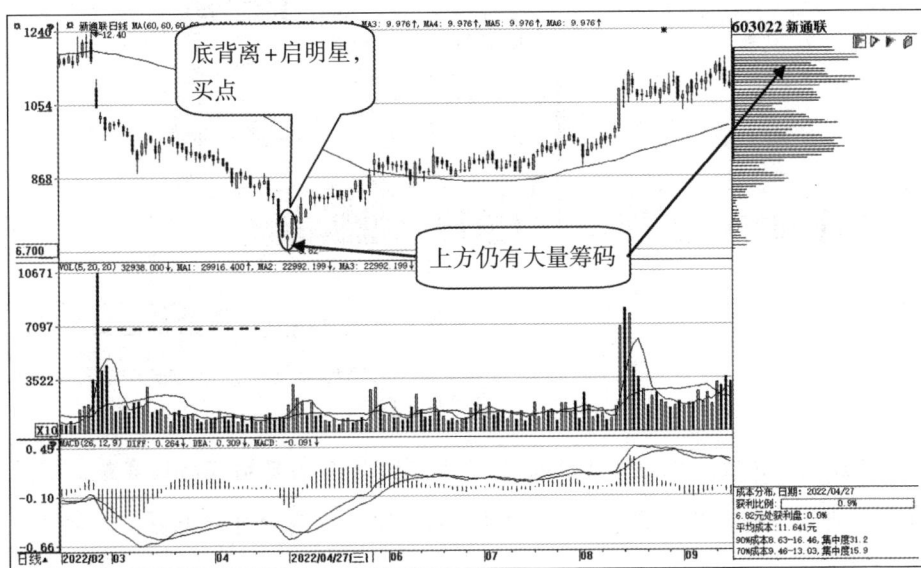

图7-17　新通联日K线1

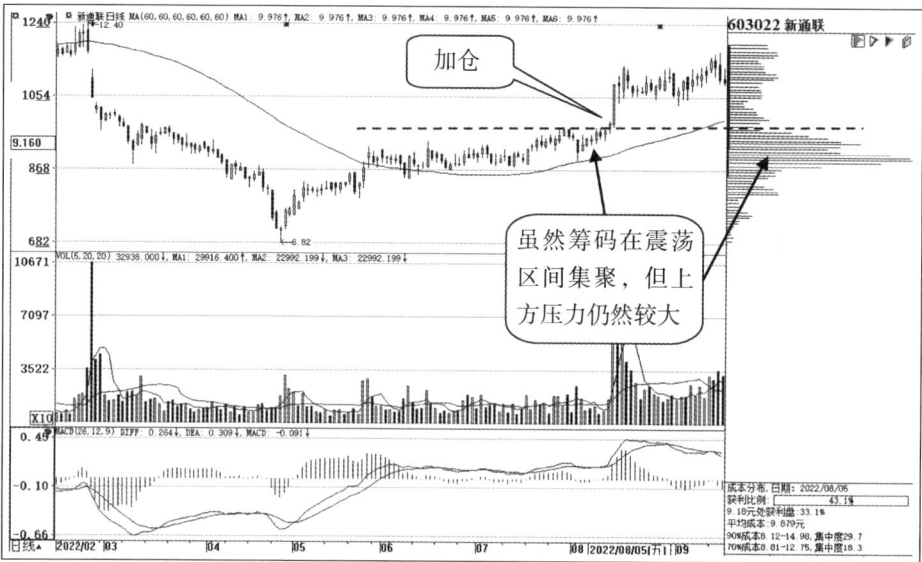

图 7-18　新通联日 K 线 2

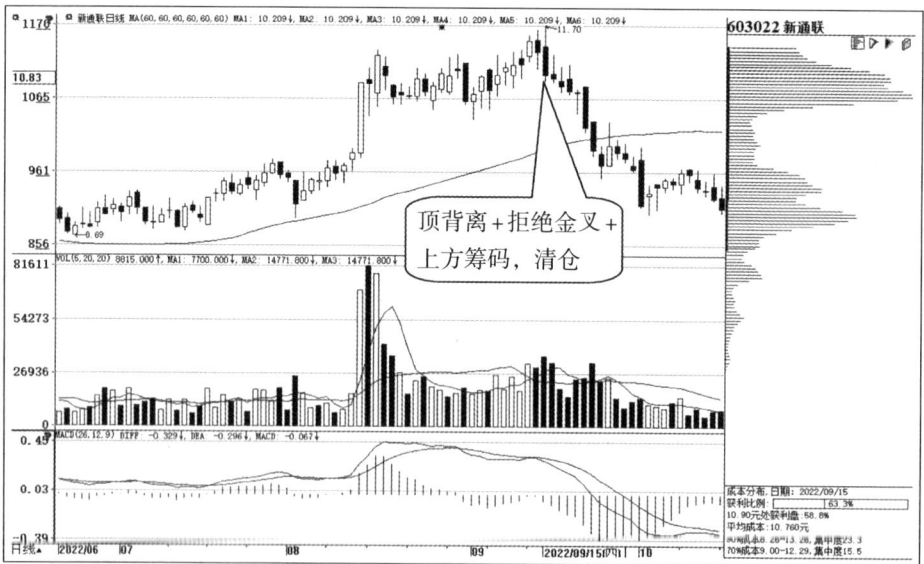

图 7-19　新通联日 K 线 3

5月底，该股在经过一波上涨走势后回调，在60日均线附近震荡，缓缓平移。经过2个多月的震荡，从8月5日的筹码分布图中可以看出，已经有大量筹码集聚在震荡区间，但上方仍有不少套牢盘不肯"割肉"出场，构成后期市场上涨的阻力。8月11日，该股股价向上突破前期高点，投资者可适当加仓。

9月中旬，该股股价在经历又一波上涨走势后高位滞涨。9月15日，MACD指标形成"DIFF线与股价顶背离＋拒绝金叉"的看跌信号，同时上方筹码依然有不少，表明下跌动能占优，投资者要注意及时清仓出场。

在这近5个月的实战操作中，投资者要注意以下两个方面。

第一，保持较高的风险意识。

在该例中，上方始终有相当的套牢筹码存在，且这些筹码极具耐心，不因短暂的涨跌而随意出场，始终构成上涨的压力。此股操作风险相对较大，因此仓位要适当调小，随时准备出场。

第二，严格按照交易系统行事。

操作中长期走势时，投资者要严格按照自己的交易系统行事，摒弃主观臆断。

7.2.3　东方证券（600958）：经典的5浪结构

图7-20、图7-21、图7-22、图7-23分别为东方证券（600958）2022年8月8日、10月31日、12月26日和2023年3月29日的筹码分布图。

2022年8月8日，筹码分布图中显示该股高位仍分布着较多筹码，表明上方阻力较强。同时MACD指标形成"DIFF线与股价底背离＋K线塔形底＋金叉"的看涨信号，投资者可以适当买入，止损位设置在前期低点附近。之后该股上涨，但很快就再次向下，创下新低，有些投资者可能抛掉止损。

10月31日，该股出现MACD指标"DIFF线与股价底背离＋拒绝死叉"的看涨信号，同时筹码分布显示上方依然有大量筹码，投资者可以控制仓位买入。

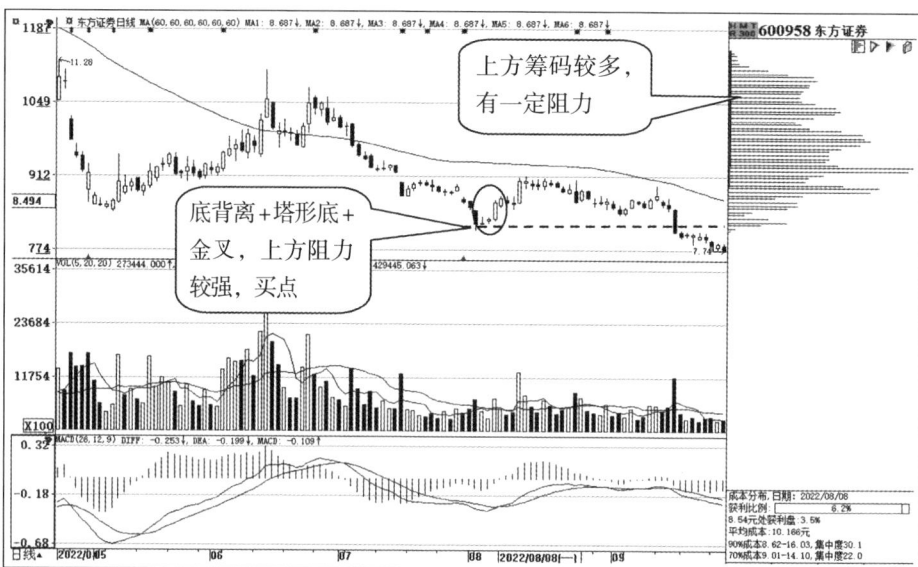

图7-20　东方证券日K线1

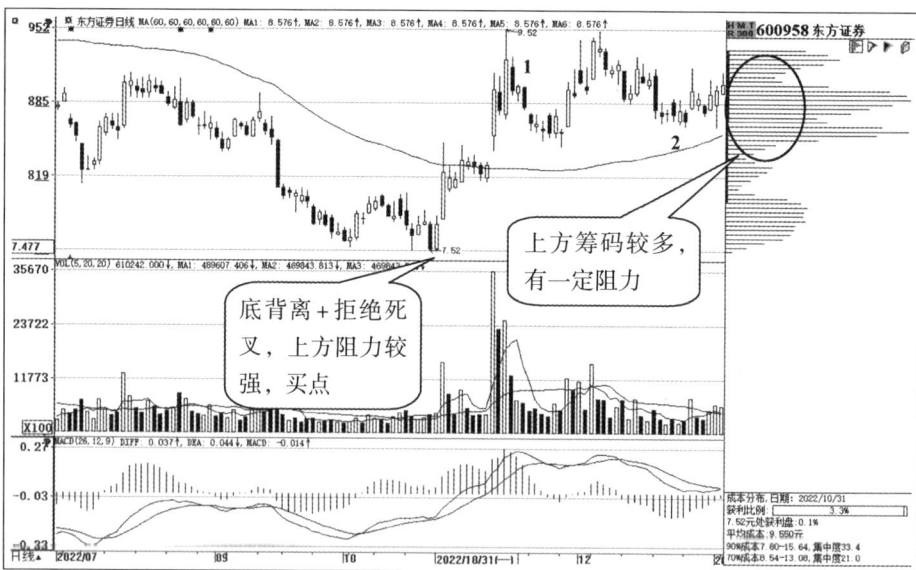

图7-21　东方证券日K线2

　　之后，该股持续上涨，形成推动浪的1浪。从11月中旬开始，该股股价冲高回落，但在60日均线上方企稳，形成长时间震荡走势，进入2浪调整中。从2022年12月26日的筹码分布图中可以看出，该股股价已经在震荡区间形成

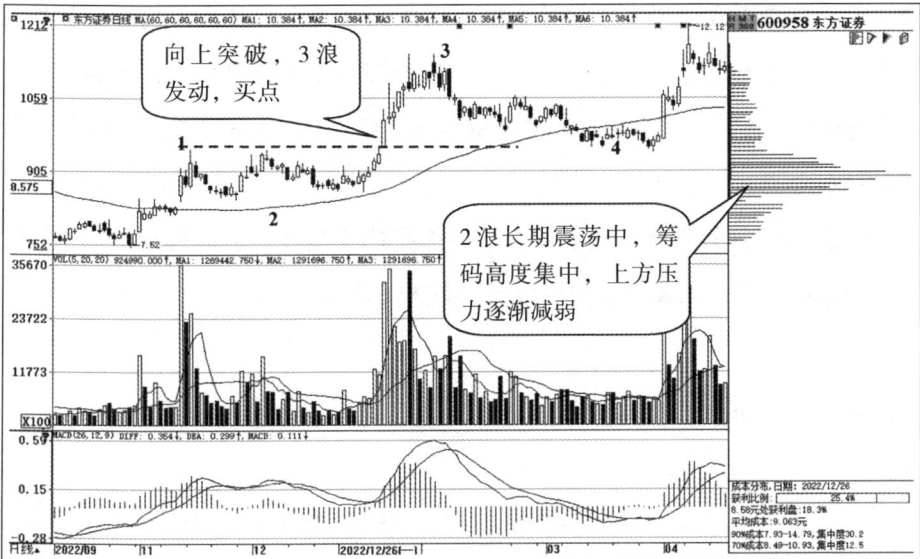

图 7-22　东方证券日 K 线 3

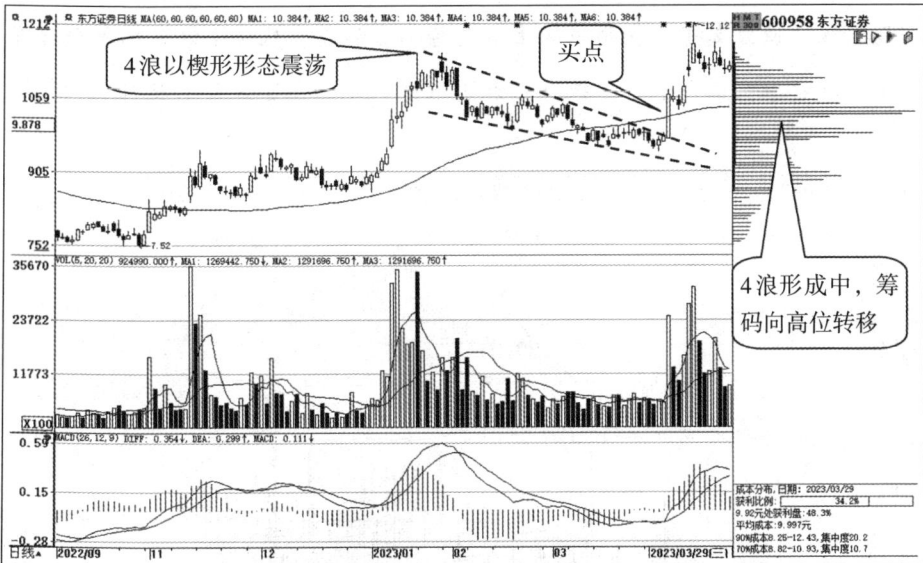

图 7-23　东方证券日 K 线 4

密集峰，上方压力明显减弱。2023 年 1 月，该股股价向上突破前期震荡高点，表明 3 浪开始发动，投资者可以积极加仓直至满仓。

2023 年 1 月底，该股股价经过 3 浪大幅上涨之后开始回落，进入 4 浪调整中，股价逐渐形成楔形形态持续震荡。从2023年3月29日的筹码分布图中可以看出，该股原来的低位筹码许多都已经转移到4浪震荡区间内，形成相对高位密集峰。4月3日，股价向上突破楔形上边线，5浪开始发动，投资者要注意继续加仓买入。

该股出现多个买点，除了第一个可能抛掉止损外，后面推动浪的3个买点，中长线投资者如果能够把握得当，必然获利不菲。

7.2.4 中远海能（600026）：顺势而为待涨势

图7-24、图7-25、图7-26分别为中远海能（600026）2022年5月11日、7月15日和8月8日的筹码分布图。

2022年5月初，该股股价在60日均线上方突破前期高点，回调后受到前期高点线的强力支撑，表明市场上涨趋势彻底形成。从5月11日的筹码分布图中可以看出，上方套牢盘很少，说明阻力不大，投资者可以及时买入。之

图7-24 中远海能日K线1

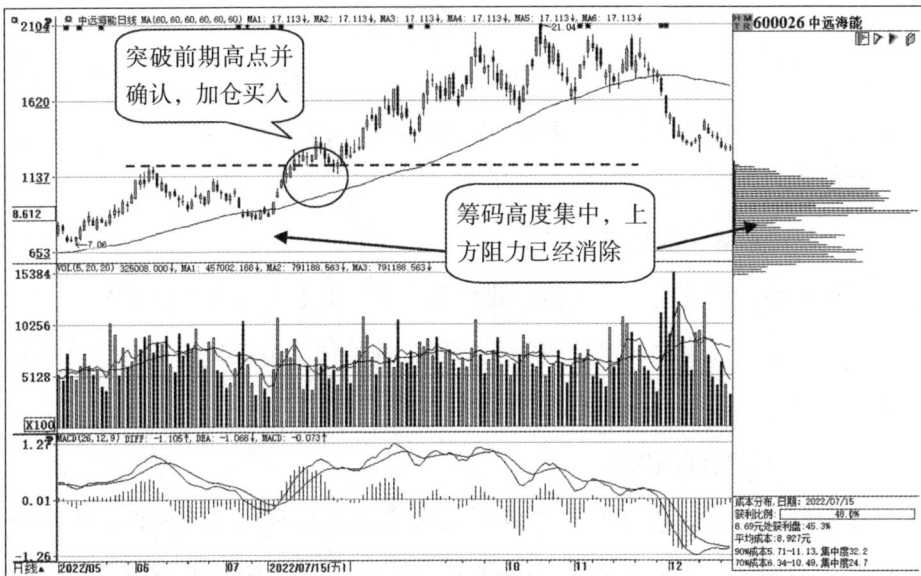

图 7-25　中远海能日 K 线 2

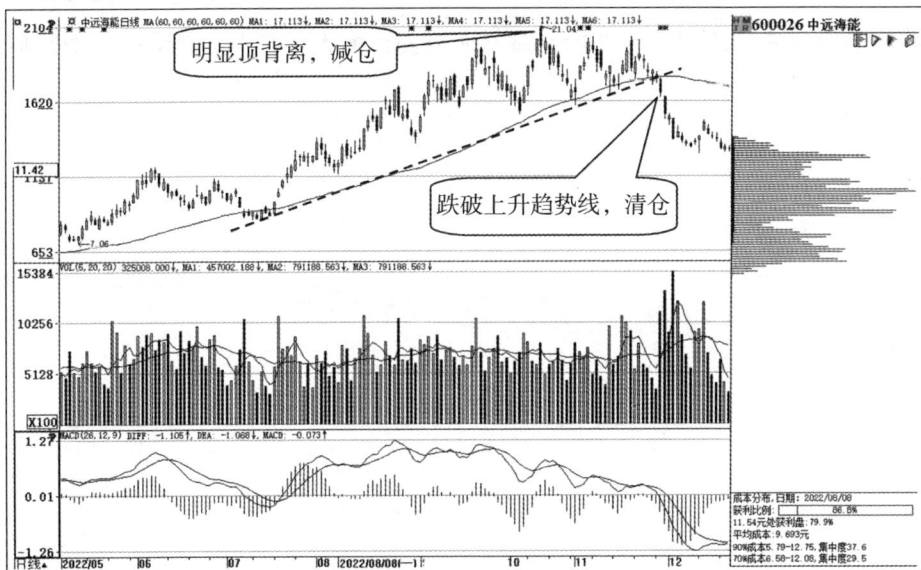

图 7-26　中远海能日 K 线 3

后，该股股价一路向上。

　　6 月初，该股股价冲高回落，在 60 日均线处企稳。从 7 月 15 日的筹码分布图中可以看出，尽管反复震荡，但仍有部分筹码持股待涨，显示出较强的上涨动能。之后不久，该股持续上涨，屡创新高。

10月下旬，MACD指标出现DIFF线与股价顶背离的看跌信号，之后不久该股股价又跌破上升趋势线，投资者要注意及时减仓和清仓。

在操作的时候，投资者要注意以下两个方面。

第一，确定真正的趋势很重要。

中长期操作的关键是确定趋势的出现，本例中由于前期股价屡次在60日均线上下运行，上升趋势的形成需要等股价在均线上方突破前期高点并站稳后才能确定。

第二，持股待涨的策略。

在实际行动中，大多数投资者还是更愿意进行短线波段操作，但面对长期的上涨趋势，最好还是长期持股待涨为好。而且中长期行情不是一天能够走完的，投资者一旦在牛市中选择一只优质股，正确的策略就是持股待涨。那种妄图吃尽所有波段、避开所有回调的人，在上涨趋势中也很难赚到钱。